U0948043

中国酒店餐饮应该这样做

系统管控

CTI酒店餐饮品牌管理逻辑梳理工具书

孙正林 著

中国财富出版社

图书在版编目（CIP）数据

系统管控 / 孙正林著. —北京：中国财富出版社，2017.11

ISBN 978-7-5047-3713-7

Ⅰ. ①系… Ⅱ. ①孙… Ⅲ. ①企业管理—研究 Ⅳ. ①F272

中国版本图书馆CIP数据核字（2017）第279309号

策划编辑 谢晓绚　　**责任编辑** 张冬梅　周　畅

责任印制 梁　凡　　**责任校对** 孙会香　卓闪闪　　**责任发行** 董　倩

出版发行 中国财富出版社

社　　址 北京市丰台区南四环西路188号5区20楼　　**邮政编码** 100070

电　　话 010-52227588转2048/2028（发行部）　010-52227588转307（总编室）

010-68589540（读者服务部）　010-52227588转305（质检部）

网　　址 http://www.cfpress.com.cn

经　　销 新华书店

印　　刷 北京楠萍印刷有限公司

书　　号 ISBN 978-7-5047-3713-7 / F · 2832

开　　本 787mm × 1092mm　1/16　　**版　　次** 2018年2月第1版

印　　张 18.5　　**印　　次** 2018年2月第1次印刷

字　　数 332千字　　**定　　价** 268.00元

致　谢

（排名不分先后）

顾　问

屈　浩　闫真诚

高速建　蒋伟峰　王学先　夏　翔　徐顺军
杨朝辉　杨小明　詹亚军　赵国英

鲍庆标　陈　峰　陈　千　陈秋云　成　坤
杜年青　段　涛　丁加雷　高　晨　高金库
葛荣钢　公彦彬　郭井全　郭清会　郭春明
胡金贵　嵇新宏　冀仕伟　贾进宏　姜李斌
李东辉　李国正　李　军　李树春　李卫红
李　勇　刘　琛　刘红光　刘庆祝　卢琼莲
吕广宝　罗明辉　毛勇新　那　莹　宋　伟
唐道福　王广兵　王佳俊　王文俊　王宗伟
吴学占　武少春　许玉涛　闫小燕　杨宝永
杨红亮　杨卫军　于常来　张　川　张亚峰
张　洋　张　勇　赵　静　赵全局　赵永辉
郑辉胜　周文明　周　阳　周子贤　朱守斌

■ 关于作者

项目路演

孙正林：传承餐饮文化，打造优秀餐饮品牌管理工具书

一位用二十余年时间专注美味传承的餐饮匠人。

一位没有学历、没有背景却创造业界奇迹的传奇人物。

一位立志成就餐饮人梦想、将美食文化与创新模式完美结合的品牌导师。

孙正林，江苏淮安人，食说江南品牌创始人，现任味道系列连锁餐厅董事长、金厨世纪饮食文化传播中心董事长，国家高级技师，国际优质名厨，亚洲大厨，中国餐饮文化名师。他是一位极富传奇色彩的人物：16 岁走入社会，22 岁任联想集团后勤餐饮部经理，25 岁在北京注册公司，26 岁成为全国年薪超百万元的几位大厨之一，30 岁成为开着宝马进厨房的“宝马厨师”，30 多岁创办 5 家餐饮企业并参股管理十余家四星级以上酒店。

出身和家境都没有给他提供充足的物质保障，从苦日子渐渐熬过来的他，早已习惯独立处事与吃苦耐劳。“刚入行的时候，我瞬间就喜爱上了这份工作，也十分珍惜这样的机会。我当时的状态就好像一块干涸的海绵掉进了大海，久旱逢甘露，每天都吸得饱饱的、足足的。”他这样说。

就这样，谦虚好学、聪明勤奋的他，从学徒做起，经过水杂、解功、配菜、站炉等不同岗位的磨炼，用了四年时间，年仅 20 岁就当上了总厨，而后又用三年时间完成本应学习六年的本科学业，并在之后的从业过程中出版专著十余部，为国内众多知名企业高级管理人员授课近百场，熟悉酒店餐饮管理、服务、出品的全流程策划及落地，在全国合作管理多家酒店。

现如今他历时三年，把自己二十余年积累下来的经验与心得总结成一本餐饮品牌管理逻辑梳理工具书，让餐饮文化得到传承，让餐饮品牌价值得到快速提升。

来时辉煌路 多年心得汇成书

二十余年的时间里，孙正林不仅努力、用心地钻研好产品、新技术，更关注餐厅管理，一路走来，从厨师变为老板，从帮人管理变为管理别人，创造了一个个业界奇迹，得到众多餐饮业老板赏识。他提过一件让他印象深刻的事情，就是将一间 800 平方米、年租金 5 万元的店，做到每天进账五六万元。一个个惊人成果的背后，是他不断探索、总结的实战管理经验，就这样，他高歌猛进，到达了事业的巅峰，开始了自己的高端餐饮品牌打造之路。

STAR CHEF
2017
02期
环球
星厨
孙正林 要做
福特那样的
餐饮梦想家
米其林星厨的
2017年预测
咖喱咖喱
老叶聊厨道
厨艺的精髓不在千山万水
大中华区2017年02期
Greater China 2017 02

荣登杂志封面

做有情怀的实力派“餐饮匠人”

孙正林始终认为产品是餐饮经营的核心，有好的产品就会有市场。然而就在 2011 年，他的新品牌刚刚启动之时，国内高端餐饮消费市场却急转直下，市场环境的骤变令他措手不及，这份带着他所有梦想的高端餐饮事业惨遭打击。事业的失败让曾经十分健谈的孙正林变得沉默寡言，但并没有让他就此放弃做餐饮的信心和热情。他经常告诫自己：昨天的太阳晒不干今天的衣服，过去的荣誉已然成为历史，昨天取得的成绩也只是历史的一部分，今天还得努力，重新开始。

2011—2013 年，经过两年的苦心钻研，孙正林结合当下市场环境，用心梳理了自己的经营思路、管理方法及创新菜品。从产品结构到产品战略，从品牌规划到品牌价值，从顶层设计到商业逻辑，他研

屈浩

国际烹饪艺术大师
八项国际金奖得主
亚洲大厨
世界大赛评委
国家一级评委
五一劳动奖章获得者
中国烹饪大师金爵奖
中国餐饮界功勋人物奖
北京特级烹饪大师
北京市优秀教师
国家职业技能竞赛裁判员
中华厨皇会副会长
法国厨皇会荣誉主席及五星优越奖
中华非物质文化遗产传承人
中国餐饮十大领军人物
世界中餐名厨委副主席
中国名厨委副主席
北京烹饪协会副会长
中国食文化协会副会长

与师父屈浩合影

究、考察、花时间虚心学习，而更多的时候他在思考能不能把多年总结出来并得到验证、切实可行的实战经验，复制到国内的其他餐饮企业中，让这种经验能够得到传递、传播和传承。从传递到传承要有一

闫真诚

中国品牌创意联盟主席
中国房产联盟荣誉主席
东北亚品牌策划委员会执行主席
东北企业管理咨询网专家组总策划
亿面文化教育产业合作中心主任
北京亿面餐饮管理有限公司董事
吉林省青年力量创意研究院首席策划
吉林省诚信企业家俱乐部秘书长

研究的主要课程:《CTI 品牌战略》《创新经营》《CTI 商业梳理》《CTI 商业领导力》《CTI 总裁能量场》等

与师父闫真诚留念

个过程和载体，如何将其变为现实，是他一直思考的问题。

2013 年下半年，他偶然接触到了国际创意产业联盟——一个专注于中国品牌创意策划及项目孵化的平台，并有幸拜到联盟主席、优秀策划人闫真诚老师门下学习。他发现：要想把餐饮品牌做到值钱而不仅仅是赚钱，就要借助资本的力量，然而在做资本运作前，产品、品牌、逻辑规划却是所有环节中的重中之重。于是，他开始系统钻研企业品牌战略、商业逻辑、产品路线、管理逻辑、金融路线等餐饮企业运作的核心，把这些看似复杂的理论规则用图表的形式呈现出来，使落地方法变得简单易行，同时他还借助联盟平台的力量，不断闯荡，收集数据，经过三年的积累沉淀，孙正林立志设计出“中国第一部餐饮品牌管理逻辑梳理工具书”，书中的很多方法在实际应用中也被圈内很多餐饮老板称作是截至目前业内极系统、极易落地的理论体系，很期待这本书与大家见面的日子。

与国际创意产业联盟CTI餐饮品牌高峰论坛参会人员合影

和优秀员工合影

孙正林说："在国外，做餐饮是被人尊崇的，而在国内，餐饮业的地位却不高。其实做厨师这么多年，每当人们尝到我做的美食露出开心的笑容时，我就兴奋得不行。"做企业也一样，企业被社会认可后就是有存在价值的。同样他一想到自己的工具书可以帮助更多餐饮企业，他就很兴奋。三十几万字的书，一字一句都汇集了他的匠心智慧，书中不仅有餐饮企业家如何开好一家旺店餐厅、打造一个餐饮品牌并能传承一间百年老店的一系列逻辑应用，更有他自己的一套理论体系——"酒店餐饮业五大立体运营系统"。

酒店餐饮业五大立体运营体系

CTI 品牌管理是一种全自动的商业管理模式，孙正林将其整合、提炼，并与酒店餐饮管理相结合，形成了自己独具特色的酒店餐饮品牌管理系统。他将餐饮管理划分为五大板块，包括饮食出品、用餐服务、环境产品、公共区域、售后服务，这本工具书可以让这五大环节立体运营，实现各环节无缝对接，最后还能让员工自己管理自己。

品牌的价值来自于完善的运营体系，如果你的体系不完善，品牌就不会长存。所以品牌的传承首先是体系的完善，而不是一个点的完善。

但现在很多餐饮企业在管理上往往总是追求点，而不是面。

本书中用一张图纸就可以将管理者的自我规范、员工的个人规划、企业的未来规划，都变得清晰、简单、好操作、易落地，可以把每个员工对企业一天的贡献清晰呈现出来。比如：把一家餐厅的平面图标成图案以后，分好区域，将每块的工作指标，员工要做的事情在表格里明晰地标出来。另外，对于员工个人来说，他创造多少价值，都能在表格中体现出来，可见、可对比。管理者也能清晰地确定未来培养的对象及工作重点。

此书与其他同类书最大的区别在于它可以让企业以终为始地做事情，就像盖房子一样，先画好图纸，设计好要盖到哪里，然后从基础开始，一点点地盖到顶层，这样的企业才会牢固、才会长存。

孙正林常说："当你规划企业战略时，一定要有清晰的图纸，让所有人知道企业未来的走向，明白自己怎么做才能实现愿景，众人划桨开大船，有了统一的目标做起事情就容易多了。"

理论联系实践　工具书优势完美呈现

对于热爱餐饮并将此作为人生志业的孙正林来说，当他听到油在锅里发出的声音时，他的每根神经都能激动、都能兴奋；当客人充满笑容时，他浑身都会有冲劲、有激情。

他不仅研发出这样实际的理念体系，同时也将他的研究成果实践到自己的企业中，效果也特别好。他自己的品牌——味道花园，原来是一家中国台湾企业，2012 年他接手时，由于位置偏僻一直处于亏损状态，但他非常喜欢这里的环境，所以就租了下来。装修设计、环境改造，孙正林大都亲力亲为。工具书中那么多清晰的思路，味道花园餐厅一一试验成功，现在这家以经营淮扬菜为主的餐厅也得到了社会各界认可，作为周边写字楼林立的园区店，正常情况下周末会是门前冷清的，而味道花园却门庭若市，生意极好。孙正林发现企业的内核是坚持，运用他的体系，每天开会、监督表格，基本都能清楚知道员工在做什么。而且每个员工都很开心，自己拿到的工资，跟自己的付出一比较，就知道自己到底创造了多少价值，也能清楚知道自己需要在哪方面努力。

孙正林不仅专注于菜品模式研发，更希望把他的理念、规划方法实际复制到企业中去，让中国餐饮企业能够有清晰的路径并把它运用到实际落地中，帮助更多的餐饮人，让他们往前走、让他们少走弯路，最终能够成就他们的餐饮梦想，同时用平台打造的方式，让更多的餐饮品牌变得更好，真正让中国餐饮品牌得到传承。

李克强总理说过这样一句话："用改革创新提升企业创造力和竞争力。"孙正林也深深认识到，创新是企业家唯一要做的事，不创新的企业是没有可持续生命力及核心竞争力的。所以在未来的日子里，孙正林会结合餐饮行业不断变化的发展趋势，不断地在实践中学习、总结、改善、创新这套科学系统的理论体系。

他说："无论何时，提升自己的脚步永不停歇；无论何地，追求梦想的脚步永不停歇；无论结果如何，都要立志把中国的餐饮品牌做得越来越好，让品牌传承的范围越来越广。"

一套关于餐饮管理的工具，一段关于餐饮追梦的故事，一位关于餐饮传承的匠人，将会带来哪些精彩，敬请关注。

徐海鸿

2017 年 12 月 17 日　于北京迪欧咖啡

前　言
中国企业真正需要的是什么

改革开放三十多年来，中国企业异军突起，取得了辉煌成绩。然而，随着市场经济发展进入深水区，中国企业面临着巨大挑战。

如今，中国多数企业的生存和发展呈现出问题趋同性、长期性、普遍性、集中性等显著特征，值得我们关注和思索。下面简单分析一下我国企业当下存在的一些问题。

资金困难普遍化。它是绝大多数企业面对当前经济形势出现的最大问题之一。企业资金短缺，资金链紧张，融资渠道堵塞，资金周转压力加剧，后期研发投入不足，产业运营资金难以良性使用，没有资本运作，理论大都是“纸上谈兵”。

创新思维固化。一个企业的灵魂在于创新，但很多餐饮企业的问题不是创新能力太弱，而是创新能力太强。企业创新能力太弱会失去市场竞争力，创新能力过强则不能精准定位，会模糊创新焦点，也会限制品牌力释放。所以不懂用创新思维去浇灌企业成长，结出来的果实必定苦涩不堪——经营理念的“尘土味”、产品形态的“雷同味”、服务方式的“守旧味”、品牌结构的“单一味”……创新思维针对性及个性化理性实施尤为重要。

经营管理战略规划缺失。一年要完成多少营销任务，怎样去公关与推销？很多企业采用数字量化型策略，然而这距离真正意义上的战略规划还有很艰难的路要走。经营模式、经营结构、企业经营长期形态和远景目标战略规划的缺失，令人惋惜。

人力资源成本持续上升。当前企业面临人力资源结构性短缺和成本上升的双重压力。原本中国企业竞争的重要优势——低成本的人力资源正逐渐丧失。企业高端技术和管理人才流动速度加快导致人力资源流失日益严重，最终“哄抬”了招聘、培训等相关的人力资源管理成本。

节能环保责任加重。一方面，各行业淘汰高能耗、高污染等落后产能速度加快；另一方面，企业要发挥规模、人才、资源和技术等综合优势，进一步调整产业结构，加快转型升级的步伐迫在眉睫。

除此种种，还有诸多问题，在此不一一列举。要想破解以上难题，冲出重围打破僵局，企业应凝聚力量转型升级，建立自主多元化品牌，攻坚克难转变营销理念，提升精细管理标准和个性化管理水平，促进产业链持续向高端升级，不断增强企业抵抗风险能力等。只有这样，才能稳妥迎接企业下一个生机盎然的发展“春天”。

拥有“春天”正能量的餐饮业，以其活跃经济、繁荣市场、促进相关行业发展的重要属性，在中国各类行业发展中逐渐拥有更多话语权，从“有为”变为“有位”。然而，“春天”正能量爆棚的餐饮业不仅遭遇上述共性问题的寒潮，还由于其行业的固有特点，遭到颇多个性问题困扰。

餐饮业标准建设相对滞后，行业缺乏健全的法律体系作为保障和依托，标准化缺少统一“度量衡”规范，市场秩序不够规范，致使不良企业钻空子，欺骗消费者现象时有发生。

产业化程度较低，企业间经营水平差距较大。大部分企业因生产、经营分散，模式单一封闭，人力、物质和技术资源得不到充分合理利用，产业化规模形成难度攀升。有的企业已成为国际“大腕”，有的还在小作坊里摸爬滚打，行业内经营水平差距极大。

从业人员素质参差不齐，服务质量和管理水平有待进一步提高。总的来看，缺乏强有力的对餐饮人才、文化、管理、营销等进行深度研究和探索的机构，而企业自身忙于提升营业额，没有将其纳入提升市场竞争力的要素范围，使它们总是被迫游离于企业价值的边缘。草根式的文化经营、低素质的从业人员和低层级的管理模式大行其道。甚至，每天早晨，你都能看到不少餐饮企业门前整齐划一的“训练”，然而，真正业绩好的餐饮企业却并不看重这一点。就像外婆家创始人吴国平所言，在外婆家看不到做早操、唱歌跳舞等给员工“打鸡血”的形式，这些都产生不了价值。市场经济要的是符合人性的管理，不要试图改变人性，顺势而为，顺应人性，才能产生更大的价值。所以，管理要摒弃仪式感，不能做表面文章。

餐饮服务的结构性矛盾比较突出，高端餐饮业碰触历史罕见的危机，大众餐饮服务网点建设不足，主题式气氛类餐饮发展趋向复制同质，连锁经营进入固有模式怪圈，张力减弱，行业结构

精湛的技艺重在传承

失衡，产品结构缺乏规划，优化转型路上障碍重重。

餐饮业的市场竞争加剧，企业利润率低、附加值小，内资餐饮企业自主创新能力普遍较弱，品牌建设“步履蹒跚”，餐饮企业“裹足不前”，无法“走出去”发展……

因此，如何化解餐饮业生存危机，破解发展难题，就成了当务之急。餐饮业不仅需要建立健全餐饮业法规及标准体系，还要提升产业化水平；不仅要培养专精尖人才和完善经营机制，还要调整行业内部结构，促进企业健康茁壮成长；不仅要增强自主创新能力，凸显品牌建设，还要运用大营销大文化力量敲开餐饮业进军国际之门。

本书以关注餐饮行业健康发展为出发点，以如何解决餐饮企业存在的普遍问题为落脚点，以商业逻辑梳理和系统管控为指导原则，以图文并茂、引证论述为说明方式，以标准流程统一规范图表为落地工具，是一本集管理逻辑与商业逻辑系统梳理、产品战略与品牌战略精准打造为一体的餐饮业管理工具书和实操手册。对于餐饮以及其他行业的人来说，如能很好地领会本书的思想和逻辑，不仅创办企业时可以少走弯路，中途更可以弯道超车。

自　序
做到极致就是下一个机会的开始

我们先来看一个关于“极致”的故事。

许多年前，一位年轻人来到一家著名的酒店当服务员。这是他涉世之初的第一份工作，他将在这里正式步入社会，迈出人生关键的第一步。因此他踌躇满志，暗下决心：一定要好好干！

谁知在新人受训期间，上司竟然安排他洗马桶，而且工作质量要求高得骇人：必须把马桶擦得光洁如新。

他根本不喜欢洗马桶的工作，更不可能实现“光洁如新”这一高标准的质量要求。此时的他心灰意懒。

正在这时，一位女前辈出现在他的面前。她并没有说教，而是亲自洗了一遍马桶。接着，她从马桶里盛了一杯水，一饮而尽。

她给了他一个微笑，而他已经目瞪口呆。她用简单的行动告诉了他一个道理：把马桶擦洗得“光洁如新”，这一点完全可以办得到。他恍然大悟，原来是自己的工作态度出了问题。于是他痛下决心：“就算一辈子洗马桶，也要做一个洗马桶最出色的人！”

从此，他脱胎换骨，成为一个全新的人，他的工作质量也达到了无可挑剔的高水准：为了检验自己的自信心，为了证实自己的工作质量，也为了强化自己的敬业心，他也多次喝过马桶水。

他漂亮地迈出了人生的第一步。几十年光阴一晃而过，他成为世界旅馆业大王，建立了享誉全球的希尔顿酒店帝国。他就是康拉德·N. 希尔顿。

与于记坊研发事业部签约仪式

希尔顿坚定不移的人生信念，表现在他强烈的自驱力上，“就算一辈子洗马桶，也要做一个洗马桶最出色的人！”这就是他成功的奥秘，也是一个很朴实的道理，可是很多人不知道，知道了也不愿意努力去实践。

成功是什么？有时候你不成功并不是因为能力问题，而是因为我们老生常谈的态度问题。希尔顿的这段经历，其实放到任何行业都行得通。你只有从细微处做到极致，才能有机会获得“回头率”，才能吸引更多客户和资源，尤其是在餐饮业，客户无时无刻不在体验我们的服务，我们的细微，我们的极致，包括筷子的材质和长短、碗碟的摆放规则、桌布的颜色、菜单的介绍、服务员的仪态等。

好的产品需要精心调制

古人说得好，“不积跬步，无以至千里；不积小流，无以成江海”。把复杂的事情简单化，需要大智慧；把简单的事情做到极致，则需要毅力。相信只要能杜绝“大事干不了，小事不愿干，简单工作不愿做”的浮躁心态，把简单的日常工作做到极致，我们都能做更好的自己，实现自己的价值。

再给大家举个时尚生活小店的例子。“无印良品”，这家没有 LOGO（商标）、广告、代言人、繁复的装修的连锁小店，业绩却一飞冲天：2010—2012 年，其全球净销售额从 1697 亿日元（约 134.8 亿元人民币）增至史无前例的 1877 亿日元（约 141.4 亿元人民币）。其中有什么样的秘密？

仔细观察后你会发现，“无印良品”成功的秘籍就在其对细节近乎偏执的要求上，比如实行“标准化陈列”，不仅要求商品摆放整齐、饱满、富有冲击力，还要求考虑顾客的购物习惯。例如，文具区所有笔盖都必须朝向同一个方向，各类美容护肤品的瓶盖和标签也必须朝向同一方向，被挂在高处的搓澡棉、浴花必须由店员用纸板作为尺子规整，保持同一水平高度。

怡人的环境需要用心营造

在产品工艺上，某款用于放在冰箱里制作凉水的冷水桶就曾经历过四次改造。设计师发现日本家庭里的冰箱普遍偏小，较大的冷水桶无法直立放置，遂将侧面设计成平面以避免其在冰箱里来回滚动，桶口亦被密封，防止平放时有水溢出。一些女性消费者反映装满水后水桶太重，平放取出吃力，于是设计师又在水桶侧边加上了弧形凹槽增加受力点。该冷水桶亦可作为泡茶的茶壶，此后消费者亦两次提议对桶内滤网进行改进，设计师最终照单全收。为了制订出最佳方案，往往需要邮件沟通无数次，最繁忙时设计师甚至在机场进行设计讨论，以便讨论结束后各自赶赴下一个目的地。

态度决定企业发展的高度，成功并不是一蹴而就的，而是一点一滴力求极致、力求完美的过程和结果。记得有一本叫作《把工作做到最好》的书中说过，“做到 60 分不够，100 分才算合格。我们不能满足于差不多，要做就做到最好”。而要做到最好，就得在小事上下功夫。餐饮服务就是一种关注小事的艺术。服务无小事，一切在细节，小的细节能决定最终的结果。一份可口的饭菜能让人回味无穷，不外乎就是色香味俱全的体验后，再有了环境、服务上的身心极致体验。也许就是一根扎头发的橡皮圈，一

企业战略创意	商业模式创意	经营模式创意	产品需求创意
观念 价值 主张	镶嵌 整合 细分	省时 省力 省钱	个性 普世 品牌
成为领导核心	帮助他人赚钱	他人是你的推销者	满足需求
成为价值核心	帮助他人节约	他人是你的消费者	改变需求
成为组织核心	帮助他人便捷	他人是你的传播者	创造需求
意义	价值	引领	应用
个人使命 社会责任	发现　呈现 放大	利益　好处 粉丝	改进　创造 颠覆
创始人的愿景	执行人的目标	合伙人的契约	研发者的初衷
有灵魂	有肌肉	有骨头	有血液

企业创意生命力系统

个装手机的塑料袋，抑或一张擦手的纸巾，这样的小细节打动了客户，让客户有了被尊重、被服务的“上帝”感，才让这家企业赢得了市场。

所以，做餐饮归根结底就是要把每件小事做好，把每个细节考虑到位，并力求做到极致。相信只要每天进步一点点，你就能在自己的企业或岗位上更好地实现自我价值，进而提升个人和企业品牌的价值，最终实现经济效益。

谢谢你

懂我的人
一路默默地陪我
让我拥有好故事可以说

目 录

Part 2 产品战略

Part 3 品牌战略

序　章
品牌的价值来自于什么

中国餐饮行业现状

据相关资料显示，2014 年中国餐饮业总收入为 27860 亿元，同比增长 9.7%，其中大众餐饮占 80%。2015 年中国餐饮收入达到 32310 亿元，同比增长 11.7%，其中线上餐饮收入 8667 亿元，同比增长 7%，“小而美”、主题类餐饮大受追捧，智能化得到进一步发展。截至 2016 年 3 月底，全国餐饮收入为 8302 亿元，同比增长 11.3%，与上年同期基本持平，发展动力稍显不足。

一系列数据表明，我国整个餐饮市场发展态势良好，餐饮业进入大众转型、结构优化、动力转换的新阶段。大众化餐饮由于刚性需求一路高歌猛进保持旺盛；多元化连锁经营、小而精品牌开启了餐饮业发展新业态；线上线下融合消费遍地开花、广受欢迎。

可是在机遇与发展面前，我们也必须看到形势异常严峻，问题日渐凸显，我国的餐饮行业正面临诸多挑战（见图 0-1）。

其一，互联网冲击。

随着“互联网 +”时代的到来继而上升为国家战略，不仅网上银行、众筹等互联网金融持续走热，很多传统企业更是突破了互联网的工具属性，在云计算、大数据等技术支持下，带着明显的互联网价值观（所谓的情怀）主动去改造，寻求转型升级。可以说，“互联网 +”已经成为几乎所有领域寻求发展的话题。

而互联网对餐饮行业的冲击，主要表现为两个方面：一是团购和外卖平台的模式不断涌现，拒绝改变的餐饮店客流大减，订单量急剧下滑；二是传统餐馆的弊端逐渐暴露，就其组织结构而言，传统的餐馆，多是金字塔式的链条服务，顾客的评价很难反馈到厨师或餐厅老板等中后台岗位，所以，就算菜式不好，也很

图0-1　餐饮行业现状

难得到及时改进。

所以，对于餐饮企业来说，如何通过互联网技术，让组织从垂直化的链条服务变成以用户为中心的同心圆服务，让厨师和顾客真正地对接、互动起来，并给顾客提供最大便利就显得尤为重要。

其二，缺乏商业的顶层设计。

很多人认为，餐饮企业准入门槛低，只要服务好顾客就可以了，不需要什么商业模式规划，或是此类的顶层设计。这种思维如果放在十几年前，也许还能赚到钱，但在当下则行不通。如今，受互联网的冲击，传统的思维逻辑、生意模式已经不能适应时代的发展，餐饮服务也是如此。

如今越来越多的资本和优秀人才进入餐饮业，而原先一些与餐饮相关的上下游产业链也进入餐饮终端服务，可以说，餐饮业已经进入高手对决阶段。在这个阶段，更需要有商业的顶层设计，而品牌是企业的第一战略，人才是企业发展的基石，那些管理层迷茫、没有愿景、没有品牌思维、没有商业逻辑、不会资本运作等的企业如果不做好商业规划，势必难以发展。

其三，经营成本过高。

中国房地产业的蓬勃发展，带动了房租大幅上涨，也造成了餐饮业成本上涨；食品原料价格上涨，给餐饮业成本再加一担；物价的节节上升，新劳动法的出台，迫使企业增加员工工资及福利待遇让其压力更大，加之人员流失严重等，餐饮业连续遭受“屋漏偏逢连夜雨”的厄运困扰……

这一系列现实因素和不可抗外力一度让餐饮企业本身陷入不可避免的资本与财务困境。综合成本偏高，利润下滑带来的经营乏力，使众多餐饮企业举步维艰，甚至破产倒闭。

其四，经营理念落后，品牌创新意识不强。

餐饮企业本身缺少自我品牌认知和创建创新，出现定位模糊、缺乏新意、品牌意识淡漠、管理层愿景浅薄等一系列问题，造成了餐饮业走向同质化、被模仿、迎合性的“定向定制整容”道路，并在“脸盲”这条路上越走越远。

当前，市场上一旦出现一种新的理念，大家都会争相效仿。不仅在菜式、环境布置等方面进行复制，更有甚者直接来个“拿来主义”，全套照搬，致使一段时间一批小清新火了，一类主题火了，一拥而上又一哄而散。

此外，还有很多餐饮企业因循守旧，抱着古董的理念，“裹着小脚”不敢向前，对互联网、电商、线上营销等新生事物，放之任之，甚至怀疑摒弃，其结果是看着别人飒爽英姿奔跑的背影，在落后的队伍里啧啧喟叹不知所以。一些老字号餐饮企业，就是因为没能改善落后的经营模式而被市场淘汰的。

其五，行业标准不高、产业化程度偏低。

中国餐饮业普遍存在一个不争的事实，那就是行业标准化、产业化、国际化程度偏低，缺乏直接适用于餐饮业活动的行业法规，缺少强有力的市场竞争品牌。现今，餐饮企业多是中小企业，虽数量众多，但人力、物质和技术资源没有得到充分合理利用；产业技术不规范，生产技术缺乏标准化和规范化的管控；企业生产经营分散、封闭，没有形成产业化规模；手工随意性生产、单店作坊式经营和人为经验型管理仍旧盛行。

其六，餐饮行业地位较低、专业化人才缺失问题严重。

传统行业意识形态认为，餐饮行业是低端行业，准入门槛低，社会地位不高，从业人员干的多是伺候人的活儿，缺乏社会认可度和人文归属感，因此很多文化程度高的人不愿意进入这一行。由此，从业人员素质普遍偏低，大多是初、高中文化程度；管理机制不健全，使得人员流动性大，处处“用工荒”；专业化高素质人才培养的缺失，管理者重视程度不够、餐饮业职业经理人队伍和专业培训工作等呈现出非常滞后的态势。当前，除了一些名牌餐饮企业较为注重员工的培训外，大多数餐饮企业几乎谈不上培训，最多也就是内部开展一些技能性的讲解，管理人员也大多凭个人的经验做事。

其七，食品安全问题屡见不鲜。

地沟油、镉大米、重金属、农残超标蔬菜、双氧水泡海鲜、注水牛肉、化学火锅、毒米粉、胭脂红腊肉、荧光粉蘑菇、含有孔雀石绿的鲜活水产品等餐饮业的食品安全问题频频发生，这不过是“冰山一角”。原料选取“将就对付”、加工环境“脏乱差”、过程制造“不走心”、市场监管“不给力”等，造成食品安全隐患颇多，食品安全问题屡屡发生。

面对当前如此严峻的形势，餐饮行业应勇于实践，创新进取，不断提高产品含金量，精准定位、优化管理，统一标准、规范细节，建立健全行业管理体制、企业内部管理机制，培养高素质的从业人员等，从而各显其能，不断寻求突破、谋取发展。

餐饮趋势的七大变化

民以食为天，中国饮食文化源远流长，博大精深，“不为五斗米折腰”和“割股奉君”体现了儒家人文情怀。餐饮业是我国服务业的重要构成，市场广阔，对刺激消费、推动经济发展和就业安置都起到了重要作用。当前，全球经济发展持续减速，各行各业面临挑战，餐饮业也未能幸免。

那么，如何在困境中取得突破；就成了每一个餐饮企业必须面对的问题。若要顺势而上，就必须把握好当今餐饮业发展的七大趋势（见图0-2）。

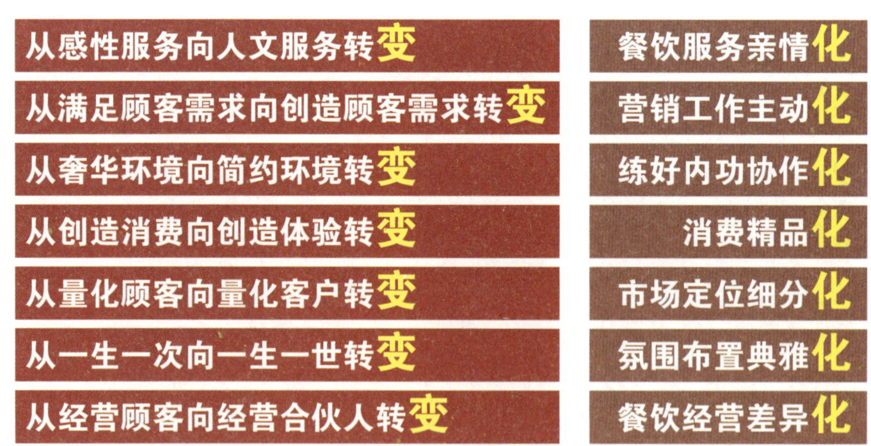

图0-2 餐饮趋势的七大变化

第一，餐饮服务亲情化——从感性服务向人文服务转变。

注重顾客体验，感动顾客，使其融入其中，参与其中，从而产生从味觉到身心的感动，这是餐饮行业一直在努力的方向。但随着经济环境和人文环境的变化，感性消费客户对服务的期望越来越高，身份的尊重、情感的认同、来自内心的关怀更是被消费者所看中。

所以，当我们不断在探索如何量化感性服务，如“8 颗牙”“14 块冰块”的时候，以人为本，将本身就承载人文文化的餐饮行业做得更加人文化，给消费者如沐春风般的关心体贴，让消费者感受到如在家中吃饭，才是未来的重中之重。

第二，营销工作主动化——从满足顾客需求向创造顾客需求转变。

现今餐饮行业均能做到对顾客需求的满足，但是缺乏对顾客需求的主动创造和挖掘。以海底捞为例，一般餐厅等候区有椅子、花生和瓜子、茶和咖啡，而只有海底捞有美甲和擦鞋服务，甚至还有供孩子们游戏的儿童天地，这些与餐饮归属不同范畴、与等候吃饭貌似没有半点关系的服务就走进了海底捞，不仅受到好评，更是有人慕名而去感受这些附加服务。

除去服务，我们看餐饮本身这件事，在顾客的功能需求方面，就餐地点的位置，主题布置都是顾客就餐动机的侧重点。比如麦当劳，它为小朋友提供的生日活动、场景的布置、活动环节的设置，就是其魅力所在。在白领众多的地方，企业可以推出精致营养的餐点，尤其针对节假日无法回家过节的白领族们来说，能吃到一份和家里妈妈做的味道相同的饭菜，那是很大的满足。肯德基和味千拉面的营销广告，都凸显了妈妈的关怀和妈妈的味道，这就是本着对食物自身需求外的额外附加需求的挖掘，可以给顾客更深的体验。

第三，练好内功协作化——从奢华环境向简约环境转变。

大众餐饮的蓬勃壮大给餐饮行业的装修带来扑面清风，从以前的重装修，到今天的轻装修重装饰，减少装修成本和装修精力，转而对菜品和服务方面投入更多成为餐饮行业的共同声音。

随着“80 后”和“90 后”成为消费的主体，时尚、简约和独特的装修风格更容易吸引和打动他们，尤其是主题餐厅的兴起使主题设计成为时下餐饮装修的风向标。配合独特的装修环境，研发推出的特色菜品、独特的菜名，以及传播的独特亮点，都是主题餐厅立足和壮大的根本。普通的口水鸡改成有创意的名字“叫只鸡”就足以吸引食客的关注。

无论简约的轻装修，还是营销创意的菜品或者名字，它需要的是餐饮人内在的功力，对食物的敬畏、对消费者的尊重，以及对自身能力的修炼，从而达到由外到内的配合，提供给食客不可言语的体验。

第四，消费精品化——从创造消费向创造体验转变。

电子商务冲击下，如餐饮和美容美发等体验型行业所受影响较小，但为适应长远发展，停留在原有的经营模式和服务内容上已经不符合当下的消费需求，应该创造新方法，给顾客难忘的、有可识别性的体验，融合更多期待，给消费者多重体验满足。比如让客户自助就餐、等候区免费体验等，让就餐者在享受美食的同时还能享受到消费外的增值服务。

第五，市场定位细分化——从量化顾客向量化客户转变。

餐饮行业作为大众行业，新顾客开发一直是提升销售额的重点。在现有环境下，不仅要做大市场，更要做深市场，所以，市场的侧重点更多地从大众营销转变为一对一精准营销。通过精细服务，在现有顾客中发掘更深度的消费，增加永久客户数量并不断让新顾客成为永久客户才是重点。

第六，氛围布置典雅化——从一生一次向一生一世转变。

氛围是消费者体验的重点之一，饮食关乎的不仅是吃好吃饱，更多的是情怀，节日聚餐、朋友聚会等都承载了情谊，所以，餐饮行业除去硬件装修，在氛围烘托和环境布置时，要抓住顾客心理，尊重顾客需求，力求典雅，避免庸俗，争取给顾客留下永生难忘的印象。

第七，餐饮经营差异化——从经营顾客向经营合伙人转变。

为提升竞争力，实现群策群力，同时分散风险，寻求文化认同、经营理念相同，有实力、有开拓精神的合伙人，有助于实现差异化经营管理，更能够提升竞争门槛。

困境从来都是和机遇并存的，所谓“识时务者为俊杰”，认清局势，遵从餐饮业的发展趋势和规律，必然能找到适合自己的发展路子。

餐饮品牌经营需要做好什么

“不到万里长城非好汉，不吃全聚德烤鸭真遗憾！”创建于1864年的全聚德，是京城著名的老字号，以经营传统挂炉烤鸭蜚声海内外。一直以来，全聚德坚持传统工艺不变的制作原则，承袭百年烤鸭技术模式，逐渐打造了熠熠生辉的餐饮界名片。

如果将“传统制作工艺”这块金字招牌删去，虽然“最终产品”不会有太多变化，但却会丧失全聚德的品质内涵，使其在市场上失去原有的竞争力。如今，全聚德在传承品质至上的基础上，不断探索创新体制、机制、营销、管理、科技、企业文化等，走上了规模化、现代化和连锁化的经营道路，正向着“中国第一餐饮，世界一流美食，国际知名品牌”的宏伟目标不断前行。

这是值得整个餐饮业学习和借鉴的成功品牌经典案例。从中不难发现，全聚德成功的关键要素——将产品品质进行到底，品牌是传承的根本法宝。

毋庸置疑，一个餐饮品牌的成功首先是产品品质的一流。消费者对于品牌的最终诉求在于产品质量。质量是品牌之母，质量决定品牌核心竞争力。因此，产品质量对于品牌的重要价值不言而喻。

品质的打造少不了严格的品控。品控是对产品制成的质量控制，是品质形成的决定性因素。从概念上来说，它是一个从原料把控、生产加工、产品制成、成品检测到成品入库以及售后质量的跟踪解决等的全过程，其中包括完整的质量控制和管理链。力求各个环节都接近完美，需要实打实的品控执行力，不仅要有产品质量标准和要求细则为参照和依据，而且要有品控执行者的专业职业操守和素养做基础和保障，二者缺一不可。只有这样，坚守品控才有可能打造出一流的品质。

产品标准具体体现在产品结构、规格、质量和检验方法等各方面的技术规定和统一规范限定上。产品标准化，能够最大程度减少个体产品的差异化，呈现品质一贯的美好状态。全聚德从 400 多种菜品当中提炼出 40 余种具有代表性的最受消费者欢迎的菜品，将其标准化。标准化的过程完全按照国家标准的格式，一个数据一个数据地测试，然后一个数据一个数据地记录下来，再经过反复研究、对比，最后才确定下来的。在制定烤鸭标准的过程当中，全聚德曾经用了几千只鸭子，老师傅在前面烤，后台工作人员将温度、时间、湿度、颜色、炉温等数据都按照现代化的手段记录下来，形成一个标准化的版本。

品控执行者必须是专业化操作人员，既需有过硬的专业技能，也需有超高的人格素养。其职责是对产品质量、卫生及服务进行控制，以确保顾客购买到的产品保持一致的高质量。为此，要对所有的品控操作人员进行培训，使其掌握所从事工作要求的技能、操作步骤，并且依照严格的标准操作程序，实行规范性操作。若品控执行者这关失了力打了马虎眼，就几乎等同于品质的丧失。

因此，不管是产品标准的制定还是品控者的执行力，要想管控好这个重要关节，打造出色品质，就需要餐饮品牌经营者具备专业化的经营理念，这显得格外重要。有了它，质量标准和人的品控职责才会具体可操作（见图 0-3）。

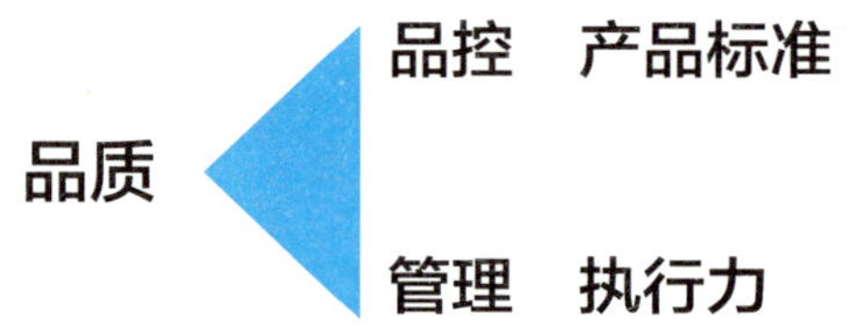

图0-3　打造品质需要做什么

通常来说，餐饮品牌专业化的经营理念体现在规范化和精细化的管理方式上，然后通过精细化管理使经营理念得到分解细化、落实和加强执行，在每个环节发挥作用。不论是产品设计、产品文化、产品结构，还是品牌运营、品牌战略，抑或商业逻辑、资本运营，各个模块的运行管控，都将融入精细化管理，才能实现各模块的专业化经营、个性化发展，从而促进品牌健康成长，凸显品牌活力（见图 0-4）。

图0-4　餐饮品牌模块

当然，精细化管理中不得不提的就是服务，服务是精细化管理的代表性符号。因为服务与品质本身不可分割，并贯穿餐饮品牌经营的整个过程和各个模块，相互融合。当下的餐饮企业更加注重标准化、个性化和多样化的服务理念，越来越朝着体验式、情怀式和人文式方向发展，必将使得各个模块的管控经营和运作也反衬出服务理念发展变化的光辉。

同理，服务理念也与独具匠心打造特色相得益彰，以此推动各模块良性互动循环，实现品质的传承和特色创新，解决同质化、迎合化日益严重的问题，形成独特的市场竞争力。好比一个店面的设计风格、区域选择、目标受众、产品制作、服务人员、服务方式，都是融合了服务理念做出的统一外化诠释。温暖的主题不能过于花哨，怀旧的风格不能过于时尚，高端的定位则不能过于大众。

因此，品质与服务的传承创新，各个环节的严格把控，经营理念持续增加含金量，才能做好一个餐饮品牌，才能赋予它持久鲜活的生命力，才能不断受到市场的欢迎，赢得一席之地（见图 0-5）。

管控融于服务	精细化管理
服务体现管控	专业化经营

图0-5　餐饮品牌经营理念

餐饮业是一个竞争激烈、排他性较弱的行业。企业要想在激烈的同行竞争中脱颖而出、扭转亏损，实现跨越式发展，就不得不打破旧有的游戏规则，及时转变经营观念，在变化中寻求企业的生存之道。

作为现代餐饮经营管理者，正确的市场定位是餐饮企业成功的前提；原材料成本与经营成本控制是餐饮企业经营管理的核心内容；关注客户现实需求与潜在需求是餐饮企业生存与发展的基础；标准化生产管理是餐饮企业发展壮大的必由之路；而提升服务质量与做好人力资源管理是餐饮企业获得核心竞争能力的前提和保障。

Part 1

管理逻辑

团队管理　店面管理

第一章

团队管理
——如何做一名合格的店总

就像每个国家都有首都，每个省都有省会一样，做餐饮，也必须有一个行政中心，那就是店总。店总可以是店的创始人，也可以是发展历程中最具领导力的人。总之，店总必须具备相应的素质和能力，可以成为这个中心的“红点”。

对外，店总不仅要代表公司的整体形象，处理社会上的公共关系，同时也要能带好队伍，为企业持续创造利润。对内，店总在职工面前要能同时胜任多重角色。

习得一身武艺，不参加实战就不算有用。那么，落实到具体的日常经营中，店总应具备哪些素质、能力，又需要做哪些实际工作呢？如表 1-1 所示。

表 1-1　合格店总工作总汇

店总具备的素质	
1.商品管理	6.财务管理
2.卖场管理	7.运营管理
3.销售管理	8.资源管理
4.人事管理	9.质量管理
5.顾客管理	10.安全管理

店总具备的能力	
1.领导能力	6.服务顾客能力
2.教育指导能力，培养应用能力	7.企划能力
3.计划管理能力	8.改善业务能力
4.组织下属完成任务的能力	9.自我成长能力
5.判断应变能力	10.自学能力

店总的多重角色		
1.责任者	4.指导者	7.控制者
2.规划者	5.激励者	8.分析者
3.执行者	6.协调者	9.培养教育者

店总的实际工作			
1.早会参与主持	6.营业中服务客户管理督核	11.打烊工作的督核	16.人员薪资的计算
2.开店清洁准备工作督核	7.有关商品管理，物料耗材调拨处理	12.空班时人员的训练指导	17.人员升迁调薪申请呈报
3.存货控制	8.有关商品管理，用品购置申请	13.店内安全事项督核	18.人员轮休假排班
4.收银现金管理督核	9.人员出勤控管督核	14.客户抱怨事项的协助处置回报	19.原物料、设备盘点
5.营业中室内外环境整洁维护	10.原物料、用品进货验收	15.店务会议的参与	20.月报表填制

续 表

店总的细节工作			
1.确定餐厅的空调温度适中	15.分配各责任区及各注意事项	29.当客人与服务人员发生意外时马上采取行动	43.指导助教训练新员工
2.检查餐厅内的灯光及灯泡	16.宣布每月特别菜肴、特别介绍以便部长推销	30.满足顾客的特别要求	44.预先向新进员工说明餐厅的特别规定
3.检查餐厅内所有装饰品、花草是否摆正	17.传达上级指令	31.指导服务	45.依生意状况调整人员
4.检查餐厅桌椅、餐具是否配套、整洁	18.迎客、送客（特别是重要客人）	32.检查可能引发火灾的危险之处	46.带领前线人员提供给顾客主动、周到、亲切、有礼的服务
5.检查餐厅内清洁工作是否到位	19.带位	33.查验餐厅内电器用品是否已关或在适当的位置	47.随时机动调整人员配置
6.查验客用洗手间	20.提供给客人有关食品信息方便推销	34.填写交接本，交代助教特别注意事项	48.指导员工的安全、卫生、消防知识培训
7.了解供应品种	21.确定全体人员提供给客户高效、殷勤的服务	35.离开餐厅前再巡视一次	49.随时注意控制餐饮成本
8.确定服务员出勤人数	22.随时注意餐厅内的任何动向	36.指导所有员工的在职训练	50.指导前线人员正确的推销技巧
9.检查菜牌、特别介绍牌是否完整干净	23.客人若有抱怨必须亲自解决	37.参加本店及其他必要会议	51.坚持“以客户为中心”的原则
10.查验准备的物品是否齐备	24.谨慎对待难缠顾客	38.定期配合换菜单	52.坚持“只有开心的员工，才有满意的顾客”原则
11.餐厅内卫生与安全检查	25.实施有关安全措施	39.适时推出促销活动以提高营业收入及提升公司形象	53.坚持“以人为本、团队合作”的企业文化、价值观
12.检查服务人员的服装仪容	26.厨房与业务部保持密切配合	40.随时注意所有员工的出勤状况	54.观察并记录所有员工日常工作表现，以此作为评估参考
13.宣布订餐情况	27.维持餐厅内适宜气氛	41.领导员工遵循守则规定	55.建议优秀员工晋升
14.检讨每日工作疏忽、客户抱怨并提出改进以及防范之法	28.随时掌握座位状况	42.负责招聘员工与面试	56.最少每星期做一次餐厅总检查
57.随时注意餐厅各种器皿、器具、家具等消耗、破损与维修情况			

续　表

店总“十诫”	
1.经常评判上级得失	6.不了解公司运作机制
2.关心自己比关心他人多	7.不会培养下属
3.什么事情自己拿不定主意	8.不具备基本素质及知识
4.喜欢自占成果	9.报喜不报忧
5.不为自己设立高目标	10.只注意他人缺点，而不注意他人优点

领导自修：你真的懂管理吗

著名管理学家赫伯特·西蒙认为：领导者是一个团队内团结群众追求共同目标的人。在餐饮企业里，一个团体的领导者就是整个店或整个企业主动权的掌握者和实施者。领导过程就像一项带领众人完成任务的艺术创作。对待这项艺术，自信必不可少，领导愿望给予他前行的方向，诚实与正直支撑领导道路不偏航，智慧帮他攻坚克难，而进取心则让他激情万丈。

也就是说，自信、领导愿望、诚实与正直、智慧、进取心这五项品质构成了一个领导者的人格支撑，也是做好领导艺术的前提。

如图 1-1 所示，有了领导者的五项品质做支撑，再加上领导者所掌握的一系列方法、技巧、工具，领导所具有的智力、观察力、预见力，以及文才、口才和

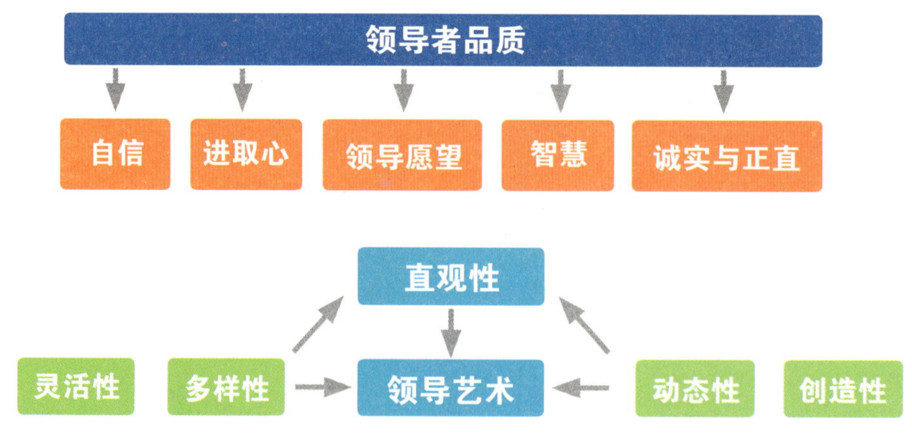

图1-1 领导者品质

本身各种先天及后天的素质，其领导的艺术成果往往就更具有直观性、动态性、创造性、灵活性与多样性。

任何艺术的创作都需要扎实的基本功，具备一些基本的能力素质，作为领导者也是必不可少的。作为餐饮企业的领导者，同样也应具备以下几种基本能力。

一、创新能力

团队需要创新以获得生命力，这就要求领导者既具备较强的创新能力，同时还要具备善于组织成员的创造力。

二、学习能力

学习是不断提升领导者自身涵养的必备能力。对已经了解掌握的知识能够温故知新，熟练运用；愿意走出去，不将知识局限于自己现有的圈子；对外行知识抱有好奇心，不一味相信也不一味排斥；新知识的学习也不是浅尝辄止、走马观花，有追根究底的态度（见图 1-2）。

图1-2　领导者的学习能力体现在端正学习态度上

三、竞争意识

竞争利于激励精神，从而提高技能和效率。对外积极竞争能激发企业的活力，对内同样需要竞争。领导者也要善于在企业内部开展健康有益、互相促进、互相提高的竞争。

四、人格魅力

领导者往往能代表企业的形象，其人格魅力通常来自于日常工作和个人生活，所以领导者应时刻注重自身人格魅力的提高。

具体来说，一个领导者的人格魅力体现在五个方面：(1) 信仰坚定、矢志不移的坚毅力；(2) 品德高尚、才学超群的吸引力；(3) 沉着果断、潇洒自如的感召力；(4) 宽以待人、严于律己的亲和力；(5) 举止得体、言谈机智的感染力（见图 1-3）。

图1-3 领导者的人格魅力

然而，人格魅力的塑造并非一蹴而就。领导者需要做到自我反省，主动找出自身的缺点，培养自我察觉和自我意识的习惯，最终能够控制自己的情绪。这就是我们所说的成熟（见图 1-4）。

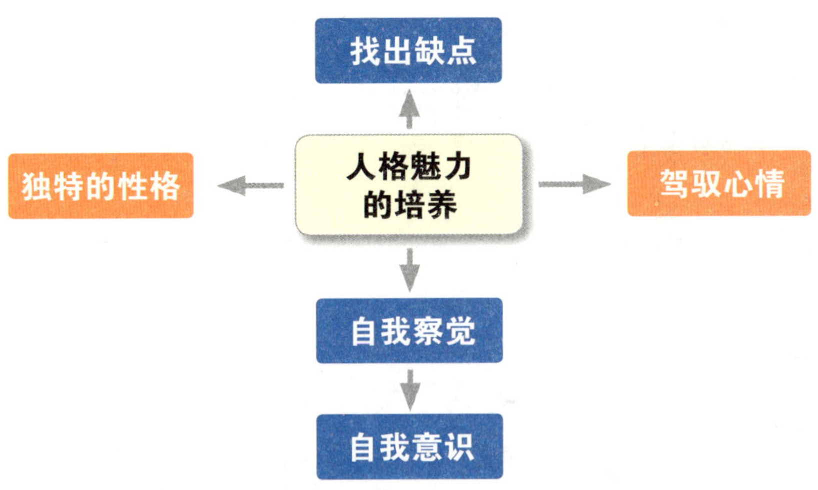

图1-4　人格魅力的培养

五、处理上下级关系的能力

在和上级的关系上，不能因为惧怕批评而不真诚相待，弄虚作假，欺上瞒下；在和下级的关系上，更应当做到互相尊重。有些事情站在领导者的位置上会认为是理所应当的，而站在执行者的角度就会有另外一个看法了，所以领导者要善于变换角度，激发员工的工作热情。另外，所谓“疑人不用，用人不疑”，总得有几个能推心置腹的下属，要适度授权。

六、团结能力

以实际经济利益为吸引力，鼓励创新，鼓励团队更加奋进，提高团队成员主人翁意识。以共同目标感染个人目标，让他们以个人目标融入共同目标，共同实现整个团队的团结协作。

七、反省能力

固执己见，自以为是，是部分领导者常犯的错误，这往往导致下属敢怒不敢言，人心向背的问题更是难以解决。领导者常怀自省之心，往往能化干戈为玉帛，这是领导者必备的另一个能力。

八、良好的形象

良好的形象是领导者最基础，也是最不可或缺的能力。能控制自己的情绪，让人不能一眼看穿你的想法也是领导者必备的一项能力。怒不变容，喜不失节，尽量以客观角度看问题，避免主观感性思维过度上位，乐能自持，喜能自禁。

另外，穿衣搭配虽然是外在的东西，但良好的形象可以衬托个人魅力。

九、识人用人的艺术

在达成企业战略成果过程中，任何一个人都不可能独自撑起一片天。识人用人是领导者应当考量的重要因素之一。

如何识人？在实践中识人，用长远眼光识才。保持清醒的头脑，能从复杂情况中辨别真伪。如何用人？为他们营造良好的环境，提供满意的待遇。并且注重人才积累，建立人才库，切忌过河拆桥。如何育人？以知识去提高人，以道德去感化人。授之以权以增加其对自身价值的认同感，因人施教以强化每个人的专项提升。还有诸如逆境造就、规劝育人、以“前车之鉴”育人等教育方式。

那么，对于一个新上任的领导者来说，“头三把火”应该怎么烧，或者“头三脚”应该怎么踢呢？如图 1-5 所示。

图1-5 领导上任三把火与领导上任头三脚

领导上任“三把火”包括：一是自身的形象之火，包括得体的衣着、大方的谈吐、饱满的情绪等，良好的形象更容易获得员工的好感和认同，具有人格魅力的领导才会有更多忠实的追随者；二是员工的希望之火，领导要想留住人才并让其为己所用，要有合理的薪酬体系，要有通畅的晋升空间，要让员工看到一个充满希望并可预见的未来；三是团队的士气之火，作为团队的领导者，要了解团队的困难、心态和目标，并会运用恰当的方法激励自己的下属，让他们在士气高昂、充满热情的状态下全力以赴地工作。

领导上任头三脚：一是稳定正常的工作局面；二是及时处理重要的事情；三是积极沟通争取各方支持。

具体应该做好哪些事情呢？

简而言之，领导的任务包括：计划、部署、协调、沟通、团结、指挥、激励、考核八项，而这八项任务又包含在管理的四个职能（计划、组织、领导、控制）之中。

总之，要想提高领导者修养，还需要领导者自身多下功夫。

首先，培养自己的“九商”：德商，一个人德性水平或道德人格品质；智商，表示人的智力高低及知识掌握的能力；情商，管理自己的情绪和处理人际关系的能力；逆商，逆境中承受压力的能力，或承受失败和挫折的能力；胆商，就是一个人的胆量、胆识、胆略的度量，体现一个人的冒险精神；财商，是指理财的能力；心商，就是维持心理健康，保持良好心理状态的能力；志商，一个人的意志品质水平，自制力等；灵商，个人对健康意识、健康知识和健康能力的反应（见图 1-6）。

图1-6　领导成功素养的“九商”

其次，力争做到“十要”：在发展方向上，要坚定正确；在思想品格上，要诚实正直；在生活作风上，要清正廉洁；在本职工作上，要开拓进取；在敏感问题上，要公道正派；在风气建设上，要扶正祛邪；在遵守纪律上，要令行禁止；在工作协调上，要顾全大局；在服务基层上，要全心全意；在对待同事上，要严己宽人（见图1-7）。

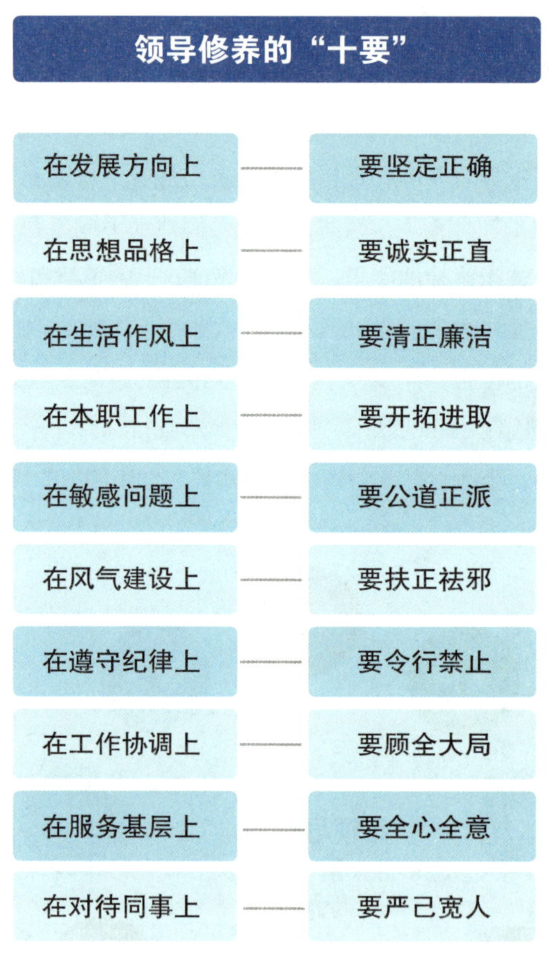

图1-7 领导修养的“十要”

最后，还要清楚明白权力往往是把双刃剑，既能让你驰骋沙场，也能让你自损八百。所以用权当小心，要慎重对待，谨记“四忌”。朝令夕改，优柔寡断：没有决断力的领导会让自己的领导力大打折扣，也会让下属执行起来左右为难。角色错位，过分指挥：管理企业不是拍电影，不要自己做导演还亲自当演员，自己指挥过分，或者过度身先士卒往往吃力不讨好。先入为主，印象用人：选人用人不以事实为依据，只找最听话的，对第一印象差的人永远不用，以貌取人，感情用事……这些都是用人大忌，往往容易滋生小人。言行不一，不讲信用：这点不用多讲，如果言行不一，丧失信用，人心是很难巩固的，没有人心的团队人人为己，永远无法向上进取（见图 1-8）。

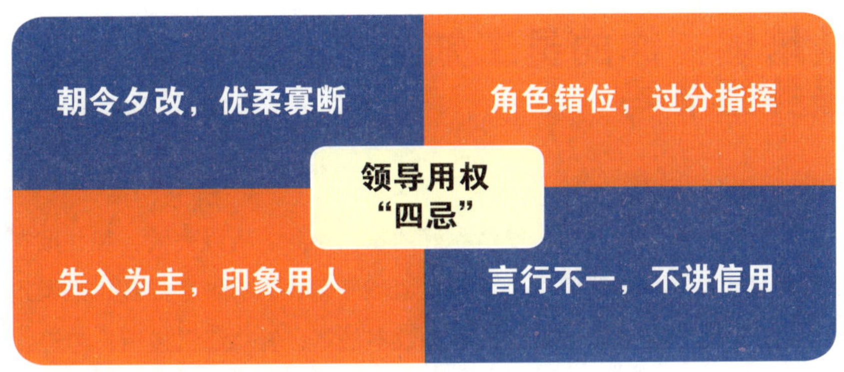

图1-8 领导用权“四忌”

团队培训：你的员工知道这些餐饮常识和服务细节吗

餐饮行业竞争越来越激烈，很多不好的餐饮企业之所以失败，往往败在细节上，比如菜品口味变化无常，客户满意度直线下降；厨房管理混乱，点菜组和传菜组矛盾不断；员工服务意识不强，服务效率低下，客户经常投诉；等等。

究其原因，都是因为没有一个规范的行为和服务标准，就算有了细则也往往因为缺乏相关的培训导致员工认识不足，工作做得不到位。对于餐饮行业来说，培训的内容非常多，小到碗碟的摆放，大到宴会的流程……

团队培训是企业内统一标准、提高人员素质、增强企业竞争力的必要手段，是指通过协调所在团队成员的个人能力，从而实现共同目标。团队培训重在统一和协调，各个成员之间必须分享信息。例如，无论是前厅还是后厨的员工，其工作流程都是互相关联的，在一套完整的流水线工作里，每个人都有其工作职能的发挥和影响。

通过专业的团队培训，可以调整和树立管理者与员工间的正确沟通心态，强化管理意识，提高团队合作能力。而无论哪种培训，首先要搞清楚培训时间、培训地点、培训内容、培训方式和受训人员这五个要点。

一、培训时间——瞅准时机，事半功倍

一般来说，是什么时候需要就什么时候培训，但是不合理的时间安排有可能会打断企业的生产计划。因此，建议在以下几个适合的时段进行培训。

1. 新员工加盟时

大多数员工需要培训来熟悉工作所需的技能，通过培训他们可以更顺利地进入工作状态。

2. 员工晋升或换岗时

员工进入新的环境，担当新的职责，需要经过培训让员工明确工作内容，适应新的环境。

3. 由于环境的变化，培训老员工

为了适应环境的变化，企业都在不断地调整自己的经营战略，每次调整都要对员工进行培训。

4. 员工工作积极性下降时

培训是调动员工积极性的有效办法。经过培训的人员，不仅提高了素质与能力，也改善了工作态度和动机。

二、培训地点——现场指导，迅速归位

一般按照工作岗位、职能需求来选择培训地点，可以统一在会场内以课件资料形式培训，也可以在作业现场进行实际操作培训，还可以做外拓训练的培训。

三、培训内容——方法指导，明白定位

对于餐饮企业来说，员工培训按内容来细分，包括以下三类。

1. 技能培训

技能培训是企业针对岗位的需求，对员工进行的岗位能力培训。

主要包括：

（1）服务礼仪及要求，如员工仪容仪表、员工礼貌礼节、电话接听的礼仪和标准、微笑服务的礼节和标准、餐饮部对客服务用语、各岗位对客服务用语等。

（2）餐饮的六大理论，即端托理论、斟酒理论、折花理论、摆台理论、上菜理论、派（分）菜理论。

（3）点菜的特殊技巧，包括点菜的推销方式、点菜时的注意事项、特殊菜品的服务。

（4）餐厅中的细节服务标准，如冷菜怎么上、骨碟怎么换、续添茶水怎么做等。

（5）消防灭火知识，比如灭火器如何规范使用等。

2. 知识培训

知识培训主要是培训餐饮行业的一些常识。比如白酒分哪几类、水果如何分体质食用、外国客人用餐有哪些禁忌等。

主要包括酒水知识、菜品知识、水果知识、海鲜知识、五大极品知识。

3. 态度培训

企业对员工素质方面的要求，主要有心理素质、个人工作态度、工作习惯等。

态度培训一方面包括如何应对紧急事件。如餐厅突然停电怎么办，酒水洒在顾客身上怎么办，顾客打碎餐具怎么办，顾客和服务员争执怎么办，等等。

另一方面，态度培训还包括遇到客户投诉、不满怎么处理。

四、培训方式

培训方式可以根据培训老师和受训人员的需求而定，一般包括以下几种方式：

1. 讲授法

属于传统的培训方式。优点是运用起来方便，便于培训者控制整个过程。缺点是单向信息传递，反馈效果差。常被用于一些理念性知识的培训。

2. 视听技术法

通过现代视听技术（如投影仪、DVD、录像机等工具），对员工进行培训。

3. 案例研讨法

通过向培训对象提供相关的背景资料，让其寻找合适的解决方法。这一方式使用费用低，反馈效果好，可以有效训练学员分析解决问题的能力。

4. 角色扮演法

受训者在培训教师设计的工作情境中扮演其中角色，其他学员与培训教师在学员表演后给出适当的点评。

5. 互动小组法

此法也称敏感训练法，主要适用于管理人员的人际关系与沟通训练，利用员工在培训活动中的亲身体验来提高他们处理人际关系的能力。

五、受训人员

一切需要提升岗位能力的人员，视工作需要安排受训。一般包括前厅服务员、后厨工作人员等。在培训时要注意认真听讲，及时消化知识，学以致用。

要想把团队培训好，除了搞清楚培训工作的五个关键要素外，还要在以下几个方面把握好方向。

1. 抓好企业培训“三要素”

班子形成一条心；员工形成一股劲；上下形成一盘棋（见图 1-9）。

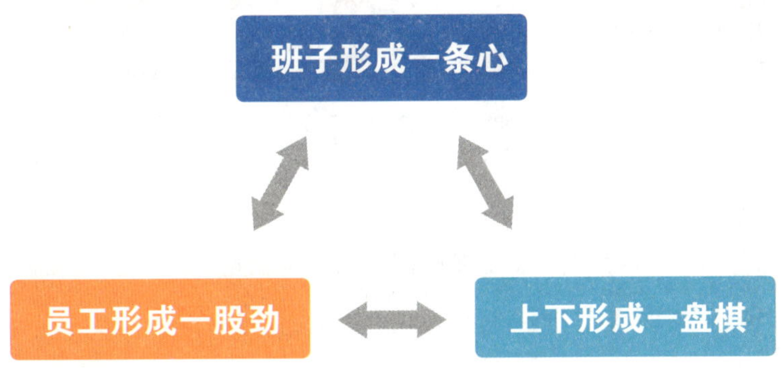

图1-9　企业培训“三要素”

2. 把握好企业培训“三要”

向科学统筹要时间；向提高难度要质量；向按纲施训要训练（见图 1-10）。

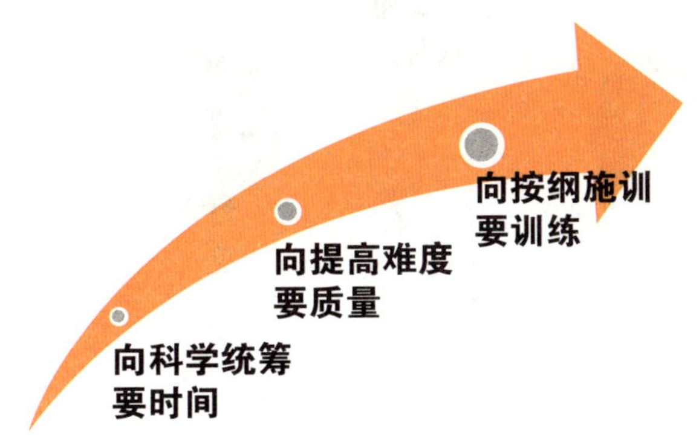

图1-10　企业培训“三要”

3. 做好企业培训“四贴近”

指导思想上贴近实际，强化训练为主的观念；培训内容上贴近实际，满足企业发展要求；培训方法上贴近实际，探索科学发展途径；培训保障上贴近实际，创造仿真的氛围环境（见图 1-11）。

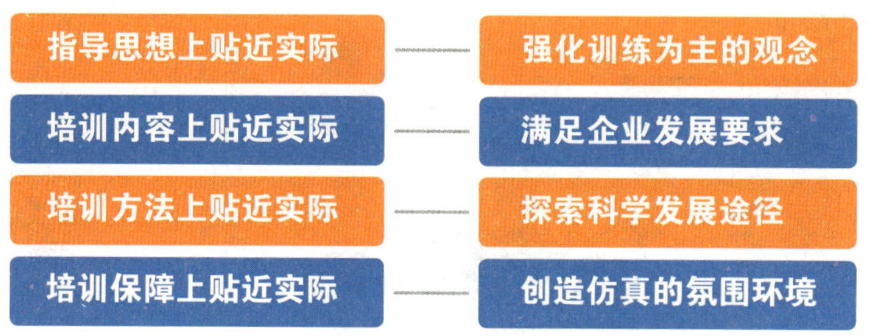

图1-11 企业培训“四贴近”

4. 规范好企业培训“六化”

培训内容规范化；培训秩序正规化；培训场地基地化；培训方法模拟化；培训保障节约化；培训质量标准化（见图 1-12）。

图1-12 企业培训“六化”

最后要强调的是，做完培训后一定要有针对培训效果的反馈和跟踪，对一些培训后仍无法掌握技巧的员工要考虑替换。

团队纪律：你的企业实现流程管理标准化了吗

春天，大雁排成“一”字形或“人”字形，从南方飞向北方；秋天，大雁排成“一”字形或“人”字形，又从北方飞回南方。年复一年，它们总是摆着雁阵飞来飞去。

在外人看来，这是一道很壮观的风景，整齐、有序，不仅好看，大雁还通过摆成这种阵形飞翔，减少空气阻力，为自己节省力气，使所有大雁都能顺利地到达目的地。这恰恰体现了团队的力量。

再举个例子，你和朋友刚下出租车，首先映入眼帘的是，穿着整齐制服的保安员在疏导车辆，并主动给顾客打遮阳伞，拉车门送客。距离酒店大门还有三五米，漂亮的迎宾小姐已经主动迎上前来，满面春风：“您好！欢迎光临！”

顾客进入餐饮场所或酒店的第一印象就是其整个用餐消费过程的第一步，当然第一印象是很重要的。而从这简单的保安和迎宾小姐的服务流程中我们就看到了这个团队的标准化管理，看到了这个团队中无形的纪律。

俗话说，没有规矩，不成方圆。大到一个国家的法律、小到一个组织团队的规章制度，没有法律的约束，国将不国，天下大乱；没有纪律的约束，一个团队的成员会各行其是，没有秩序、没有工作绩效，不能树立严谨的团队形象。

纪律是什么？纪律就是规则，是要求人们遵守组织确定了的秩序、执行命令和履行自己职责的一种行为规范，是用来约束人们行为的规章、制度的总称。

有人说，纵容是导火线，严格是大爱（见图 1-13 和图 1-14）。一个优秀的餐饮团队，一定是一个把纪律秩序与个人自由结合得最好的团队，纪律和秩序是一个团队生存和作战的保障。没有了纪律，这个团队就会像一盘散沙，各自为政；没有了秩序，这个团队就会乱成一团，没有前进的方向。

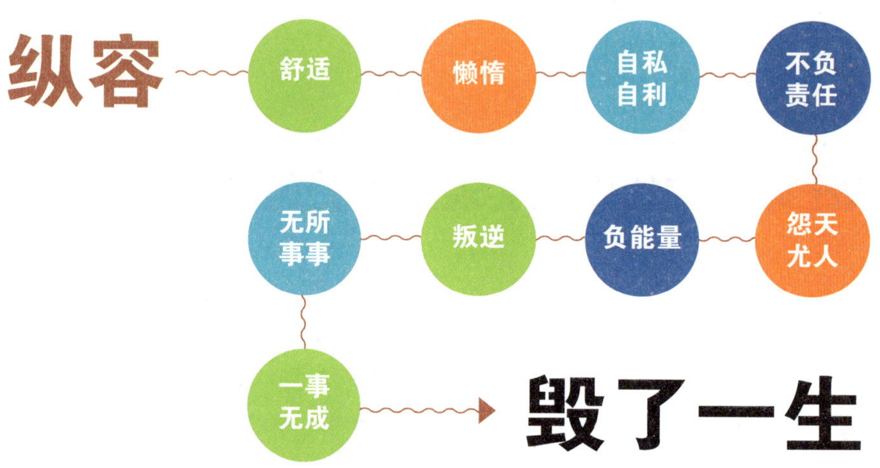

图1-13 纵容是导火线

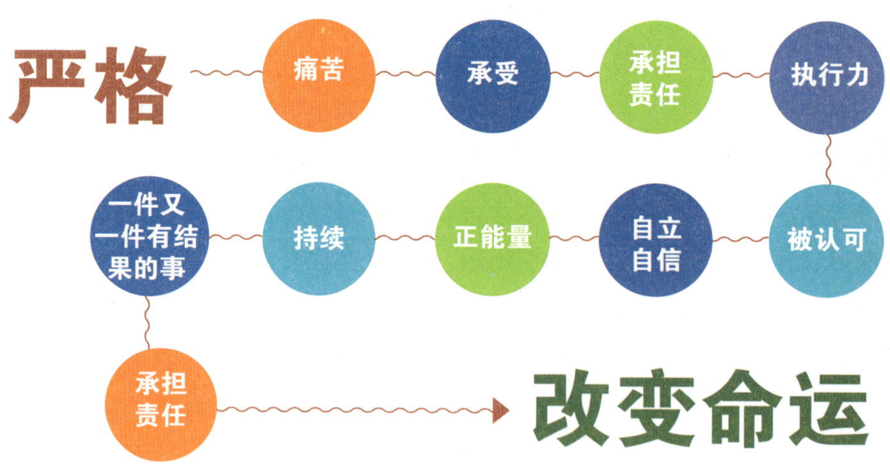

图1-14 严格是大爱

就餐饮企业来说，团队纪律的最好体现就是各板块的流程管理标准化，只有制定并执行好各流程标准，一个团队才有纪律可言。一般来说，餐饮工作的流程标准有以下两大方面。

一、餐饮各项工作的标准和流程

1. 零散客户的服务

比如引导顾客入座、倒茶水、递送纸巾、上菜、结账等。

2. 宴会的接待服务

比如宴会厅布置、桌台摆放、酒水准备、更换餐碟等。

二、餐饮部各岗位的工作流程标准

主要包括餐厅主管、订餐员、引领员、点菜员、吧台员、传菜员、值台员、保洁员等的工作标准，以及结账标准服务程序、收脏餐标准程序、餐后巡检标准程序、卫生清扫的方法及标准等。

以上工作的标准和流程是餐饮行业各岗位最基本的要求，各岗位应该严格学习并熟练掌握每个环节的流程标准。

作为团队领导者，还需要做到以下几点。

1. 不同岗位不同要求

如对员工的要求：自尊自爱、自强自立、勤俭节约、艰苦奋斗、关心集体、热爱本职、勇于吃苦、敢于拼搏、严守纪律；对基层领导的要求：讲工作、勤学习、尽职责、守纪律、爱员工；对部门经理的要求：规范内容集中化、针对实际重点帮、组织交流互相学、施加压力干中练、一事一议点滴带、形成制度长期抓。

2. 抓好工作“七个环节”

抓工作没计划不行；有计划没落实不行；有落实没标准不行；有标准没检查不行；有检查没好坏不行；有好坏没奖惩不行；有奖惩没兑现不行（见图 1-15）。

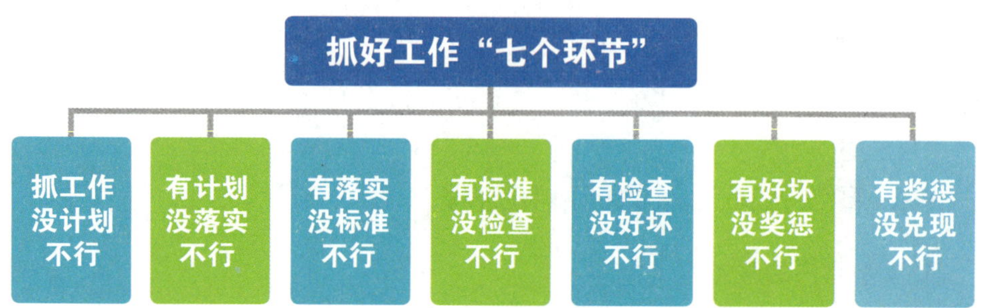

图1-15 抓好工作“七个环节”

3. 纪律一旦制定就要严防死守

力求做到：在教育上全员到位，在时间上全时控制，在范围上全域到边；应知的必须了解，应会的必须掌握，应做的必须做好，应有的必须健全；没有不到位的工作，没有不严格的现象，没有不统一的地方；凡事严之有法，严之有理，严之有据，严之有度，严之有情，严之有方。

另外，一定要注意的是，一个团队里有不同性格的成员，每一个成员都有自己的工作方式，尤其是在智力型、服务型的团队中更是这样，为了更好地发挥团队的战斗力，为了让每一个队员都按照自己最擅长的方式工作，团队领导者应该在不破坏纪律和秩序的前提下，重视员工生活，为团队成员创造最宽松的工作氛围。这就需要我们考虑团队精神和团队凝聚力了。

团队精神：如何打造团队的凝聚力

团队精神，简单来说就是大局意识、协作精神和服务精神的集中体现。团队精神的基础是尊重个人的兴趣和成就。团队精神的形成并不要求团队成员牺牲自我，相反，挥洒个性、表现特长保证了成员共同完成任务目标。团队精神是组织文化的一部分，良好的管理可以通过合适的组织形态将每个人安排至合适的岗位，充分发挥集体的潜能。

下面就以国际连锁咖啡餐厅星巴克为例，它的企业团队精神打造得可谓登峰造极。所有星巴克的员工，没有一个想要提前离职，甚至在下班时间，也不会听到星巴克的员工抱怨自己的企业。星巴克团队凝聚力极强，那是什么机制创造了这一奇迹呢？总结一下，主要有以下几点：

1. 团队精神≠集体主义

星巴克的工作模式讲究协同合作，而不是过度的集体主义。这一机制让每个人所做出的工作能够在这个人身上获得回应，或赏或罚，并非以集体进步为主要任务。而团队成员努力的结果会使团队的绩效远大于个人成员的总和。

2. 一个团队是个有机的整体

人的价值，除了具有独立完成工作的能力外，更重要的是要有与他人共同协作的精神。每一个星巴克的店面都是一个小集体，集体中的员工会参加咖啡比赛，获得星巴克段位授权，从而使店铺获得更高的扶持和评级。这一机制让每个小团队都成了有机体，共同进退。

3. 团队精神的基础——挥洒自如

在星巴克，每个员工如果自己做出了不满意的产品，是可以有限地自行销毁的。这给了员工更大的发挥空间，工作代表了一种创作，让每一件产品都像艺术品一样，员工得到了精神上的满足，顾客得到了口感上的满足，那么企业就会得到市场的肯定。

4. 团队精神的核心——协同合作

团队成员一定是在才能上互补的，共同完成目标任务的保证就在于发挥每个人的特长，并注重流程，使之产生协同效应。

5. 团队精神的境界——凝聚力

全体成员的向心力、凝聚力能够不断地释放团队成员潜在的才能和技巧，能够让员工深感被尊重和被重视，能够鼓励坦诚交流，避免恶性竞争，用岗位找到最佳协作方式，为了一个统一的目标，全体成员会自觉地认同必须担负责任和愿意为此而共同奉献。

星巴克的团队精神看起来十分简单，似乎全是小学生都能说出来的一些道理，让人不禁怀疑这是否真的是好的团队精神。那么好的团队精神到底有哪些衡量标准呢？总结来讲，如果团队成员都能够恪守以下“十要十不”，团队精神的打造就相当成功了（见图 1-16）。

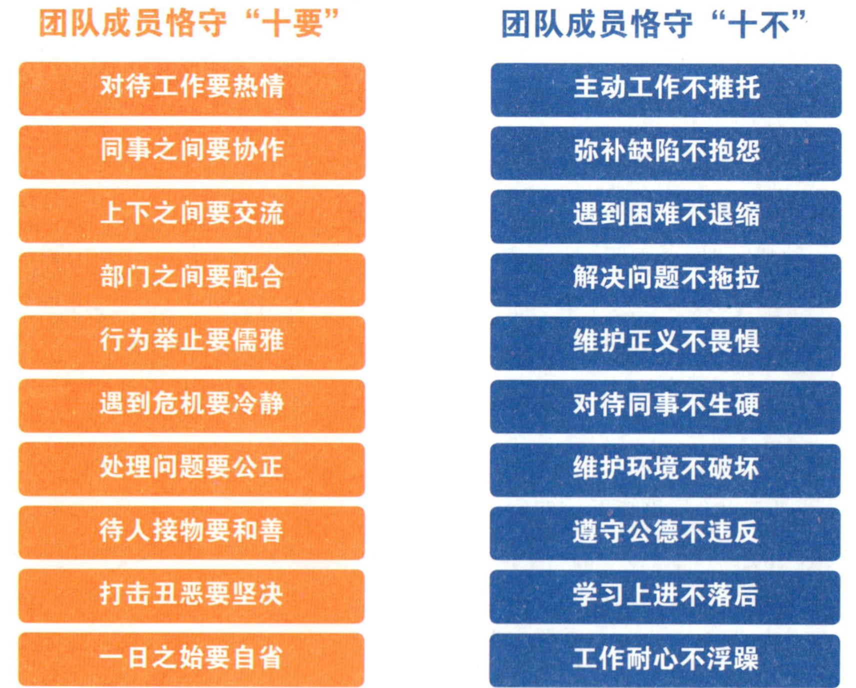

图1-16 团队成员恪守“十要十不”

从表象上看，团队精神还具有企业形象美化的辐射作用。比如：店容店貌、员工理想、高品质品牌、内强素质、对外形象等。这也是星巴克的员工每天看起来都容光焕发的缘由所在。

那么，对于团队领导者来说，该如何塑造团队精神，打造团队的凝聚力呢？

1. 明确团队处事要诀

讲话一个调；用人一把尺；评比一杆秤；批钱一支笔；工作一盘棋（见图 1-17）。

图1-17　团队处事要诀

2. 用“六心”统领部属

要部属对事业热心，先让他们在敏感问题上顺心；要部属对事业贴心，先让他们在主人翁位置上舒心；要部属在企业安心，先让他们对自己的后路放心（见图 1-18）。

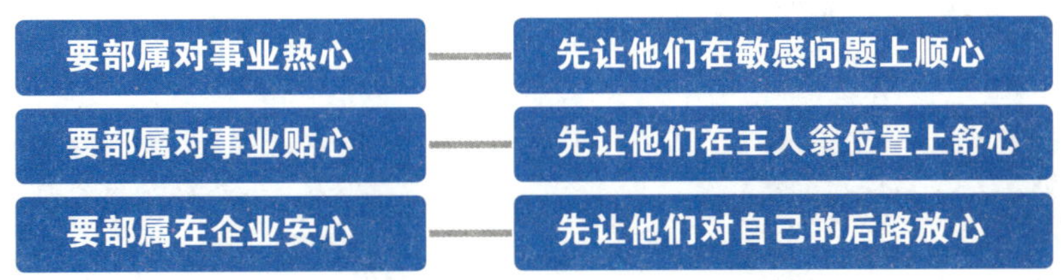

图1-18　领导用“六心”统领部属

3. 开展“好员工”活动

取长补短，优势互补；强弱搭配，重点突出；任人参与，共同利益（见图 1-19）。

开展“好员工”活动 → 取长补短，优势互补 → 强弱搭配，重点突出 → 任人参与，共同利益

图1-19 开展“好员工”活动

此外，作为领导者，还要热心接受员工，细心体察员工，精心研究员工，诚心帮助员工。在此氛围下形成的团队凝聚力，能让团队的成员聚在一起劲往一处使。而如何确保人人都不偷懒，人人都持久发力呢？这就需要企业有一定的激励机制，持续地牵动人心。

团队激励：如何让持续进步牵动人心

有了团队精神，大家都会众志成城，拧成一股绳致力于共同的目标，但是在目标执行的过程中，必须要有相应的激励措施做支撑，团队才能更和谐、更高效、更进步。

举个简单的例子，为员工提供一份具有挑战性的工作，按部就班地做最能消磨斗志，可是要想员工群情激昂，领导必须采取一定的激励措施，并指导员工在工作中成长，为他们提供学习新技能的机会。

（1）当员工出色完成工作时，经理当面表示祝贺，这种祝贺要及时，要说得具体。

（2）如果不能亲自表示祝贺，经理应该写张便条，赞扬员工的良好表现，员工得到经理的赏识会有一种美滋滋的感受。

（3）经理还应该公开表彰员工，引起更多员工的关注和赞许。

（4）开会庆祝，鼓舞士气，庆祝会不必隆重，只要及时让团队知道他们的工作相当出色即可。

当一个人在平时的良好表现和工作中取得突出成绩，能得到领导的欣赏和赞扬时，他就会深深感受到实现自我价值的愉悦和幸福，在精神上获得最大的满足，激发出无尽的前进动力。在团队管理中，会激励员工，挖掘员工的潜能，也是一个优秀领导的必备素质。

每年的 9 月到 11 月，加拿大境内的大雁都要往南迁徙到美国东海岸，躲避严寒，第二年的春天再飞回加拿大繁殖生育。而整个迁徙的旅途长达万里，迁徙过程中它们可能遭遇猎人的枪口，历经狂风暴雨、寒流、缺水以及天敌的威胁。节省能量成了雁群必须考虑的问题，所以在人类来看，雁群往往排成“人”字形，这是因为这种队形比孤雁单飞节省了71%的飞行能量。而所有的大雁之间形成了互相激励的关系，一直持续在整个旅途中。企业激励员工也是一样，如何节省能量，达到事半功倍的效果呢？需要把握好以下三个原则（见图1-20）。

图1-20 激励原则

一、收入原则

以薪酬来兑现工作结果，这是奖励员工最直接的办法。但是除了基本的酬劳外，绩效奖金是激励员工最基本也是最公平、最见效的激励方法。简单地说，就是多劳多得。

仍旧是来自雁群的启示。当每只雁振翅高飞，就为后面的队友提供了“向上之风”，而要获得前面队友的这股力量，就必须保持自己不掉队。当某只雁偏离队伍时它会立刻发现单独飞行的辛苦及阻力，就会立即飞回团队，善用前面伙伴提供的“向上之风”。这种省力的飞行模式，让每只大雁最大程度地节省能量，并分享自己的力量。其启示则是：想得必要劳。

绩效奖金的要点就是将绩效与报酬相结合，完全根据个人绩效、部门绩效和组织绩效来决定各种工资、奖金、利润分成或分红等的发放。实行绩效薪金制能够减少管理者的工作量，使员工自发地努力工作，不需要管理者的监督。现在许多企业对上至总经理下至普通员工的薪金报酬，都采用了底薪（月薪或年薪）加提成的方式，其结果既增加了营业额，也增加了个人收入，充分体现了绩效薪金制的优越性。

例如，大部分企业都有提成机制，就是说你卖得越多，为企业做出的贡献越多，企业就会给你越多的回报。而回报往往是以阶梯形式呈现，例如超出任务额10%以内，提成2%；超出任务额10%~30%，提成3%；超出任务额30%以上，提成4%；等等。

在实施绩效薪金制时，需要注意以下几点（见图 1-21）：

①必须明确组织、部门和个人在一定期限内应达到的绩效水平。

②必须建立完善的绩效监督、评价系统，以正确评价实际绩效。

③严格按绩效来兑现报酬，所给报酬必须尽可能满足员工的需求。

实施绩效薪金制要注意

必须明确组织、部门和个人在一定期限内应达到的绩效水平

必须建立完善的绩效监督、评价系统，以正确评价实际绩效

严格按绩效来兑现报酬，所给报酬必须尽可能满足员工的需求

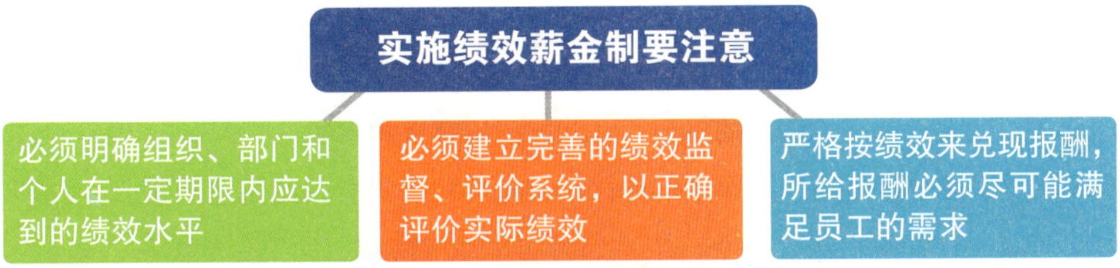

图1-21　实施绩效薪金制要注意

二、情感原则

情感是人们对外界刺激所产生的喜怒哀乐等心理反应。感情需要是人类最基本的需要，也是影响行为最直接的因素之一。就像南飞的雁群中，如果某一只雁生病或受伤，原先团队中其他两只雁则会飞出队伍跟随左右，协助其康复并给予保护。然后它们自己再组成“人”字形，追赶原先的团队。这是一种感情的激励，每个队员都能感受到来自团队的关心和爱护，团队则收获了所有队员的忠诚。

中东部城市近些年活跃起来的私厨捞面，其情感方面的企业激励机制做得就比较到位。例如，每个小组都有情感宣泄本，用以记录员工们的不满。而每个月店里还会将当月过生日的人作为寿星，组织全店员工一起为他庆祝。一个笔记本、一个蛋糕、一次聚会，成本并不高，但是却给了员工家的感觉。

人与人之间的感情联系蕴藏着无限的潜能，可以超越物质利益、精神理想和外部压力的影响，产生“士为知己者死”的激励力量。

领导者不仅要注意以理服人，更要强调以情感人。例如，表扬员工和纠正错误时要诚实具体：详细地表扬同事的贡献，带着同情帮助别人改正错误。感情激励就是加强与员工的感情沟通，从员工思想、生活、工作等各方面给予诚挚的关怀，想人所想，急人所难，与员工培养平等、亲切的感情，让员工感受到领导的关心和企业的温暖，以此来激发其积极性、主动性和创造性。

三、事业原则

挖掘潜能，点燃动力，如何激发一个员工对事业的热爱，并持之以恒，这也是一个优秀领导在团队管理人才培养中特别要思考的。

依旧以雁群为例，飞在最前面的那只前导的雁就是整个团队的领导。而当它疲倦时，团队的飞行速度就会下降，这时另一只雁则飞到它的位置上来填补，先前的领导则退到队伍的后方。其实优秀的团队也是如此，彼此间要互相尊重、奖励能者，让人人都有当领导的机会，以此发挥所有人的潜力。

现实生活中，是否也有像雁群这样的企业呢？当然有，奶茶连锁企业“CoCo都可”就有这样的机制。一个员工在奶茶店工作满两年，如果业绩突出，能力够强，素质够高，公司就会帮助他开设分店，让他直接做店长。这样做一方面扩大了自己的品牌规模，另一方面也让每个员工都有机会做店长，成就一番事业。领导人要向人才绘就一份企业发展蓝图，让人才感受到企业生命力。一位“CoCo都可”员工就曾这样赞扬他的老板：“他总是让我们犹如奔跑的兔子，始终相信胡萝卜就在不远的地方等着我们。”

没有满意的员工就没有满意的顾客。员工的创造力如何有效地被激发出来是餐饮管理者需要慎重考虑的。因为时代的进步、消费需求的个性化和竞争的加剧都从客观上对员工素质提出了与时俱进的要求。同时，员工也不再是简单的经济人，而是复杂的社会人，他们追求的不只是原始的合理的薪水，更多的是需要寻求实现自我价值的环境。马斯洛也把“自我实现”的需要界定为人的最高需求层次。

那么，具体来讲，领导者在团队激励方面应重点做好哪些工作呢？

1. 领导要营造好“五环境”

营造拴心留人的环境；营造健康的文化环境；营造良好的育人环境；营造纯净的工作环境；营造完善的生活环境（见图 1-22）。

2. 领导要做好“三抓”

抓职责，解决干什么的问题；抓素质，解决会干能干的问题；抓斗志，解决干好干坏一个样的问题（见图 1-23）。

3. 激发中层领导“四干”

思想教育“引”着干；责任目标“激”着干；排忧解难“促”着干；以身作则“带”着干（见图 1-24）。

图1-22　领导要营造好“五环境”

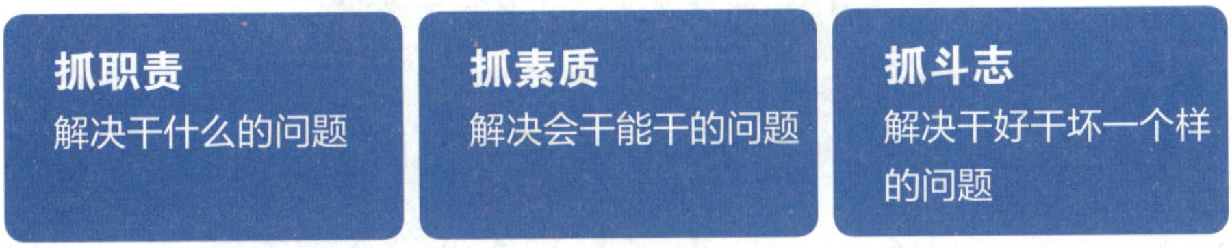

抓职责
解决干什么的问题

抓素质
解决会干能干的问题

抓斗志
解决干好干坏一个样的问题

图1-23　领导要做好“三抓”

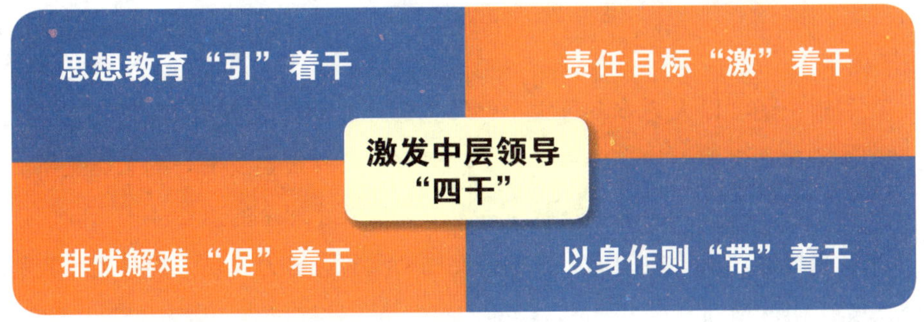

图1-24　激发中层领导“四干”

4. 掌握结合的工作方法

研究不同类工作的横向“结合部”，寻找工作创新的“生长点”；研究同类工作的纵向“结合部”，寻求上下一致的“共振点”；研究同类工作时期的“结合部”，寻求新老合作的“兴奋点”；研究同时空各项工作的“结合部”，寻求牵动全局的“重心点”（见图 1-25）。

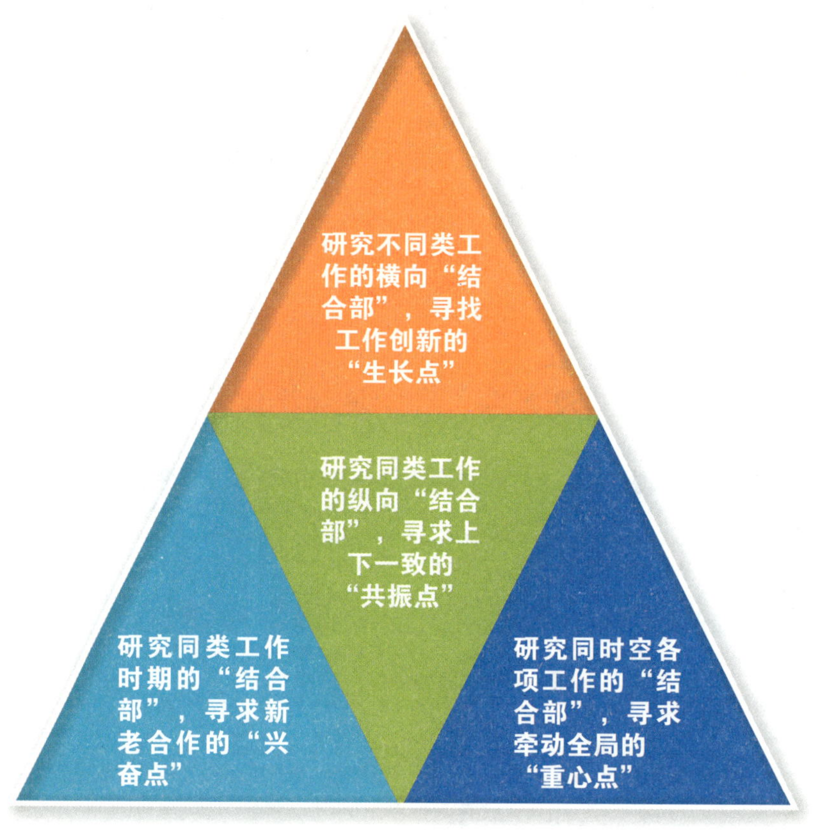

图1-25 掌握结合的工作方法

我们常说的“以人为本，尊重个性”的理念，具体表现为尊重员工的创造，为员工个人职业发展提供平台与环境，营造家一般的气氛及友好的工作关系。与员工交流、满足员工的需求与发展、赏识员工是人才理念的重要体现。我们依赖员工来提供给顾客所期望的优质服务，反过来我们也努力为员工谋福利，我们的目标是最大限度地开发员工技能，给他们提供个人发展机会，达到最高满意度。

团队沟通：如何做好上传下达工作

我们经常说，同流才能交流，交流才能交心，交心才能交易。每个人的性格、价值观、人生理想不尽相同，所以畅通无阻的沟通是企业建立统一的团队文化、执行统一的文化模式的又一必要条件，有助于统一团队成员的观念和思想，形成统一的行为。

连锁业巨头沃尔玛的总裁萨姆·沃尔顿曾说过："如果你必须将沃尔玛管理体制浓缩成一种思想，那可能就是沟通。因为它是我们成功的真正关键之一。"人际关系是个体之间在社会活动中形成的以情感为纽带的相互关系。社会心理学认为，人际关系就是人与人之间的心理距离。沟通可以缩短人与人之间的距离，是人际交往的基础和前提，是人际关系中最重要的一部分，人们通过沟通传递情感、态度、事实、信念和想法。

总部设在美国阿肯色州本顿维尔市的沃尔玛公司，其行政管理人员每周都必须制订计划，腾出时间飞往各地的商店，以通报公司所有业务情况，这么做的目的仅仅是让所有员工共同掌握沃尔玛公司的业务指标。每一个沃尔玛连锁店内，管理层都会定时公布该店的利润、销售、进货和促销等情况。公布的对象不仅仅包括经理及其助理，还包括每个员工、计时工，甚至是兼职雇员，以达到对企业信息的全面掌握，用强有力的沟通鼓励他们争取更好的成绩。

沃尔玛采取的团队沟通方式是：①沟通前把概念澄清。②放出信息的人确定沟通目标。③研究环境和性格等情况。④听取他人的意见，计划沟通内容。⑤及时获取下属的反馈。⑥既要注意切合当前的需要，又要注意长远目标的配合。⑦言行一致。⑧听取他人的意见要专心，真正明了对方的原意。⑨学会换位思考，提高全局意识和协作意识。⑩本着对工作高度负责的态度和对事不对人的态度对待沟通与协作。

有效的沟通能够消除各种人际冲突，实现人与人之间的交流行为，使员工在感情上互相依靠，在价值观上达到高度统一，进而为团队打下良好的人际基础，所以，企业要开展各种形式有效的沟通。

关于团队建设，企业都有各自的理念和方法，而有的理念和方法过于抽象复杂。其实信息上的及时高效才是建设的重要环节。团队成员通过沟通机制可以及时调整彼此心态和准确的角色定位，把个人目标与工作目标结合起来，明确知道自己要做的事，以及清楚如何去做这些事。

那么，作为团队领导者，在团队沟通方面应该如何因势利导呢？

1. 有效的沟通就是配合的开始，“通气”利于团结（见图1-26）

做员工思想工作要关注“三阶段”：爆发阶段——要注意“忍耐”；缓和阶段——要注意“疏导”；稳定阶段——要注意“转化”。

同时也要注意“四沟通”：重大问题事先沟通；情况变化及时沟通；出现分歧主动沟通；平安无事时常沟通。

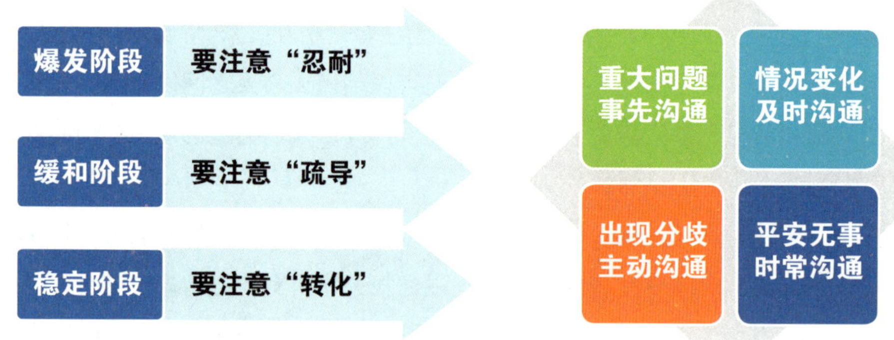

图1-26 思想工作的“三阶段”与“四沟通”

2. 领导作风要民主，并应协调好各层关系（见图1-27）

民主要做到“三好”：正确的意见集中好；分歧的意见统一好；不正确的意见说服好。

协调各层关系要做到“三不”：协调高层关系时，当“班长”不当“家长”；协调董事关系时，搞“合奏”不唱“独角戏”；协调员工关系时，当“学生”不

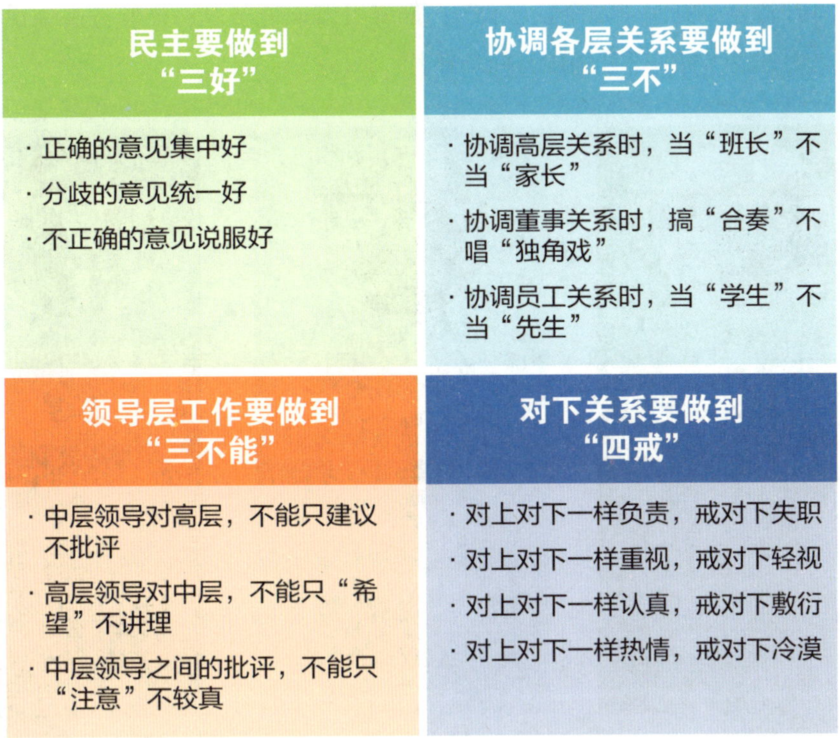

民主要做到“三好”	协调各层关系要做到“三不”
· 正确的意见集中好 · 分歧的意见统一好 · 不正确的意见说服好	· 协调高层关系时，当“班长”不当“家长” · 协调董事关系时，搞“合奏”不唱“独角戏” · 协调员工关系时，当“学生”不当“先生”
领导层工作要做到“三不能”	**对下关系要做到“四戒”**
· 中层领导对高层，不能只建议不批评 · 高层领导对中层，不能只“希望”不讲理 · 中层领导之间的批评，不能只“注意”不较真	· 对上对下一样负责，戒对下失职 · 对上对下一样重视，戒对下轻视 · 对上对下一样认真，戒对下敷衍 · 对上对下一样热情，戒对下冷漠

图1-27　领导工作的“三好”“三不”“三不能”与“四戒”

当“先生”。

领导层工作要做到“三不能”：中层领导对高层，不能只建议不批评；高层领导对中层，不能只“希望”不讲理；中层领导之间的批评，不能只“注意”不较真。

对下关系要做到“四戒”：对上对下一样负责，戒对下失职；对上对下一样重视，戒对下轻视；对上对下一样认真，戒对下敷衍；对上对下一样热情，戒对下冷漠。

3. 领导贵在会听，而且要善于纳谏（见图 1-28）

会听表现在：“倾听”时贵在“谦听”——平等对人，洗耳恭听；“多听”时贵在“兼听”——务真求实，豁达大度；“耳听”时贵在“心听”——分清曲直，辨识真伪。

领导要做到纳“六言”：在请教中纳开导之言；在批评中纳中肯之言；在会议中纳谋略之言；在怨言中纳言外之言；在规劝中纳委婉之言；在建设中纳精华之言。

同时领导要克服“四个说了算”：谁资格老谁说了算；谁职务高谁说了算；谁火气大谁说了算；谁任现职时间长谁说了算。

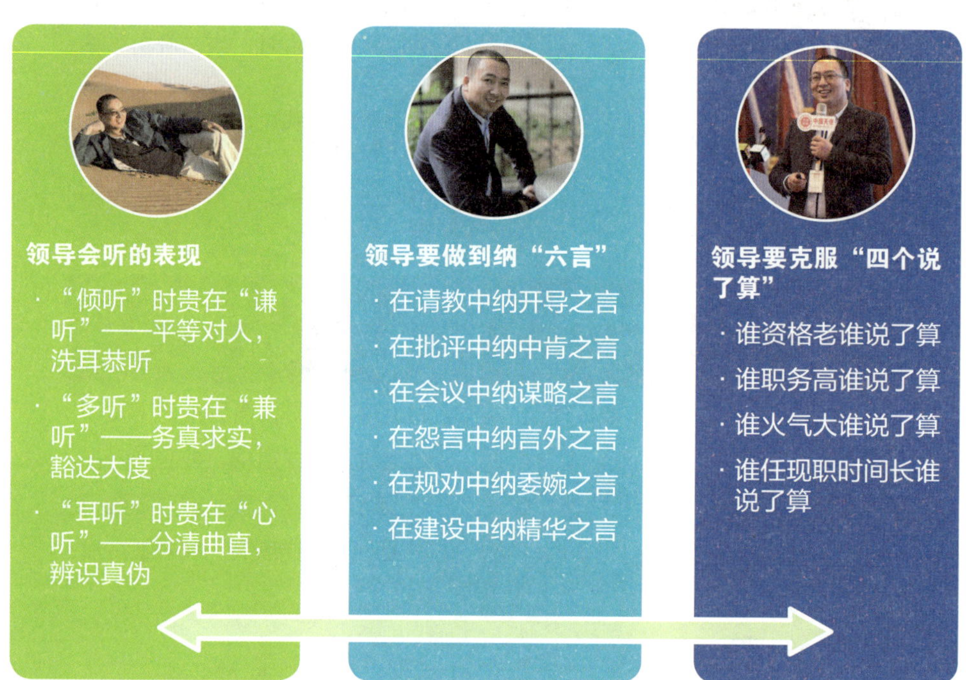

图1-28 领导贵在会听，而且要善于纳谏

4. 掌握批评的艺术，要实事求是（见图 1-29）

批评要做到“三不”：不把经验问题说成思想原则问题；不把一时的问题说成一贯的问题；不把领导决策上的问题说成执行者的问题。

批评要注意“五防”：认识上防“偏”；语言上防“刺”；态度上防“冷”；感情上防“疏”；情绪上防“急”。

批评还要讲究“八法”：和风细雨；自省其过；旁敲侧击；泛指提醒；暴风骤雨；选择场合；客观公正；情理交融。所以，作为领导者，要注重批评的“质”，定好批评的“量”，选择批评的“时”，把握批评的“度”。

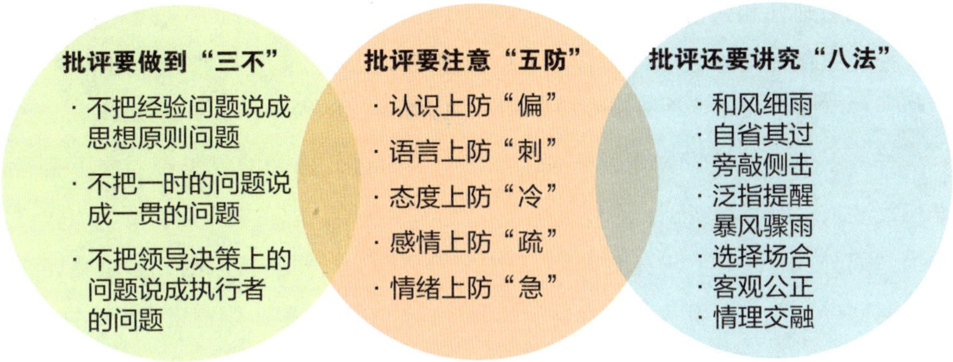

批评要做到“三不”
- 不把经验问题说成思想原则问题
- 不把一时的问题说成一贯的问题
- 不把领导决策上的问题说成执行者的问题

批评要注意“五防”
- 认识上防“偏”
- 语言上防“刺”
- 态度上防“冷”
- 感情上防“疏”
- 情绪上防“急”

批评还要讲究“八法”
- 和风细雨
- 自省其过
- 旁敲侧击
- 泛指提醒
- 暴风骤雨
- 选择场合
- 客观公正
- 情理交融

图1-29 掌握批评的艺术

5. 搞好思想动员，解决内部问题要有理有法（见图 1-30）

做思想工作贵在“知”：逐级谈心，架起“知”的桥梁；坦诚交友，拉近“知”的距离；交流思想，保证“知”的畅通。

思想动员，注意“五不”：平时多学习，不讲“外行话”；事前有准备，不讲随意话；动员要简明，不讲多余话；要求要具体，不讲空洞话；多讲鼓励话，不讲泄气话。

思想工作要做到“四摆脱、四结合”：思想工作的着眼点，要摆脱“好高骛远”的习惯，把远近目标结合起来；思想工作的手段，要摆脱“偏重批评性”的

做思想工作贵在“知”
- 逐级谈心，架起“知”的桥梁
- 坦诚交友，拉近“知”的距离
- 交流思想，保证“知”的畅通

思想动员“五不”
- 平时多学习，不讲“外行话”
- 事前有准备，不讲随意话
- 动员要简明，不讲多余话
- 要求要具体，不讲空洞话
- 多讲鼓励话，不讲泄气话

思想工作要做到“四摆脱、四结合”
- 思想工作的着眼点，要摆脱“好高骛远”的习惯，把远近目标结合起来
- 思想工作的手段，要摆脱“偏重批评性”的习惯，把原则性和人情味结合起来
- 思想工作的内容，要摆脱“义利对立”的习惯，把晓之以理与导之以行结合起来
- 思想工作的方法，要摆脱“单向灌输”的习惯，把纵向交流和“全方位交流”结合起来

图1-30 搞好思想动员，解决内部问题要有理有法

习惯，把原则性和人情味结合起来；思想工作的内容，要摆脱“义利对立”的习惯，把晓之以理与导之以行结合起来；思想工作的方法，要摆脱“单向灌输”的习惯，把纵向交流和“全方位交流”结合起来。

与员工谈心要注意“十要十忌”：要心中有数，忌无的放矢；要放下架子，忌盛气凌人；要客观端正，忌以偏概全；要启发诱导，忌主观武断；要教人教己，忌当“局外人”；要下“及时雨”，忌放“马后炮”；要坚持原则，忌哄骗许愿；要及时回音，忌“石沉大海”；要幽默风趣，忌言辞刻薄；要宽宏大度，忌小肚鸡肠（见图 1-31）。

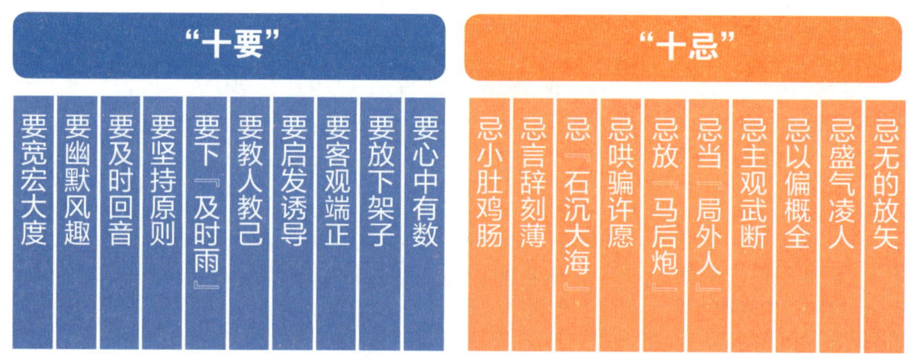

图1-31 与员工谈心要注意“十要十忌”

解决内部问题要注意“三法”：能个别处理的不集体处理；能会下解决的不会上解决；能启发自我批评解决的不公开指责（见图 1-32）。

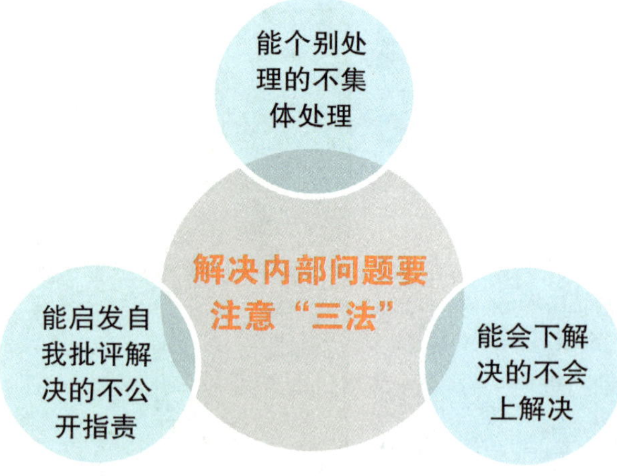

图1-32 解决内部问题要注意“三法”

此外，给不同的人做思想工作要有不同的侧重点：对后进的员工亲近不嫌弃；对性格孤僻的员工的工作不间断；对疑心大的员工坦诚不避讳；对钻牛角尖的员工解释不拖延；对不相信领导的员工交流不疏远；对有疾病的员工关心不冷淡；对有实际问题的员工排忧不怕烦（见图 1-33）。

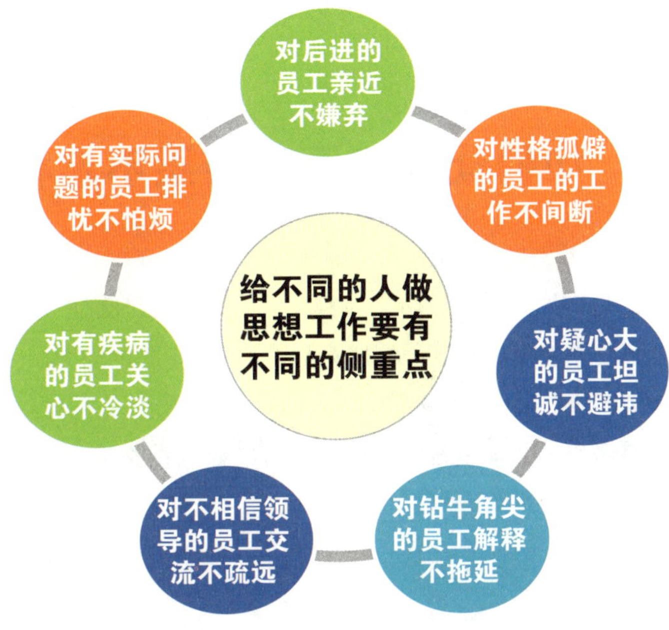

图1-33　给不同的人做思想工作要有不同的侧重点

总之，要想有效沟通，领导者不仅要做好沟通前的准备工作，而且要学会用对方能够接受的方式说出你想讲的话；不仅要学会倾听，善于采取多变的方式，而且要减少沟通的层级，最终达到同流、交流而后交心的效果。

团队执行：如何让你想要的结果不走样

团队执行力就是将战略与决策转化为实施结果的能力，就是当上级下达指令或要求后，团队成员迅速做出反应，将其贯彻或者执行下去的能力。

那么如何体现团队的执行力呢？

很简单，就是定标准，当执行有了标准，结果就不会走样，因为过程控制会决定结果导向。

那怎么才能让执行结果有保障呢？我们可以奏响以下六部曲（见图 1-34）。

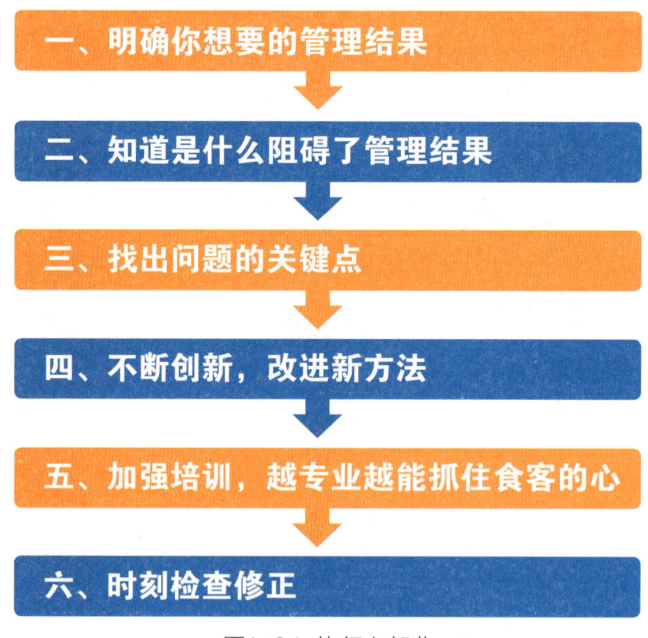

图1-34 执行六部曲

一、明确你想要的管理结果

做任何事情你肯定要设定或者预估这件事会产生什么样的结果。制定好目标，你的计划和执行力才能够清晰，你才能够有方向感。比如有个婚宴要举行，你会和客户沟通这个婚宴预期的结果如何，客户想要什么样的效果，整个婚宴过程会以什么形式呈现，菜品需要特别注意什么，嘉宾是不是有特别需求等。要明确这些要求和结果，你要去给每个现场环节定服务的标准，比如菜品必须符合少数民族要求，现场布置必须要喜庆，嘉宾桌上要加点心等。

所以，要提高企业的执行力必须有足够清晰、具体的目标，并明确实现目标的顺序，然后集中力量去达成。设立目标要注意，目标要以现实为基础，要切实可行，最好还能量化。

二、知道是什么阻碍了管理结果

在执行的过程中，不可避免地会遇到来自方方面面的阻力。比如明明预先安排好的团宴，中途发生了问题，菜品原材料预估不够，顾客等得着急。这时候作为管理者，最该做的不是急于找问题出在谁身上，而是要先安抚好顾客，然后梳理环节，查询问题到底出在哪里，是什么阻碍了战略的有效执行，集中力量尽快解决问题。

扫清执行障碍，最有效的方法就是建立一种及时跟进制度，做好风险防范。原材料突然断货的话该怎么办？前厅服务员某天请假怎么办？后厨发生意外如何处理？对这些问题要提前做好防范措施。

三、找出问题的关键点

一定要注意的是，领导者的任务不只是制订计划，还应该对计划进行跟踪，及时发现问题的关键点并在第一时间予以解决。

中基层管理者应把目标转化为具体的行动方案，并在时间表上标出具体细节，再把工作进一步细分给每一位一线员工。下属应作出承诺：工作内容完全明白，工作标准完全理解，工作期限完全明确。做餐饮的要一步一个脚印，某一个环节掉链子，就会产生群体效应，整个结果都会发生变化。

领导者需要做的是鼓励员工，把执行工作落到实处，而不是越权指导，更不是直接插手去落实工作。

四、不断创新，改进新方法

当危机发生时应尽快修改运营计划或者方法，以目标结果为导向适时创新，找到合适的解决办法。比如做甜品的时候缺了某样水果，而客户要求一定要上这道菜，怎么办？有没有其他水果能代替，如果代替了客户不满意又该怎么办？有没有给客户补偿的机制？

在工作中，要勇于创新，变被动为主动，用新思路推动新发展，敢于突破常规、突破经验，不断推动工作向前发展。这也是一个团队执行中领导应需具备的能力。

五、加强培训，越专业越能抓住食客的心

美国一代钢铁大王安德鲁·卡耐基说："我不懂得钢铁，但我懂得制造钢铁的人的特性和思想，我知道怎样去为一项工作选择适当的人；执行力是有界限的，某人在一方面表现很好并不表明他胜任另一工作。"

所谓"识人之性，用人之长；容人之短，救人之误"也是这个道理。

如何让合适的人做合适的事，这和培训有很大的关系。让每一个餐饮环节中的工作人员加强技能，彰显专业，顾客才会更享受。

六、时刻检查修正

假如顾客初次到某餐饮企业或酒店，发现保安失职形同虚设，迎宾员未做积极引导，那这位顾客会不会再光顾？

执行过程中，问题出现时，一要检查是否缺乏规章制度、标准流程等。如果没有相应的岗位要求规范，没有一个标准定位来要求工作人员该做什么，那他们势必会随心所欲，导致行为失控。这时候就需要反省检查某个环节是否缺乏一个统一的标准。比如，点菜员对餐厅菜品不了解，对食品特性不了解，介绍推荐菜品的时候势必会给客户留下不好的印象，导致客户流失。二要通过专业培训让员工遵守规章及流程。最有效的指导方式就是：首先仔细观察一个人的行为，然后

向他提供具体而有用的反馈，进行指导的时候，你需要指出对方行为当中的不是。这时你需要给出具体的例子，告诉对方他的哪些表现正确，哪些需要改进。点菜员之所以对客户需求迷茫，就是因为没有做正确的岗位培训，没有让其知道餐厅菜品的一些知识，没有了解自己岗位需要掌握的知识，所以无法应对客户（见图1-35）。

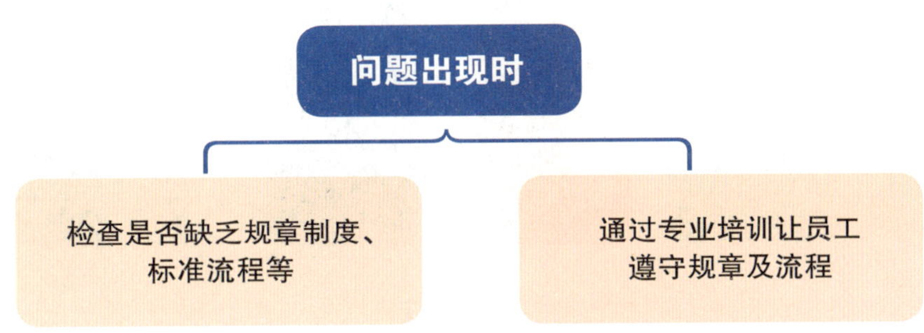

图1-35　问题出现时的解决方案

对于领导者来说，除了了解以上六部曲之外，还要注意以下几点。

1. 真正的执行力就是理解力

要想有效执行，沟通工作一定要做到位。只有沟通到位，团队成员理解到位，才能快速而准确地落实工作。

2. 过程控制决定结果

这里包含四层含义：①领导工作做在前面，要做到“四靠前”：重大任务靠前指导，棘手问题靠前解决，突出困难靠前帮助，紧急情况靠前处置。②事前控制，预防突发事件，做到“三查”：没有事故查苗头，没有苗头查隐患，没有隐患查思想。③过程中监督，流程标准在执行过程中，要做到“二早”：有问题早发现、早修正。④质量及安全管理，做到“四到位”：道理讲到位，责任定到位，重点防到位，监督查到位（见图1-36）。

3. 及时找到发现问题难的原因和对策

归纳起来，主要有七点：①先入为主难发现问题，对策在于实事求是。②告示在先难发现问题，对策在于“微服私访”。③人云亦云难发现问题，对策在于“主见在胸”。④浅尝辄止难发现问题，对策在于刨根问底。⑤大轰大隆难发现问题，

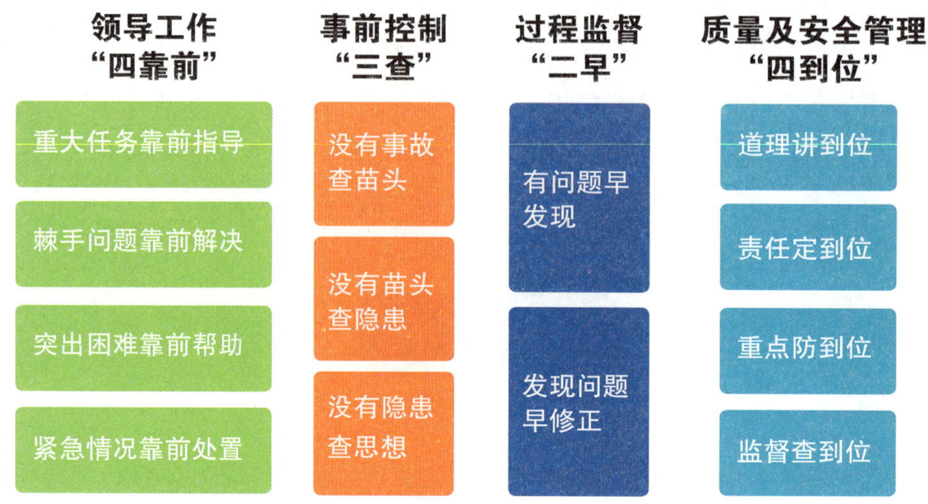

图1-36 过程控制决定结果

对策在于深入细致。⑥己身不正难发现问题，对策在于洁身自好。⑦缺少才能难发现问题，对策在于提高素质（见图 1-37）。

发现问题难的原因	发现问题难的对策
先入为主	实事求是
告示在先	“微服私访”
人云亦云	“主见在胸”
浅尝辄止	刨根问底
大轰大隆	深入细致
己身不正	洁身自好
缺少才能	提高素质

图1-37 发现问题难的原因和对策

团队未来：如何实现组织创新发展

企业创新是企业生存和发展的必经之路，也是卓越的餐饮企业所推崇和信奉的文化。企业创新包括技术创新、管理创新、机制创新、经营创新。

通过表 1-2，将传统企业与现代企业进行对比，你会更清晰地明白组织创新的意义在哪里。

表 1-2　　传统企业和现代企业团队的区别

工作要素	传统企业	现代企业
职位设置	一人对应一个职位	团队和协作
组织结构	垂直，层级较多	水平，层级较少
报酬	有规律地提高工资	实行奖励工资制
决策	自上而下	共享
工作职位	终身制	不确定
监督	严格监视	协调
员工关系	监控管理	计划管理
顾客	接触	合情合理
培训	无计划	与核心业务密切相关

毫无疑问，现代企业走的就是组织创新发展的路子，无论是团队合作、组织决策，还是岗位职能设置，抑或员工关系、培训机制，在每个环节都以成本最小化、效益最大化为目标。下面我们来分析一下就食说江南这个团队来说，如何实现组织的创新发展。

先看图 1-38、图 1-39、图 1-40 和图 1-41。

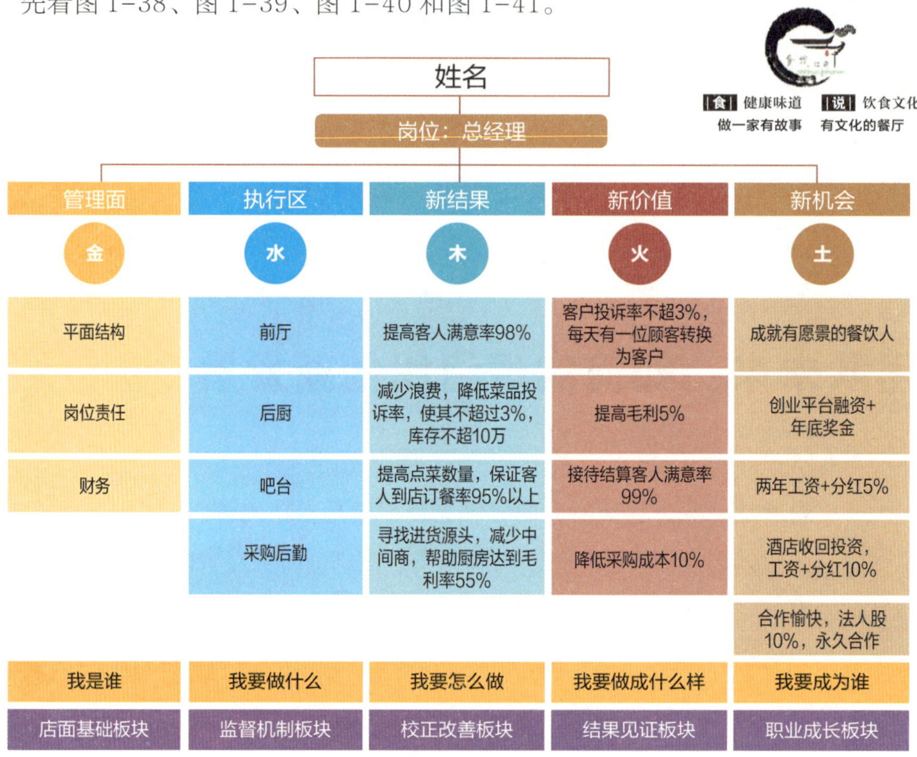

图1-38 总经理岗位管理逻辑

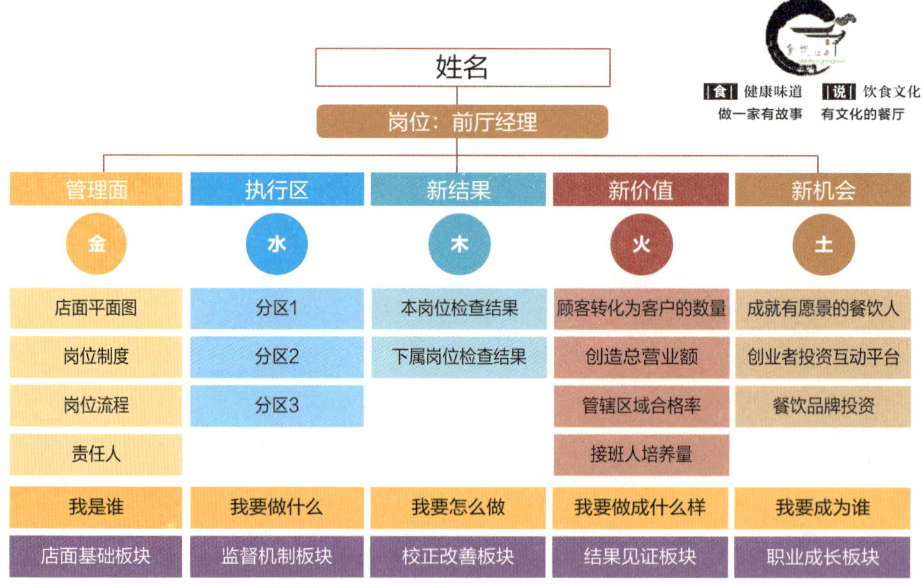

图1-39 前厅经理岗位管理逻辑

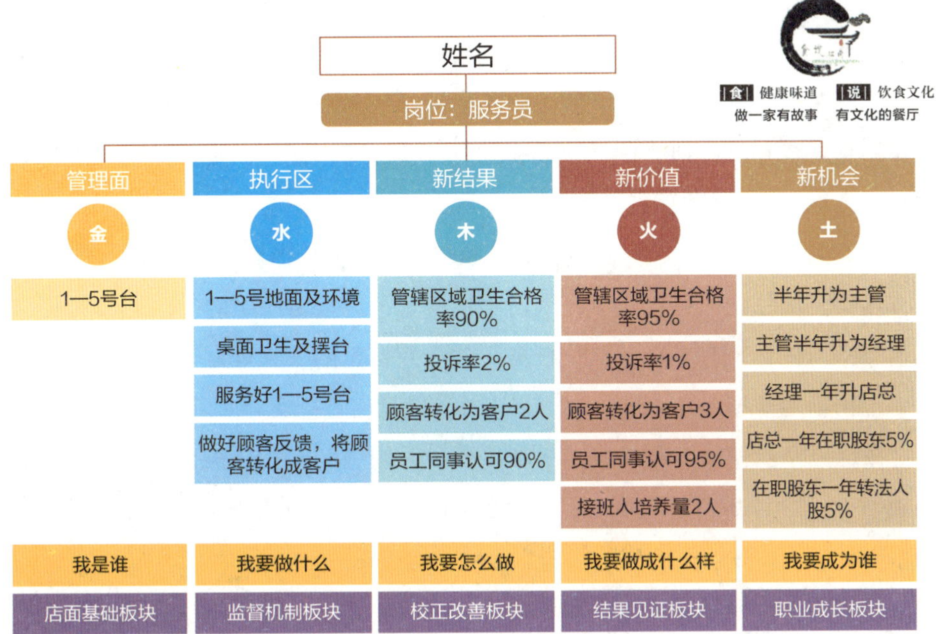

图1-40 服务员岗位管理逻辑

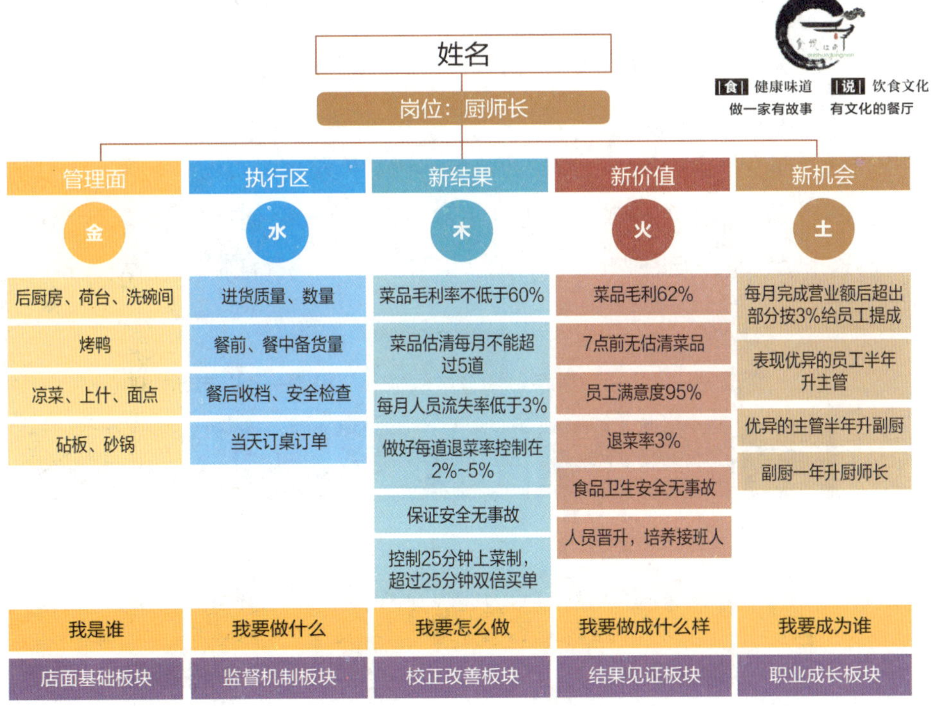

图1-41 厨师长岗位管理逻辑

图 1-38~图 1-41 是总经理、前厅经理、服务员和厨师长的岗位管理逻辑图，想要人尽其责，在执行过程中有保障，发挥最大价值，就得有五个步骤，即明确五点：我是谁，我要做什么，我要怎么做，我要做成什么样，我要成为谁。有了这个价值导向后，把所有的岗位职责细化，分为管理面，即管理的对象和群体是谁；执行区，即具体要做什么工作；新结果，即执行的目标结果；新价值，即执行后能达到什么样的效益；新机会，即执行后的延伸价值和附加值是什么。

其实，从总经理到服务员，从前厅到后厨，甚至餐厅中的每一个人都可以标出自己负责的区域和具体的工作任务，并做好自己的未来规划，这样，就能让所有人很清晰地知道自己该做什么、怎么做，以及离目标还有多远。

在这五个步骤里，考核监督机制更要时时跟进，才能让执行有保障，组织体系更有效率。考核监督机制包括店面基础板块、监督机制板块、校正改善板块、结果见证板块，以及职业成长板块。

由此可见，任何岗位的管理逻辑里，技术、管理、机制和经营紧密结合才能实现价值最大化。

放到企业的组织系统中，这个理念同样适用。

如图 1-42 所示，一个企业发展必须立足两点：管理和经营，而对应的主体就是企业和市场。即管理以企业为焦点，经营以市场为核心。延伸到具体的组织架构设置，要围绕“集中决策”和“个性经营”两个功能来设置部门，即人资部、运营中心和财务部是具备“集中决策”功能的部门；策划部、市场部和客服部是具备“个性经营”功能的部门。而总裁办就是战略目标和远景使命制定的“大脑核心”功能。这个设置里，无论是技术、管理、机制和经营，都得到了完美结合。

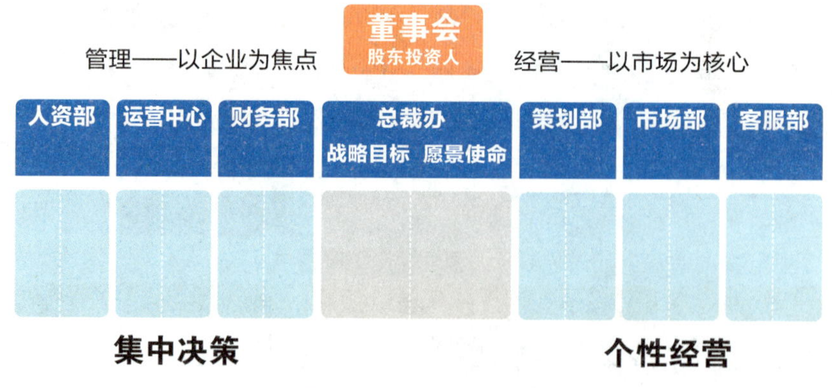

图1-42 管理和经营

那么，怎么才能围绕组织创新，实现技术、管理、机制和经营的创新呢？结合以上内容，我们得到以下结论。

一、创新团队，必须是企业规划和个人、组织的紧密结合

（1）必须按照组织管理部门制定的规划来进行。

（2）应当使组织既能适应当前的环境要求和组织内部条件，又能适应未来的外部环境要求以及未来的内部条件的变化。

（3）应当预见到知识、技术、人员的心理和态度的变化，以及工作程序、行为、工作设计和组织设计的改变，并根据这些变化，采取相应的措施。

（4）调整必须建立在提高组织的效率和个人工作绩效的基础上，促使个人和组织的目标达到最佳配合。

二、创新团队队员有两种学习途径

（1）分析我们的缺点并努力改正；

（2）观察佼佼者并试着追上他们。

三、创新团队必备能力、要求

（1）启发： 身为团队领导者，热爱与支持自己的论点，才能激发他人的共鸣。

（2）任务与过程： 检查工作的过程，评判自身的表现。

（3）最后期限： 严格遵守完成工作的最后期限，除非必要，否则绝不放弃或更改。

（4）目标设定： 伸展性、可测量性、众望所归、做记录、时间限制。

（5）感情： 定期（一周一次）召集团队成员举行分享彼此感受的会议，如讨论工作效率为何降低等。

（6）转型： 应该协助团队成员了解目前团队正处于哪一个发展阶段，并且鼓励团队成员发表自己的感受。

（7）代表性： 团队角色其实就是个人的延伸，应该定期评估团队成员的能力，如果团队成员是可造之材，就找机会让他们担当大任。

（8）阻碍： 定期询问团队成员，我应该怎样做才能让你们的工作更简便，更有趣，更令人满意；团队成员则应该定期询问领导者，我们应该怎样做才能让你

更有效率，工作做得更好。

（9）远景：你应该致力于让所有团队成员都对团队远景拥有同样的目标。

四、创新团队建设要点

（1）抓好“四大战略”：成本领先战略、质量第一战略、人才战略、文化战略（见图1-43）。

图1-43 创新团队建设“四大战略”

（2）树立企业人的“二十二观”：目标观、价值观、做事观、工作观、品行观、责任观、服务观、团队观、知行观、学习观、修养观、危机观、进取观、潜能观、共赢观、处事观、生活观、修炼观、时间观、创新观、信誉观、人才观（见图1-44）。

（3）做好重大决策“四防”：坚持顾全大局，防止“本位主义”；坚持企业原则，防止“好人主义”；坚持求真务实，防止“形式主义”；坚持科学办事，防止“经验主义”。

（4）团队建设“一二三四”要求：抓住“一个中心”——一切工作围绕企业发展；提高“二个能力”——科学谋划决策能力和自身建设能力；增强“三个观念”——全局、团队、修行观念；处理好“四个关系”——民主与集中、经理与员工、集体领导与分工负责、对上负责与对下负责。

（5）团队建设做到“八有”：工作有计划；落实有制度；办事有回音；每周有检查；每月有讲评；季度有总结；好坏有奖惩；请示报告有鉴呈（见图1-45）。

目标观：做最好的企业
价值观：做对公司、对企业有用之人
做事观：像大公司一样思考，像小公司一样行动
工作观：做好平凡的事就不平凡
品行观：领导满意，群众拥戴
责任观：敢于负责，必成大业
服务观：努力让他人感动
团队观：团结是事业发展的成功超越
知行观：知行合一，超越自我
学习观：书是通向成功的阶梯
修养观：乐善好施，宽以待人
危机观：强调客观是事业失败的最大根源
进取观：要做就要做到最好
潜能观：挖潜是事业成功的助推器
共赢观：创造自有的分享，付出自有的回报
处事观：老老实实做人，踏踏实实做事
生活观：享受生活，愉悦生活
修炼观：点滴做起，功到事成
时间观：争先一分钟，多办一件事
创新观：创新是事业发展的灵魂
信誉观：与信誉成交，借信誉发展
人才观：德才兼备

图1-44 树立企业人的“二十二观”

重大决策“四防”

坚持顾全大局，防止“本位主义”
坚持企业原则，防止“好人主义”
坚持求真务实，防止“形式主义”
坚持科学办事，防止“经验主义”

团队建设“一二三四”要求

抓住“一个中心”：一切工作围绕企业发展
提高“二个能力”：科学谋划决策能力和自身建设的能力
增强“三个观念”：全局、团队、修行观念
处理好“四个关系”：民主与集中、经理与员工、集体领导与分工负责、对上负责与对下负责

团队建设“八有”

工作有计划
落实有制度
办事有回音
每周有检查
每月有讲评
季度有总结
好坏有奖惩
请示报告有鉴呈

图1-45 重大决策“四防”，团队建设“一二三四”要求，团队建设“八有”

（6）抓部门建设“四股劲”：“实”劲——把容易虚化的工作做到位；“细”劲——把容易粗疏的工作做扎实；“狠”劲——把容易松散的工作做严格；“韧”劲——把容易反复的工作做到底（见图 1-46）。

图1-46 抓部门建设“四股劲”

（7）员工教育要达到“三感”：先进员工有了荣誉感；中间员工有了压力感；后进员工有了危机感（见图 1-47）。

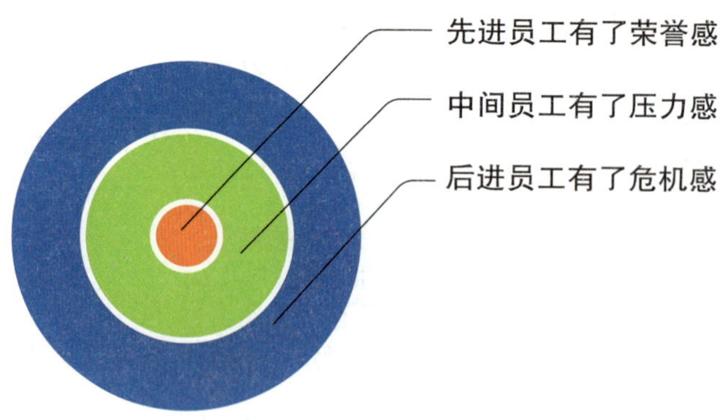

图1-47 员工教育要达到“三感”

（8）发挥领导作用，做好部门工作。强化领导“五种意识”：发展意识、责任意识、质量意识、法规意识、表率意识。明确领导工作“五靠”：靠思想教育引领人，靠人格魅力取信人，靠帮带解忧凝聚人，靠奖惩分明激励人，靠管好主管带动人。懂得用部属“六法”：信任不放任，爱护不袒护，放手不撒手，关心不偏心，宽容不纵容，使用不利用。依靠员工开展工作：问题大家摆，是非大家评，缺点大家帮，收获大家谈。尊重部门自主权：部门有决定权的不插手；部门有推荐的不越权；部门有安排权的不干扰。调动基层积极性：权限内的事情不插手；按计划安排的工作不干预；根据总部要求灵活运用方法不死板（见图 1-48）。

领导“五种意识”	领导工作“五靠”	领导用部属“六法”	依靠员工开展工作	尊重部门自主权	调动基层积极性
发展意识	靠思想教育引领人	信任不放任	问题大家摆	部门有决定权的不插手	权限内的事情不插手
责任意识	靠人格魅力取信人	爱护不袒护	是非大家评	部门有推荐的不越权	按计划安排的工作不干预
质量意识	靠帮带解忧凝聚人	放手不撒手	缺点大家帮	部门有安排权的不干扰	根据总部要求灵活运用方法不死板
法规意识	靠奖惩分明激励人	关心不偏心	收获大家谈		
表率意识	靠管好主管带动人	宽容不纵容			
		使用不利用			

图1-48　发挥领导作用，做好部门工作

第二章

店面管理
——如何全程运作餐饮店

店面作为餐饮企业的最终端，直接面向消费群体和市场，同时作为企业收益最初和最主要的来源，店面是餐饮企业不可忽视的。所以，店面管理应当从消费者的角度出发，兼具企业价值主张、企业愿景、企业使命、产品定位等因素，对人员、服务、物资、厨师以及流程制定综合性管理流程规章。让其通过表格化、图像化、影音化、数字化的呈现方式走进企业人眼中，植入他们心中。这样才能保证店面经营人性化、服务专业化、作业标准化、管理规范化，并使企业长期牢固立足于餐饮行业的洪流之中。

前厅管理：如何守好“前”沿阵地

在店面管理中，前厅作为门面，作为顾客的第一印象产生点，必然需要极尽团队之力打造。

先看一则从大众点评 App（应用软件）上截取的一位顾客对某餐厅的评论：在这家餐厅的就餐经历，真是让人失望。进了门都没有服务员，还要我们主动去问有没有位置。结果把我们安排在一个还没收拾干净的桌子，都过了四五分钟才来人收拾。也不知道是不是服务员工资太高了请不起。最终菜品给了五星，服务却只给了两星。

仔细分析，顾客对菜品还是很满意的，但评论里只字未提对菜品的褒奖，全部都是对前厅的不满，不难得出问题就出在了前厅的结论。没有给顾客留下足够好的第一印象，菜品再好也于事无补。不热情的引领暴露出引领员工作的疏忽；拖沓的清理暴露出清理员的低效率或前台通知工作出错；不及时的回访道歉暴露出前厅对顾客意见收集的缺失。

前厅之所以重要，是因为它掌握了三张王牌：

其一，前厅是店面的业务活动中心，顾客进门后，如果感受到热情的服务，其就餐的欲望就会明显增加。反之，顾客则会感受到被冷落，转头走人也不无可能。引领员的重要性可见一斑。而要做好前厅工作，前厅各岗位职责就要明确。

其二，前厅是店面的代表，是店面的脸面。顾客前来消费，登记、结账都在前厅，有了困难也会找前厅，感到不满想投诉依旧是找前厅。所以像前厅服务员一定是企业里服务水准拔尖的人。

其三，前厅是企业管理机构的范本和助手，前厅收集到的关于管理经营的各种信息，通过汇总分析和梳理分类，可以供决策层直接调阅。因此，前厅主管就成了店面信息获取的第一道通关人，就要详细了解前厅管理的各项流程。

前厅部一般事务繁杂，管理人员如何让这个前沿阵地不失守呢？对每天要做的事情按照重要性和紧急程度进行梳理和排序，并对有限的时间进行适当分配，这样才能争取工作的主动性，提高工作效率。争取做到班前讲评布置，班中督促检查，班后小结讲评。总的来说，就是要掌握并会熟练使用前厅管理的表格管理。

按照上面所讲，前厅门面基本可以让管理者高枕无忧，可以让消费者进门就有满园春色的感觉。接下来，我们看一下如何确保“后院”太平。

后厨管理：如何解除“后”顾之忧

2016年被武汉市食品药品监督管理局关停的“很高兴遇见你”餐厅湖北武汉中南路店，被爆出后厨混乱、鼠患严重等卫生问题。后厨出了问题，食品就会跟着变质，在食品安全问题越来越受关注的当下，即便它的投资人是作家韩寒，也免不了被关停的命运。

一个好的餐厅不光是前厅“冠冕堂皇”，后厨也要漂漂亮亮。做到表里如一，管理才能跟进，生意才能持久。作为餐饮企业的生产部门，其经营好坏直接关系到菜肴质量和餐饮成本，以及企业的口碑。

由此可见，后厨的管理是店面的又一重点。然而卫生干净只是后厨管理的一小部分，后厨管理并非只是确保卫生那么简单，还包括厨师的培养、原材料的储存、灶台、消防等。

那么就后厨来说，需要哪些管理工具呢?

主要包括：

（1）后厨各管理制度，如厨房管理制度、厨房着装制度、厨房卫生管理制度、食品原料管理与验收制度、厨房日常工作检查制度、厨房值班交接班制度、厨房会议制度、厨房防火安全制度、厨房设备及用具管理制度、厨房奖惩制度、厨房员工考核管理制度、厨房员工的调岗与晋升管理制度、厨房纪律。

（2）厨务部各岗位职责，如厨师长岗位职责、面点间主管岗位职责、面点间厨师岗位职责、打荷厨师岗位职责、冷菜间厨师岗位职责、冷菜间主管岗位职责、切配厨师岗位职责、炉灶厨师岗位职责、洗汰工岗位职责、炉灶厨师主管岗位职责、切配间主管岗位职责。

（3）厨房各岗位的考核，如厨师长考核表、厨房晋级考核标准、顾客回访及服务激励考核表格。

（4）厨房乐捐条例，如卫生方面要求、质量方面要求、工作制度纪律方面要求。

（5）厨房菜品资料模式，如各菜品资料表。

另外，在以经济效益为衡量企业标准的今天，要想在餐饮经营中获得可观的利润，也必须把目光投向厨房这块阵地。毕竟厨房每天进出的都是成本和费用，稍有不慎，就会造成利润浮动。

人事后勤管理：如何保障各方补给

人事行政部门是企业的一个核心部门，承担企业的人才支撑、后勤保障、行政管理等重要职责与任务，起到承上启下和桥梁纽带作用，为公司的正常运转提供了有力保障。

那么就人事后勤管理上，如何保障各方的补给呢？

一、制定公司人力资源的战略规划

（1）根据公司发展战略，组织制定人力资源战略规划。

（2）参与公司重大人事决策。

（3）定期组织收集员工想法和建议。

（4）定期组织收集有关人事、招聘、培训、考核、薪酬等方面的信息，为公司重大人事决策提供信息支持。

（5）建立人力资源公共关系管理体系，诸如政府关系、组织协作、联盟建立或和猎头公司的业务伙伴关系等。

二、督促公司人力资源战略的执行

（1）根据公司的情况，组织制定公司招聘制度、培训制度、薪酬考核制度、人事档案管理制度、员工手册等规章制度、实施细则和工作程序，并组织实施这些流程制度。

（2）负责工作分析、岗位说明书与定岗定编工作，提出机构设置和岗位职责设计方案，对公司组织结构设计提出改进方案。

三、负责建立畅通的沟通渠道和有效的激励机制

（1）负责建立公司、子公司内部畅通的沟通渠道，及时了解员工意见和想法。

（2）积极听取和采纳员工合理化建议，并反馈给相关部门。

（3）受理员工和顾客投诉，调查后落实相关部门解决。

（4）负责建立有效的激励机制，充分发挥员工的积极性和创造性。

四、全面负责人力资源部门的工作

（1）组织制订公司年度人力资源需求计划。

（2）组织人员招聘过程，通过多种渠道为公司寻求合适的人才。

（3）组织制订公司培训计划，组织人员参加培训，评估培训效果。

（4）负责组织公司员工的考核，处理员工针对考核结果的申诉。

（5）依据公司工资总额，编制公司年度薪资调整方案，审核公司员工每月的薪酬。

（6）负责处理各种与劳动合同相关的事宜。

五、其他后勤工作

（1）行政办公用品的采购、入库、领用。

（2）员工宿舍、食堂管理。

人事后勤工作开展的好坏，直接关系到整个公司战略和经营目标的实现，因此每个环节都要细致入微。对于餐饮企业领导者来说，如何做好人事后勤管理，还需要了解相关制度和工作程序。

系统管理：你找到餐饮价值最大化的呈现方式了吗

系统管理，就是说企业的管理方式如何让员工看得明白，如何让顾客一目了然。系统管理不是靠堆积如山的文字，也不是靠大喇叭循环播放。试着让你的管理体系图纸化、表格化、影像化、数字化（见图 2-1）。这样既方便自己，也方便他人，同时能帮助管理者时刻保持清醒。

图2-1　餐饮价值最大化的呈现方式

例如，我们运用表格化将一日工作制度和流程表现出来，员工根据表格，就可以清楚地明白当下时间该干什么不该干什么，也能对自己的工作逐一比对。这在标准化的现代餐饮里，才是合乎主流的高效管理。

一般来说，我们将餐饮系统管理的呈现方式或者工具归纳为以下几种：

一、图纸化

图纸化有助于将你的想象快速转移到别人的思想里。比如图 2-2~ 图 2-7，这些图能够将餐厅区域清楚划分，并和责任人一一挂钩。每个责任人都可以一目了然地找到自己相应负责的地方。

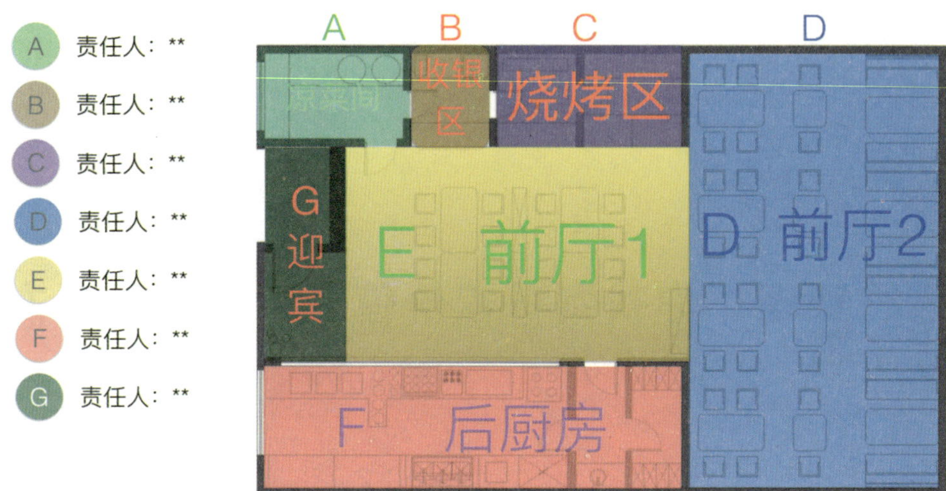

图2-2 平面责任图（一）

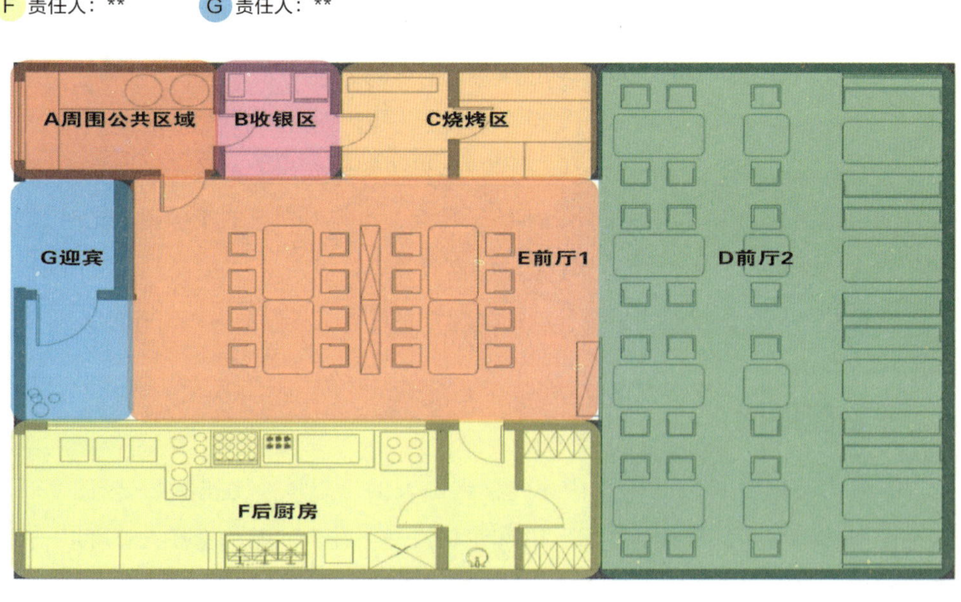

图2-3 平面责任图（二）

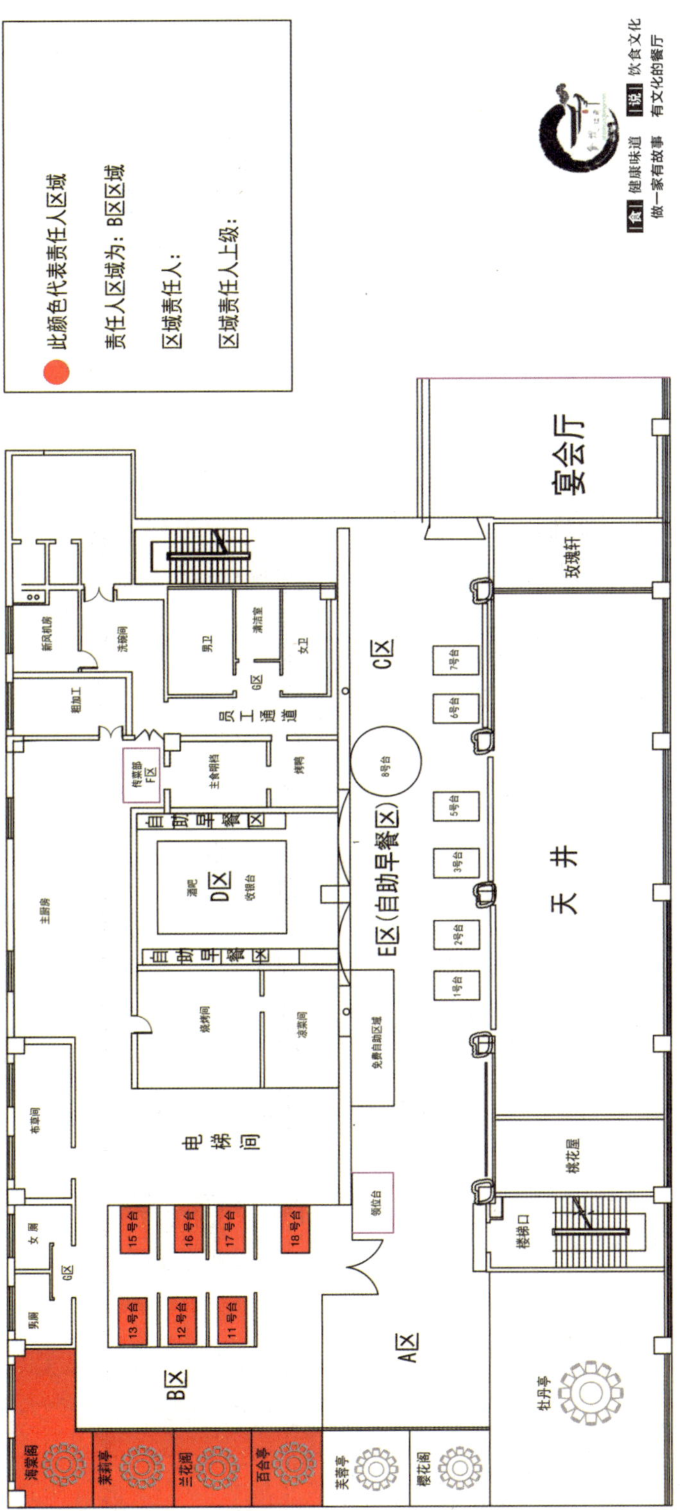

图2-4 食说江南前厅主管区域管理平面图

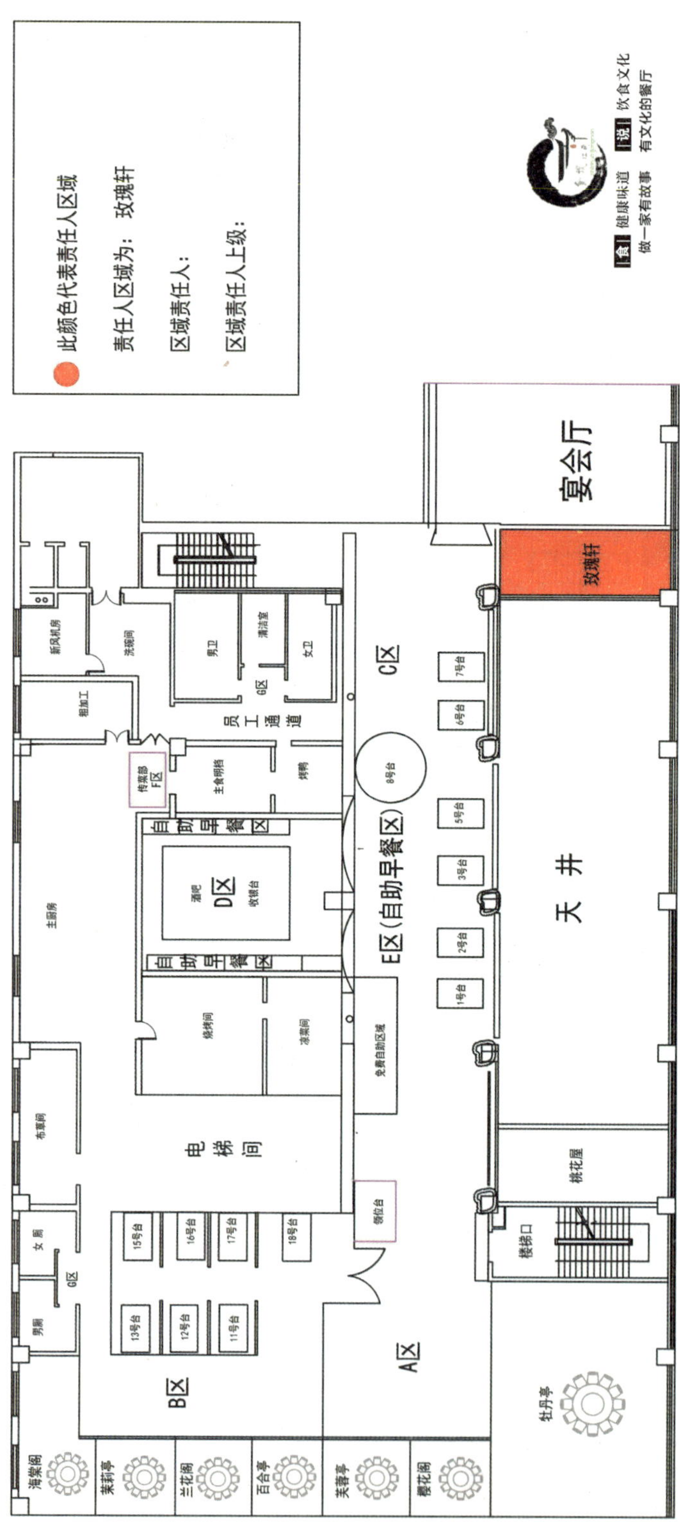

图2-5 食说江南服务员区域管理平面图

区域总责任人：

- 凉菜区域负责人：
- 热菜区域负责人：
- 打荷区域负责人：
- 切配区域负责人：
- 上杂区域负责人：
- 面点区域负责人：
- 初加工区域负责人：
- 洗碗间区域负责人：
- 烤鸭房区域负责人：

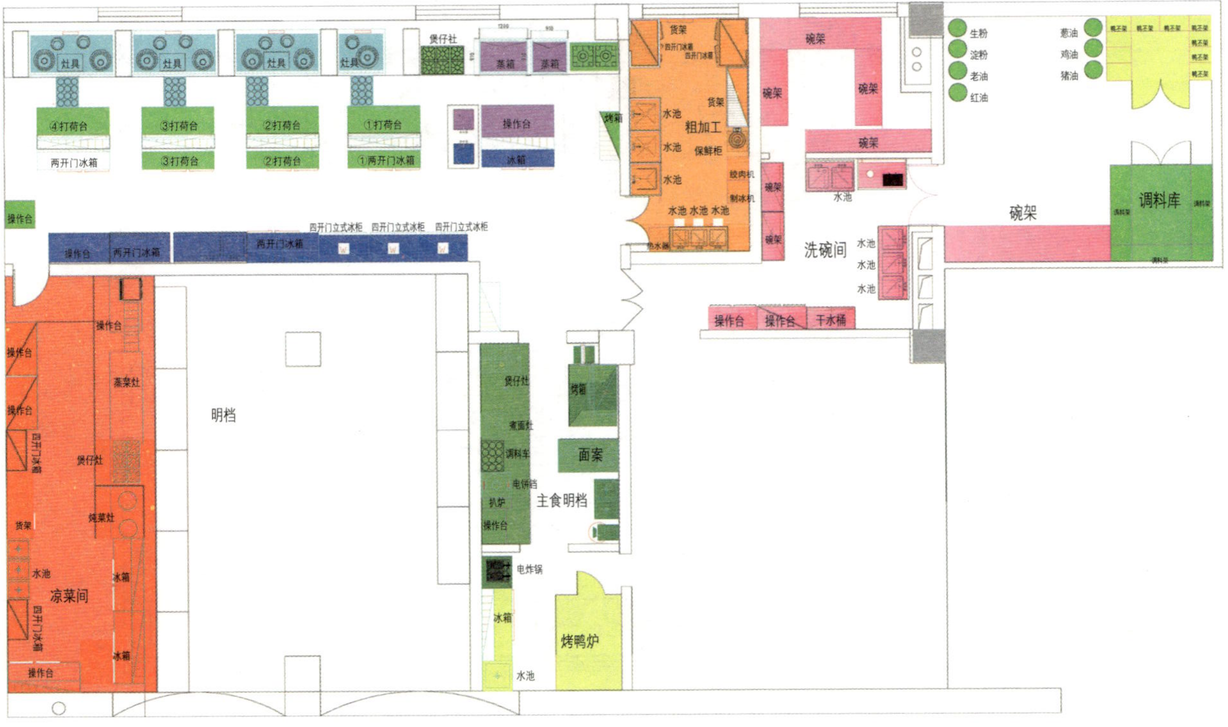

图2-6　食说江南厨房管理分工图

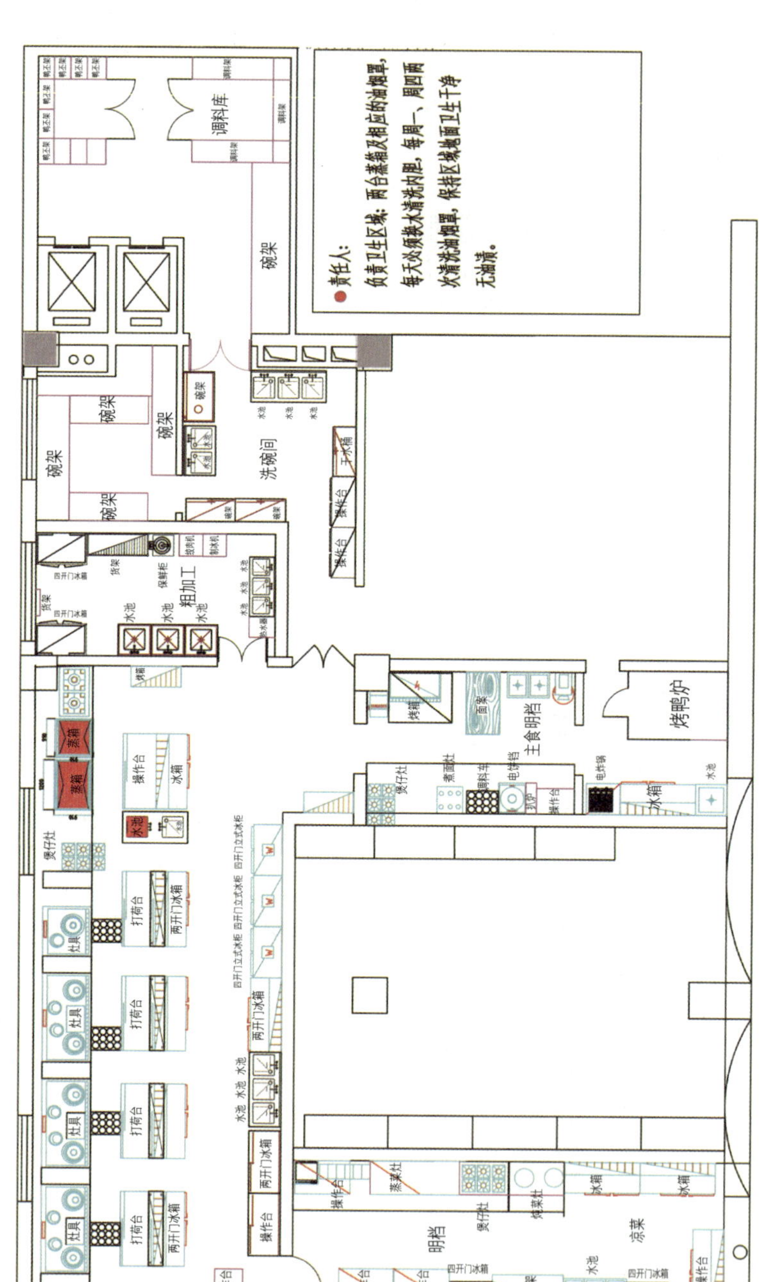

图2-7 食说江南厨房上杂跟踪图

二、表格化

表格化管理是提高管理水平，尤其是管理效率，做到“事有所知，物有所管，人尽其职，物尽其用”的较好方式。

表格化管理，以表格为载体，运用流程控制的工作方法，规范职能运作，理顺业务流程，消灭管理“盲区”和“死角”；用表格化工作语言固化职能、优化流程、提高工作效率，实现管理创新。

表 2-1~ 表 2-3 就是很典型的表格化管理体系表现形式。通过表格，能清楚知道服务员、主管、厨师、经理每个人的工作是否到位，是否按时完成，便于统计。

表 2-1　　管理层工作跟踪表（负责 B 区）

责任人＿＿＿＿＿　　月份

岗位 职责	工作流程	工作事项		1	2	3	4	5	6	7	8	9	10	11	12	13	14	15	16	17	18	19	20	21	22	23	24	25	26	27	28	29	30	31
1.负责每日晚市会议记录的登记 2.负责前厅部人员的餐前工作跟踪表的收集与发放工作 3.负责前厅部客户收集及回访管理工作 4.负责前厅部日常菜品急推工作的跟进工作	餐前例会	例会规范、检查仪容仪表、公布预订情况、分工	上午																															
			下午																															
	餐前检查	检查区域内餐前工作是否合格，及时改进	上午																															
			下午																															
	了解菜品	了解厨房所提供的应季菜品，做好推荐工作	上午																															
			下午																															
	电话回访	了解订餐情况，进行个人电话回访做好登记	上午																															
			下午																															
	站位迎宾	上午11:20，下午17:30，安排区域员工站位	上午																															
			下午																															
	餐中服务	进入包间跟进员工做好四轻、五勤服务工作及点菜	上午																															
			下午																															
	客户反馈	服务中收集客户意见及时做好售后反馈工作	上午																															
			下午																															
	餐后收尾	检查餐后收市工作，跟进细节检查	上午																															
			下午																															
	节水节电	检查开关灯时间及空调开关时间	上午																															
			下午																															
	维修登记	中午14:00、晚上21:00检查并保修跟进	上午																															
			下午																															
	消耗品	负责管控区域内低值易耗品的消耗申领工作	上午																															
			下午																															
	客户资料	每日增加自己的客户资料数量，每月上交	上午																															
			下午																															
	负责人																																	
	监督人																																	
	经理																																	
	总经理																																	
以上表格餐饮部人员人手一份，合格打√，不合格X。检查时间上午11:25，下午5:25																																		
备注：	此表格是为了更好更快地让每个人把工作做好，如果一次不合格本人乐捐或发红包10元，经理20元，总经理30元，作为慈善公益金（让总经理带员工用乐捐的钱去做公益事业，如去福利院看孤寡老人、孤儿等）。监督人50元一次。如果有特殊情况需要经理、总经理、总厨的签字方可生效。望各位按表格所述做好每项工作。																																	

表 2-2　　　　服务员工作跟踪表

责任人________　　月份

岗位职责	工作流程	工作事项		1	2	3	4	5	6	7	8	9	10	11	12	13	14	15	16	17	18	19	20	21	22	23	24	25	26	27	28	29	30	31
1.礼貌礼节规范 2.保证个人清洁 3.工作守时，尊重上级，服从管理 4.餐前餐后按规范准备 5.认真执行服务流程	灯光	开灯先检查灯具有无故障	上午																															
			下午																															
	苍蝇	上班前喷苍蝇药，保证房间无苍蝇	上午																															
			下午																															
	茶叶	如果熟悉的客人光临，提前把喜欢喝的茶叶备好	上午																															
			下午																															
	餐具	检查餐具保证无水迹，无指痕，物品按要求摆放，没有物品及时补充到位	上午																															
			下午																															
	桌面	按要求就餐人数摆好台	上午																															
			下午																															
	地面	保证地面干净，无灰尘，无水迹	上午																															
			下午																															
	绿化	无枯叶，表面无灰尘，花盘泥土湿润，花盘里面无垃圾	上午																															
			下午																															
	洗手间	水龙头干净无水迹，无指痕，物品按要求摆放，没有物品及时补充	上午																															
			下午																															
	空调温度	夏天22℃，冬天25℃	上午																															
			下午																															
	五部曲	备好餐前毛巾，小吃，水果，干果，茶水	上午																															
			下午																															
	休息区	物品摆放，卫生检查，干果水果准备好	上午																															
			下午																															
	环境	地面、桌面环境卫生，椅子、餐具等固定物品摆放位置	上午																															
			下午																															
	看台人数																																	
	消费金额																																	
	负责人																																	
	监督人																																	
	经理																																	
	总经理																																	

以上表格餐饮部人员人手一份，合格打√，不合格X。检查时间上午11:25，下午5:25

备注：此表格是为了更好更快地让每个人把工作做好，如果一次不合格本人乐捐或发红包10元，经理20元，总经理30元，作为慈善公益金（让总经理带员工用乐捐的钱去做公益事业，如去福利院看孤寡老人、孤儿等）。监督人50元一次。如果有特殊情况需要经理、总经理、总厨的签字方可生效。望各位按表格所述做好每项工作。

表 2-3　　　　厨房工作流程跟踪表

责任人________　　岗位：上杂　　月份

序列	工作流程		工作事项		1	2	3	4	5	6	7	8	9	10	11	12	13	14	15	16	17	18	19	20	21	22	23	24	25	26	27	28	29	30	31
上午	到岗点名餐前例会		仪容仪表检查																																
下午																																			
上午	领料做好出品准备		小料准备																																
下午																																			
上午	搬餐具		保证地面、墙壁及餐具干净卫生																																
下午																																			
上午	准备各项工作		调料、小料检查是否齐全																																
下午																																			
	午休时间		物品分类摆放整齐																																
上午	加工半成品/准备出品		保证菜品质量																																
下午																																			
上午	打扫卫生		调料及汤汁处理，原材料保管																																
下午																																			
上午	下班前卫生检查		水电气是否关阀																																
下午																																			
上午	负责菜品	清蒸鱼	葱丝切好，海鲜汁热好																																
下午																																			
上午		高烧山药	6	切好备用																															
下午			6																																
上午		五谷丰登	4	五种原料洗干净，切好备用																															
下午			4																																
上午		蒜蓉粉丝蒸扇贝	提前泡好粉丝，蒜蓉熬制好																																
下午																																			
		剁椒鱼头	2	鱼头解冻，洗净备用																															
			2																																
		松茸老鸭汤功夫汤	40	提前炖好																															
			40																																
上午		炒米酱肉野鸡蛋	5	酱肉炒好																															
下午			5																																
上午		葱香汁大黄鱼	3	调好葱香汁																															
下午			3																																
上午		江南咸香四小碗粉蒸肉	6	提前蒸好																															
下午			10																																
上午		鲍汁糯米黑椒焗蟹	3	提前蒸好																															
下午			3																																
	主管检查																																		
	总厨检查																																		
	总经理检查																																		

备注：

表格使用说明：每完成一项打钩为示，如有一项不打乐捐或发红包20元/次，主管30元/次，经理50元/次作为慈善公益金（如没有完成并打钩乐捐或发红包20元/次，让总经理带员工用乐捐的钱去做公益，如去福利院看孤寡老人、孤儿等）。

1.所有加工菜品应在11:30之前完成，没有完成负责人乐捐或发红包10元。
2.所有菜品数量按表格执行，少备一份乐捐或发红包，10元/道。
3.所有菜品责任人必须保证菜品质量，出现任何问题责任人自行承担，已出菜品上桌的，按零售价自己买单，没有出品的按成本价买单。
4.因个人原因造成菜品在检查时备货不齐的，除了赔偿原材料外，乐捐或发红包50元/次。
5.休息人员必须交接好，如不交接出现问题由责任人承担，如交接完毕，出现问题由交接人承担。
6.区域卫生不干净的乐捐或发红包10元/次。
7.一个月内完成最好的前十名奖励50元。
8.菜品出现异物客人投诉乐捐或发红包30元/次，找不到责任人共同承担，因个人问题个人承担。

三、影像化

主要运用于管理、总结、会议等时段，具有强针对性的特点。还有一些企业在餐厅悬挂显示屏，进行品牌宣传，比如餐厅环境的介绍、菜品特色介绍、后厨工作风貌、企业员工形象的展示等。

顾客就餐时，其作为装饰或者背景音乐，给餐厅增加氛围。营业结束时，又可以作为显示屏，运用多种工具，对工作进行总结。

四、数字化

数字化要求所有工作具体量化，比如评选季度最佳服务生，我们以其卖出去的菜的价值来衡量，而不能简单以卖出去“比较多”作为标准。实实在在的数字是标准化的最基本原则。

对于餐饮企业来说，运用以上几种管理工具，就可以实现以最少的人力、最短的时间、最小的成本，收获最大的效益，这也是实现餐饮连锁和规模化管理的最有效方式，值得每一个餐饮人仔细研究并好好运用。

以次类推，各个部门、各个岗位的图表均可以上面的形式呈现出来。

显然，在餐饮系统管理中，不同岗位的流程管控是最重要的环节之一。将每个人、每个岗位的责任图纸化呈现出来，并配以相应的工作跟踪表格，不仅可以使整个店的责任分工无死角，而且可以在时间和空间上让管理更加精准、高效，在此基础上，再配以影像化的宣传和数字化的规范。相信，有了“四化”标准的餐饮企业，就不必再担心管理问题了。

产品战略，是企业对其所生产与经营的产品进行的全局性谋划，是市场战略的先导，也是企业商业模式的重要基石。餐饮企业通常依靠物美价廉、适销对路、具有竞争实力的特色菜品、服务以及其他附加产品赢得顾客，进而占领与开拓市场。可以说，产品战略直接关系到企业取得经济效益的少，进而决定企业的胜败兴衰和生死存亡。

Part 2
产品战略

产品结构 产品文化

第三章

产品结构
——如何做好产品的精细化营销

产品结构从微观上讲，是指一个企业生产的产品中各类产品的比例关系。也就是说，企业对各类别、各档次的产品要有预先构想，设立组成结构，并按照消费人群、消费能力、消费层次、口味偏好等对产品进行结构调控，这样才能做好产品的精细化营销。

产品开发：你的产品创新有章可循吗

每个人都有好奇心，尤其是对饮食产品，当一种新的产品出现时，人们总是会去“尝鲜”“猎奇”，满足需求。因此，为了迎合消费群体的口味变化，为了在市场上求得生存发展，降低差异化产品竞争带来的风险，餐饮企业就要实施餐饮产品创新经营策略，实时调整餐饮产品结构，不断开发出消费者喜欢的新型饮食产品，引导市场潮流，增强企业竞争力。

关于产品开发，不仅是产品品质本身的保证、品种品类的增多，还要瞄准结构和原材料使用上的开发，亦需要在营销领域和服务上进行开发，它不是狭义地单指产品开发，而是广义的产品属类特性的开发。产品开发主要包含以下六个方面（见图 3-1）。

图3-1 产品开发

1. 产品质量开发

我们需要完善的是质量标准的改进或提高。随着科技的发展和产品质量检测、保证体系手段日臻完善，越来越多的标准化设备和工具使得餐饮产品在生产制造环节更趋于流水化、标准化和统一化。与此同时，要加大对产品新性能和途径的研发力度，让新、奇、趣成为产品质量保证基础上的一种升华。

当然，每一次新品质量的研发阶段都要经过成百上千次的实验和反复测量操作，在出现质量问题时，团队专业人员要根据科学分析，从选料、配料、操作、时间、程序等方面逐一排查，最后确定改进方案，使产品质量过硬。这也是产品开发的“敲门砖”，基础不牢地动山摇，如果产品质量开发时就抱有差不多心态和不严谨的态度，那么这种情况下做出来的饮食产品，又怎么过得了顾客那一关呢?

2. 品种开发

与时俱进，是每个餐饮企业的必修课。市场变化性和消费者的个性决定了消费者对饮食产品的选择性越来越多样化。这就对企业提出了新的要求，要始终保持灵活的头脑开发出新的品种品类，增加自己的销售点，增加收益。

一般情况下，我们需要在不同的阶段推出新的品种、菜式和花色，以此满足顾客求新心理。这个时代虽然一部分人有怀旧情结，但是新、奇、特也绝对是吸引顾客的好方法，而且这个新、奇、特是建立在大众口味和心理接受范围之内的，只是这个创新品种的过程，是个智慧集结的过程，需要广泛的市场调研和游学经历才会逐渐丰富和完善起来，旧的产品不能适应市场时，就对它加以改进；新的品类增加了，就确保分枝繁茂；当新的品种大行其道挤占市场时，企业要沉心静气去开发别的品种。没有新的品种做市场前沿的先锋官，恐怕很难在如今的市场中抢到顾客。市场需要各个餐饮企业不断发展新品种，保证市场占有率。如果一直落寞，就会被市场和顾客所淘汰。

3. 结构开发

餐饮企业饮食产品结构的整体架构对产品研发起着引领作用，它让企业不至于盲目跟风失了方向，也不会让企业因为开发而乱了阵脚。创新产品结构，有了结构性的开发预想，整个产品开发设计就会清晰明了，有目标有定位。这样研制和设计出来的新产品造型，以及产品包装才会更加凸显创新的魅力，更加凸显企业研发的实力，增加产品的艺术之美，树立新的产品形象，吸引顾客前来消费。一点点造型和包装上的创新和尝试，有时候会呈现意想不到的效果。

4. 原材料开发

科技进步和资源开发为饮食产品带来了许多新型原材料，这为餐饮企业的原材料开发和使用提供了广阔的空间，也让现在的餐饮人可以大有作为。一种是科研成果在餐饮领域里的大量应用，让饮食产品的开发具备了条件，企业团队可以在一种原材料基础上开动脑筋和智慧，研发新产品；另一种是将多种新型材料进行排列组合，优化选择复合型使用，通过这样寻求新产品的开发新途径和新方法，这样也不失为有效的原材料开发方式，势必能收到不错的效果。

5. 广告开发

大概念中的产品开发，当然也包括营销手段和宣传方式的开发。这就需要企业团队精读饮食产品内容，探讨和设计最富有吸引力的广告内容，扩大广告宣传的新领域、新对象，选择适宜企业发展的广告宣传新形式或新媒介，并逐步提高广告宣传的针对性，增强竞争力。

6. 销售服务开发

服务也是产品的一种，它是无形的。然而，对于投入市场的新产品来说，要想获得认可，服务的价值和开发有着不可估量的作用。谁忽视，谁就必然吃亏。要研究有效的销售服务形式，增加新的销售服务项目，完善销售服务的手段，提高销售服务的质量，探讨进一步为顾客服务的各种可能性。

每一个产品研发的过程，都是构思、筛选、收集情报、可行性分析、设计、确定实施方案、具体化实施，然后具体操作和实验、最终评定系统过程，当终评获得肯定，就可以在市场上逐渐推广，进入产品的生命周期里开始成长，并通过市场的调查和销售进行反馈，再进行修整、完善和调试，最后使得新产品能够最大限度地满足社会化和市场的需求。

产品研发通常分为以下四个阶段（见图 3-2）。

图3-2　产品研发四个阶段

1. 构思

新产品的构思是对市场环境和消费需求的全面宏观把关和预测，并通过市场分析，确定市场目标，做出市场分析毛利率报表，对产品的质量、价格、特点进行选择性定位，然后利用广告样品、特色营销传播等方式加大宣传力度，通过增加销售网点和推销点的数量与质量提升市场控制能力，从而实现信誉和实力的累积。

2. 样板制作与鉴定

这一阶段要对具体的销售方式和目标进行确认，从而估算出运行经营成本，改进和调整财务预算，建立销售队伍和售后服务网络，对其进行新产品系统培训。

3. 改进

通过前一阶段的实验，成功的新产品在宣告上市之后，能比较快地站稳脚跟，这时要不断对新产品的菜式、原材料等方面进行改进，并最终确定营销方案和宣传手段。宣传新产品可以通过电视、报刊、展销会等方式进行，使其在市场接受消费者的检验，在宣传过程中要特别注意产品宣传后不宜改变的市场营销决策，如价格、分销、广告印象等。除了依靠大量的广告宣传外，广泛的分销、优异的产品和良好的服务，也可以有效吸引消费者知晓并对产品产生兴趣。如果企业能及时在广告上强调新产品的优异之处和对消费者的益处，并为他们提供试用优待和购买方便，从而改变消费者对新产品的态度，激发潜在消费者采取可能导致购买的行为，这样就能通过他们迅速评价，在试用阶段做出购买决策和反馈，对产品的改进和信誉的建立颇有益处。

4. 新产品系列化

新产品站稳脚跟后，通过前三阶段的累积，开始向纵深发展，就进入了成长期，新产品在市场上形成一定的竞争力，赢得了一定的市场份额并在继续增长，产品开发部门和市场营销部门已经确定了产品生命周期各阶段的市场营销策略，并完成了产品系列化的开发和更新产品交替的工作，销售量的增长和成本的降低使企业开始赢利，这时竞争产品可能开始投入市场，所以，企业的市场营销应注意针对竞争和消费者的要求调整产品策略，策划一系列营销活动，建立市场质量体制，逐步建立自己的品牌，巩固前阶段时间成果，并保持产品的领先地位，为进一步开拓市场赢得先机。

值得注意的是，在新产品开发过程中，企业促销部门要参与其中，尤其在开发后期。新产品的成功不仅要依靠富有创造能力的广告设计人员，同样也离不开经验丰富的推销人员的努力和优质的售后服务水平。

在现代餐饮文化与经营策略中，新产品开发与设计也要遵循一定的原则。主要有以下两个（见图 3-3）。

新产品开发与设计原则	·菜系文化创新原则 ·菜系文化创新趋势

图3-3　新产品开发与设计原则

1. 菜系文化创新原则

创新要保持可吃性原则，毕竟餐饮企业最终所有的产品都要为人服务，所以饮食产品必须且能使消费者感到好吃，而且越吃越想吃，这样产品才有生命力。同时，当下人们的食品安全和养生观念越来越强且成为一种时尚，所以营养卫生原则是必须要长期坚持且不能丝毫放松和降低水准的。

每一种创新都要尽可能多地吸引更多的受众，满足多数人的口味，过于小众化的产品创新，迎来的也只是小众人群的赏识，所以要尽量符合大众化原则；与此同时，餐饮企业为了盈利和生存，必须要把成本因素考虑在内，实时调整自己的产品成本结构，做好成本控制，这样不仅为消费者提供好的赏心悦目的产品，也可以实现可观的经济效益。

当前流行的较为认可的菜系文化创新的方法有十二种：挖掘、借鉴、采集、仿制、翻新、立异、移植、变料、变味、寓意、偶然、创意。途径为“八化”，分别是传统菜式现代化、现代菜式古典化、民间菜式酒家化、酒家菜式大众化、大众菜式标准化、家常菜式营养化、外地菜式本地化、本地菜式规范化。

2. 菜系文化创新趋势

烹饪方式和经营策略主要呈现出四种趋势：一是追求时新，即菜色原料逆季而变，做到冬季吃夏季菜，时时有新菜，甚至让野菜上桌；二是求特求新，大胆选用虫草等新奇少见原材料入菜，使消费者有奇、特、险之感，食后回味无穷，乃至终生难忘；三是推陈出新，重视挖掘菜色，使传统菜焕发新色；四是菜系文化的融合，即各大菜系、中西菜系的融合，使不少新潮菜、特色菜应运而生，洋为中用，中为洋用，取长补短，相得益彰。

餐饮企业新产品的开发，是竞争优势的源泉，可以影响人力资源发挥，保持企业研究开发能力，还可以充分利用生产和经营资源，加强战略优势，增强企业形象和提高品牌收益。

产品定价：你有一套产品定价战略吗

对于大部分消费者来说，购买餐饮产品和服务，价格都是其考虑和衡量的关键因素。能够让消费者在自己的预期观念中获得最佳性价比的产品和服务，实现“物有所值”的消费理念、满足心理消费愿望，是所有餐饮企业的必修课题之一。在相同的市场细分和目标受众中，谁的餐饮产品和服务性价比更高，谁就会俘获更多消费者的倾心与认可，获得更多的利润。如白领一族的午餐会以选择外卖或者附近快餐为主，在送得快、味道好的前提下，价格公道合理无疑会成为消费者关注的焦点。

因而，企业根据定位理念，针对目标受众，确定适合自己产品的价格区间，才会在激烈的市场竞争中看清并找到属于自己的位置。

定价策略是企业产品在市场营销时的关键组成部分，目标是促进销售，获取利润。这就要求企业既要考虑成本，又要考虑消费者对价格的接受能力；既要定价科学合理，又要保证拥有制高点的消费群体数量。

通常状况下，影响餐饮企业产品和服务定价的因素主要分内外两种。

一是内部因素。这里需要考虑企业的营销目标和产品成本。

（1）企业的营销目标。所有企业都应从实现发展战略和营销目标的角度去考虑价格的定位。因为定价是让餐饮企业从顶层理念设计、前期实验和市场调研、具体产品制作到产品进入市场面对顾客，再到经历生命周期各个阶段后，实现最终端的利润点的关键环节。餐饮企业的营销理念直接体现在价格的定位空间上。因为KFC（肯德基）定位为大众快餐，其各类产品定价就是大众消费层次，所以顾客如织。试想，如果它的产品售价均价超过一个工薪阶层一天的收入，那么客流量又会是多少呢？所以战略理念定位从根本上决定了价格定位。

（2）产品成本。任何价格的定位都是基于成本之上的。因此，餐饮企业在制定产品价格时，要充分考虑成本价格及其要素。这里的成本，一方面是指直接成本，包括食物成本、饮料调料成本，这也是餐饮行业中最主要的支出成本；另一方面是指间接成本，是在操作过程中所产生的其他费用，如房屋租金、人员工资、培训学习、水电、设备、装潢、税金等费用。产品的成本控制越理性科学，资源利用越节约，利用率越高，就越能在价格定位上取得优势。同样的产品，若能在原材料供货商渠道、采购、制作流程、人员配备等方面使产品成本降到最低，企业就能以同等的价格在市场上取得更多更高的利润。

二是外部因素。这里就要考虑市场结构和其他因素。

（1）市场结构。它是某一市场中各种要素之间的内在联系及其特征，指市场上供需、竞争者之间的关系、数量及规模分布、竞争状况和竞争程度，据此可将市场划分为四种类型：完全竞争市场、完全垄断市场、垄断竞争市场和寡头垄断市场。在完全竞争市场上，每个企业面临既定的市场价格，几乎没有更多的定位价格权利，此时更多的是市场主导价格；完全垄断市场是只有一家企业提供所有供给的市场结构，产品独一无二，这时它掌控着产品的市场主导权，有权决定如何生产和生产多少，而且可以决定价格的高低，企业对价格有着强大的控制力；垄断竞争市场中的企业可以使它的产品具有独特属性的能力，每个企业通过使自己的商品有差异来产生它的个人垄断，企业对价格有一定的控制能力；在寡头垄断市场上，企业数目少，进入受到限制，产品属性有差别，价格定位相对无弹性。

（2）其他因素。除了市场结构的影响之外，产品生命周期、国家政策、经济金融状况、外部环境等都是影响产品定价的因素。

由此看来，产品定价也是要讲究战略的。定价战略是企业为实现定价目标而实施的一系列具体措施和行为活动。一般情况下，价格是影响交易成败的重要因素，也是市场营销中最灵活的因素。定价战略就是从市场供需的弹性数量关系出发，以阻止竞争者进入和保持市场占有率为目的，并将竞争性产品的售价以某一百分比作为参数进行具体定价，与竞争者展开正面交锋。产品定价战略主要有以下几种（见图 3-4）。

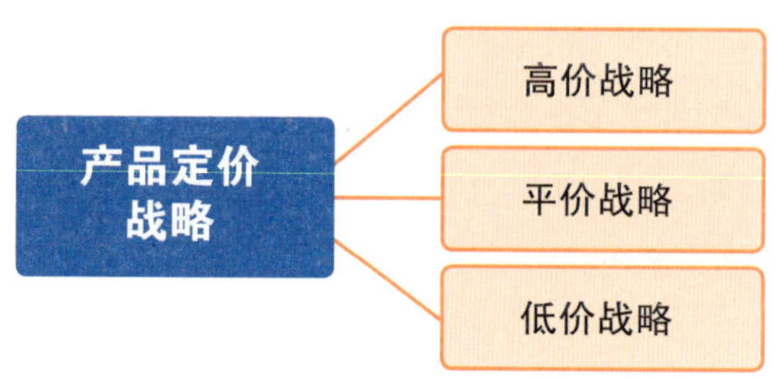

图3-4 产品定价战略

一是高价战略。

采取这样的定价方法，企业就要知晓自身在市场结构中的位置。企业必须具有垄断性的控制权，占有市场的领导地位。企业产品的品质必须是一流的，无论是质量本身还是文化包装，无论是系列产品还是产品创新和更新换代的频率速度，都应当是业界的绝对领导者和领路人。企业拥有大量的忠实受众，有效控制市场上的优势分销渠道，甚至在市场上出现供不应求的情况，企业的形象在产品品质和销售优势上，得到坚实可靠的稳固和提升。企业不用为销路担忧，而是在保证质量的前提下，更多地考虑扩大规模，提升产品和服务质量，进一步获得超额利润。冰淇淋界的哈根达斯就是此种情况。

二是平价战略。

此种战略的选择，是市场和企业双重决定的结果。企业在一定阶段内，在市场竞争中处于相对和谐、比较稳定的位置，既有能力控制自己的产品产量，也有实力适应市场变动对产品价格带来的影响，价格基本接近行业水平。这种定价策略因企业在市场上有相对稳定的产品供给量和需求量，且由于能使生产者和顾客都比较满意，有时被称为“君子价格”或“温和价格”，在市场上保有较为固定的销售量业绩额度和受众数量，是多数企业在进入平稳期后采取的常用策略。

三是低价战略。

这是企业在特定阶段为提高短期销售量和市场占有率采取的方法，但低价策略不是长期之举。如果企业陷入降低价格维持销售量的怪圈，迟早会被淘汰。当产品处于竞争的不利位置时，或面临被认知了解的阶段时，或遭遇被更优品质、性能的新型产品取代的风险时，企业可以选择低价战略，打开销路或降低风险，渡过难关，其中可以辅之馈赠、奖励等促销方式，最大限度地保护企业利润不受损失。在运用低价策略时，要注意保护好品牌的企业形象和市场信誉。

没有不关注价格的顾客。因此，企业在运用价格策略时，把握最佳的调价时机也是至关重要的。如果行业内价格战在所难免，一般应率先下手，首发者较少的降价所取得的效果，跟进者需花较多降价才能取得，但幅度应与商品的需求弹性相适应。需求弹性大的餐饮产品，降价的幅度可大些，降价的损失可通过增加销量弥补；而需求弹性较小的产品，降价的幅度要小些，避免企业产品的总利润减少过多。这样，在各阶段形成的产品价格优势也是一种强大的竞争力，可以切实为企业赢得市场和利润。

结构规划：你的产品做好功能细分了吗

众所周知，近年来，蒙牛乳业公司连续推出的一系列奶制品受到市场和消费者的广泛认可和一致好评，蒙牛成为了当之无愧的中国奶制品领军企业。不得不承认，蒙牛旗下几乎每个产品都是明星产品。不仅有常温液奶、低温奶、奶粉、冷冻奶等多个明星阵营，而且每一明星阵营里悉数都是“星一代”“星二代”甚至“星三代”。以常温液奶为例，蒙牛旗下有纯牛奶、酸酸乳、高钙奶、早餐奶、真果粒、新养道、谷物奶、特仑苏、儿童牛奶等多个系列。其中的纯牛奶系列，不仅有瞄准普通百姓消费需求的“百利包”，也有定位稍高一层级的“无菌枕”，还有满足更高一层需求的“无菌砖”，甚至有高端品位的“不是所有牛奶都叫特仑苏”。再往特仑苏以下延伸，我们又可以看到低脂高钙、全脱脂、无糖等功能再细化产品。

为何蒙牛产品可以如此“受宠”？其实不难发现，蒙牛乳业产品不仅市场定位和目标受众定位准确，而且在价格设定、产品包装、品位界定等细节把握上，也下了一番苦功夫。产品结构规划之优、功能定位之细、产品范围之广、产品链条之长，都堪称行业内的典范、其他行业的楷模。这一切均根源于全球奶制品市场领军企业的长远战略目标和企业发展愿景的规划，直接受益于目标市场和竞争优势分析、产品结构规划的调整和优化等具体战术的实施。这种战略和战术，也同样适用于餐饮等行业。

产品战略是企业对其所生产与经营的产品进行的全局性谋划。它与市场战略密切相关，也是企业经营战略的重要基础。企业要依靠物美价廉、适销对路、具有竞争实力的产品，去赢得顾客，占领与开拓市场，获取经济效益。餐饮企业的产品结构规划作为战略之一，通过结构调整、延长生命周期等具体方式，对企业发展方向、战略具体操作、执行把控等方面，都具有极其重要的意义。

一个趋于完美的餐饮企业产品结构呈现出来的特征，应该是这样的：通过实时的调整和完善，餐饮产品结构优化，产品功能区分明确且精细化；产品群下的每个系列和细分产品都是大品牌的延续，它们之间既各有优势互不冲突，又相互独立共生互补；不仅拥有不同的目标定位市场，而且能满足不同受众的消费层级需求，最终通过系列品牌、子品牌、新品牌的组合叠加效应，共同推进整体大品牌向前良性发展，最终树立餐饮企业良好的信誉形象，实现利益和市场覆盖面最大程度的扩大化，获得经济效益和社会效益的双丰收。

例如，以中式餐饮的完美菜单和科学点菜系统来对照（见图 3-5 与图 3-6）：既有名家主厨的主菜副菜，也有原汁原味的地方特色菜和时令鲜蔬；既有特色口

图3-5　完美菜单

图3-6　科学点菜系统

味的爽口凉菜，也有别具一格的开胃甜品；既有独家招牌的温补靓汤，也有不可替代的可口主食。像这样，每道菜功能划分细致，且道道都为特色精品。结构的细化广博和功能的组合精专，就是对餐饮企业产品战略战术精细化营销操作的最佳诠释。

图 3-7 为企业根据发展愿景和长期规划做出的产品结构和功能细分示意图。从图中我们可以清晰地看到产品结构规划中的各个类别：开门产品、消耗产品、高端产品、奢侈产品、延伸产品、传播产品和产品研发（见图 3-8）。

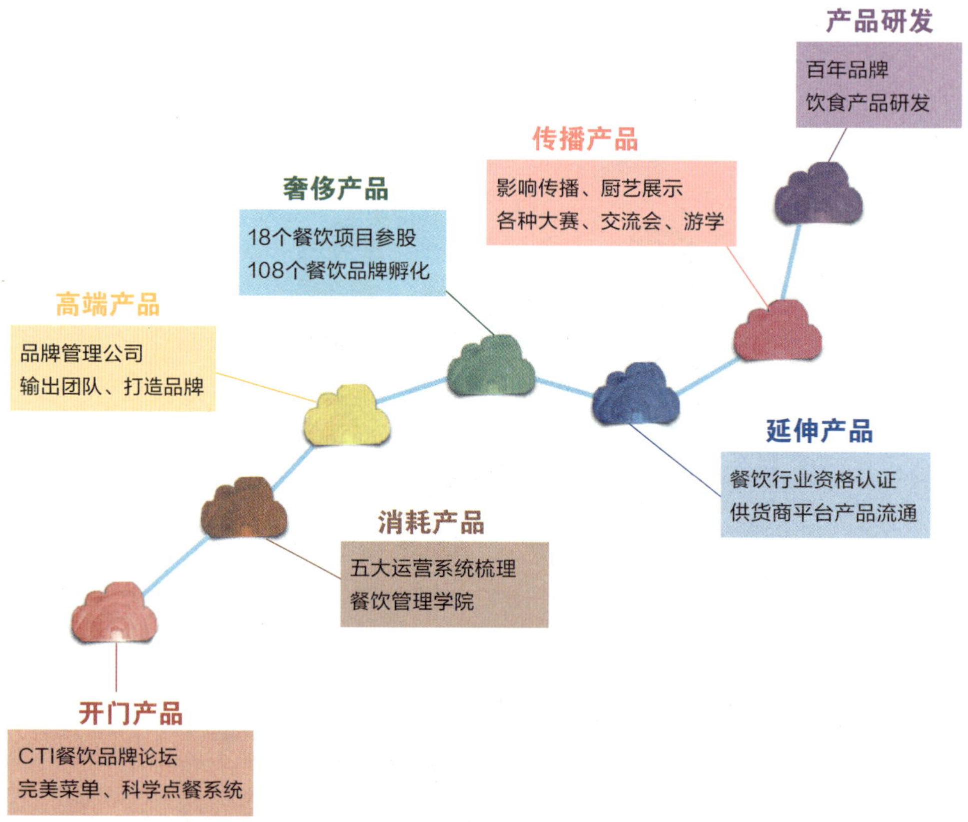

图3-7 产品结构和功能细分示意图

根据市场行情和消费者需求变化，及时做好产品结构规划和调整，是餐饮企业长盛不衰的重要保证。那么，如何才能做好产品结构优化和功能细分呢？凭借从事餐饮行业多年的经验，我认为一定要做好以下七个方面。

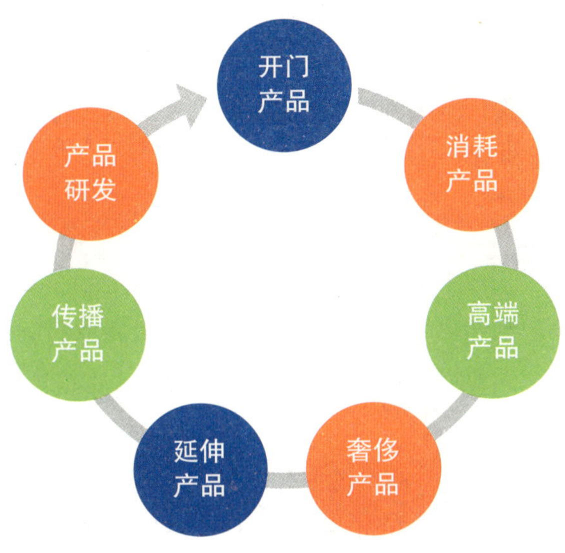

图3-8　产品结构规划中的各个类别

一、开门产品

“开门产品”即所谓现金流比较高，利润非常薄的产品，这是开门纳客的产品，也叫拓客产品，是开拓市场的利器。开门产品可以用来提高市场占有率，增加客户、吸引顾客，应当鼓励大力销售开门产品。

对于餐饮企业来说，开门产品一般具备两个特性：一是家常、大众，符合大多消费者的口味；二是味美、价廉，符合普通食客的消费水平。总之，让不同层次的消费者尤其是新顾客拿过菜单，看到开门产品，就心甘情愿地坐下来，真正有机会体验这里的产品和服务，让顾客近距离地感受产品或服务带来的好处和价值，从而更好地认知这里的产品或服务的独特性，与企业建立良好的信任关系，并对该餐饮企业的其他产品或服务产生更深层次的期望和渴求，使其从一个新顾客成为忠实的“粉丝”。

开门产品的精髓就在于，它首先读懂了消费者的心理和深层次需求，并提前精心设计出了一系列的产品和服务，主动与不同层次、不同需求的消费者进行沟通互动；它虽然薄利，但可以多销，而且顾客一旦有“这家便宜”的想法，他就会“放松警惕”，尤其是多人一起就餐的时候，通常菜单后面并不便宜的产品也一并消费了。对于企业来说，设置开门产品的目的也就达到了。

那么，开门产品应该怎么设置呢？需要注意两点：一是要能满足不同层次消费者的需求，在设计产品时就要本着多样性、低价格、好品质、优服务、有吸引力等原则；二是至少保证 6~8 种数量产品，且是大众喜欢的，这样，产品才能发挥出引来顾客、留住顾客、让顾客“再回首”的作用。

二、消耗产品

现金流比较高，利润也比较高，属中端产品，是企业利润主要来源的产品，也是团队提高业绩、企业提高利润的产品，主要通过二次销售进行成交，这种产品叫消耗产品。

消耗产品具有低增长率、高市场占有率的特点，对于企业来说，已进入成熟期。其特点是销售量大、产品利润率高、负债比率低，可以为企业提供资金，而且由于增长率低，也无须增大投资。因而成为企业回收资金，支持其他产品，尤其是产品研发投资的后盾。对于大多数消耗产品而言，市场占有率的下跌已成不可阻挡之势，因此可采用收获战略，即所投入资源以达到短期收益最大化为限。收获战略包括以下内容：①把设备投资和其他投资尽量压缩；②采用榨油式方法，争取在短时间内获取更多利润，为其他产品提供资金。对于这类产品中销售增长率仍有所增长的产品，应进一步进行市场细分，维持现存市场增长率或延缓其下降速度。

此外，餐饮企业的正常运行少不了食品本身、服务培训、环境打造、区域设置和售后服务保障五个系统（后面章节会专门阐述），且缺一不可。然而，其中涉及的食品原材料、人员力量、装饰装潢、维修管理和售后服务，每一样也都是消耗产品的一部分，成为产品结构规划中的支出项目，需要在成本控制和具体运营中加以管理。而餐饮管理学院作为新兴的一环，是未来品牌餐饮企业的发展方向之一，它采取创办新型教育机构的办学模式，集合品牌、资源及企业经营管理的优势，以继续教育和岗位培训为主，为推动餐饮企业文化培养和人才素质教育，打造职业化、系统化、网络化、个性化人才和管理队伍。另一个时髦的当属餐饮游学。顾名思义，游学，就是要通过游走、旅游来完成学习的目的，其实根本目的就是通过多走多看，开阔眼界，汲取成功餐饮企业的经验和做法，迸发设计灵感并转化为学习和创新的力量源泉。消耗产品虽消耗成本，但也是一种新的生产力源泉，在成本上如果加以科学合理的控制，它将为企业带来生机和活力，增加向心力和凝聚力。

三、高端产品

现金流少，利润非常高，也就是说量少价高，可提高公司利润率与 VIP（贵宾）客户数量，是企业未来主营产品，这就是高端产品。高端产品是未来的消耗产品，那么如何把高端产品变成消耗产品呢？

答案非常简单：为高端产品注入品牌文化，它就会成为消耗产品。关于产品的文化包装，我们在后面会具体阐述。

有了个性，就有了记忆点。一个餐饮企业的产品结构中不能没有高端产品的设置。高端产品最主要的目的就是满足个性需求，为更高层级消费者的个性需求提供解决方案，在现在的餐饮行业中，更多的表现方式就是 VIP 消费模式。

VIP 是 Very Important Person 的首字母缩写，意思是极其重要的客户。从中我们不难看出，这样的消费群体在一个餐饮企业消费结构中的重要位置，因此，在产品结构模式设计中，需要企业不断引进高端人才，加大研发力度，持续创新开发高端产品，以高品质人性化的设计，为更多的个性化需求提供产品，使消费者不仅获得物质产品的满足，而且从中获得更多的心理满足，从而保持住重要客户，带动餐饮企业经营机制和产品结构的不断优化，增强市场竞争力。

四、奢侈产品

现金流极低、利润极高，数量上呈现“凤毛麟角”的特点，价值与品质关系比值最高的产品，就是奢侈产品，它是企业的顶尖产品。奢侈产品的消费是一种极端高档的消费行为。

在餐饮行业中，奢侈餐饮产品通常是定制式产品、限量供应的服务。在餐饮界，奢侈品的打造需要遵循以下几点：第一，精挑食材。餐饮奢侈品的原材料极其稀缺，不能轻而易举得到，食材要选用国内外的一些顶级的，或某地域具有代表性的食材，这就要求企业有自己独特稳定的供货渠道。比如，西班牙的火腿、欧洲的松露等。第二，极致服务。要有一些不同于同类行业的更为人性化、更为精细的服务，让消费者心理得到极度的满足。第三，足够专业。有全国各地的乃至世界各地的厨师，并通过餐饮游学按时派这些专业技术人才到国内外各地去寻找一些有特色的美食，并熟练掌握美食的烹饪技术，从而更好地呈现给顾客。第四，感觉。不管是用餐前、用餐中间，还是用完餐埋单，都要营造一种感觉，这种感觉是什么样的呢？具体就是用餐前，对去一个高端的场所吃饭，客人一定会有一种期待，用餐中间会享受到精细的服务，用餐完毕埋单的时候一定会痛，就是一种痛并快乐着的感觉，痛是暂时的，而快乐是延续的长久的。

通常，消费者通过奢侈产品的消费来证明身份和地位，它为消费者带来一种荣耀和自豪，产品的本身意义小于心理的消费享受。只有多方面的精专力量融合在一起才能为顾客制作出超出预期的“饕餮盛宴”和最佳服务。

五、延伸产品

延伸产品是现有和潜在产品链延伸的结果，是企业产品结构中除主导产品的另外一种形式，是顾客购买形式产品和期望产品时，附带获得的各种利益的总和。进行产品延伸是为了充分整合现有资源，降低人力和管理成本。

对于现有产品链，应分析产品结构和产业结构的合理性，对主流产品链进行延伸和加强；对于潜在产品链，应重点关注短期内较易实现的产品链，同时考虑能否与区域内其他产业协同发展。且应考虑每一个节点的资源利用形式，改进每一个节点的资源利用率，形成稳定的产品链。那么如何选择延伸产品呢？

第一，依据渠道选产品。看所选产品是否与现有主要产品的销售渠道是一样的，或者相关联的。如果渠道差异很大，那么，渠道资源就不可能被有效利用。由于渠道的多样性，所以选择的延伸产品最好直接适用于现有的渠道。比如，现在拥有最多的是餐饮下游产品精深加工渠道，你就需要选择与此密切相关的产品。

第二，选择互补产品。所谓互补产品是你选择的产品不是与现有经营产品形成竞争的产品。比如你经营的是白酒，那你就可以选择啤酒或者葡萄酒；你经营的是中档白酒，你就可以选择高端白酒。这样的产品与现有产品形成互补，可以扩大单个终端的销售量，并且不会招惹厂家的非议。

选择延伸产品也不能“滥”选，要坚持一定的原则，最重要的是要结合自身实际。只有谋划在前，防范在前，才能获得成功。

六、传播产品

这类产品可能成为企业的现金流产品，需要加大投资以支持其迅速发展，往往带有明星相、曝光度、有口碑和信任度的特点。采用的发展战略是：积极扩大经济规模和市场机会，以长远利益为目标，提高市场占有率，巩固竞争地位。发展战略是由对生产技术和销售两方面都很内行的经营者负责，加强传播产品的组织与管理。

在整个餐饮企业产品发展全过程中，传播产品一般有厨艺展示、餐饮类节目影视传播、项目路演、举办各种比赛、交流大会等方式。

餐饮企业通过加大传播产品的投资力度，可以有效搭建宣传平台，打造品牌文化，提升品牌形象、认可度和信赖感。

七、产品研发

产品研发是指个人、科研机构、企业、学校、金融机构等，创造性研制新产品，或者改良原有产品；不仅指生产新产品，创新产品储备，而且指改良新产品，对现有餐饮产品的持续研发和创造，加强替代品设计和新产品测试。

产品研发受到诸多因素的影响。比如，市场潜力、收益性、可利用的资源条件、考虑开发设计的产品的材质、工艺、便利程度、经济性和环保性、现有的技术水平和生产能力、经销能力、销售渠道、市场的服务能力等。

企业研发新产品，选择合适的方式很重要。选择得当，适合企业实际，就能少承担风险，易获成功。一般有以下四种：

一是独创方式。从长远考虑，企业研发新产品最根本的途径是自行设计、自行研制，即所谓独创方式。采用这种方式研发新产品，有利于产品更新换代及形成企业的技术优势，也有利于产品竞争。自行研制、开发产品需要企业建立一支实力雄厚的研发队伍、一个深厚的技术平台和一个科学、高效率的产品开发流程。

二是引进方式。技术引进是开发新产品的一种常用方式。企业采用这种方式可以很快地掌握新产品制造技术，减少研制经费和投入的力量，从而赢得时间，缩短与其他企业的差距。但引进技术不利于形成企业的技术优势和企业产品的更新换代。

三是改进方式。这种方式是以企业的现有产品为基础，根据用户的需要，采取改变性能、变换形式或扩大用途等措施来开发新产品。采用这种方式可以依靠企业现有设备和技术力量，开发费用低，成功概率大。但是，长期采用改进方式开发新产品，会影响企业的发展速度。

四是结合方式。就是独创与引进相结合的方式。

在餐饮企业的产品研发中，必须一谈的是中央厨房。它是未来餐饮企业发展的风向标和保证品质的撒手锏。基本上采用这样的模式：一是具有巨大的操作间，采购、选菜、切菜、调料等各个环节均有专人负责；二是半成品和调好的调料一起，用统一的运输方式，在指定时间内统一对分店配送。这样不仅能够大大降低配送成本，还方便控制产品质量，保证最终的产品品质。

餐饮企业产品结构的持续调整和优化升级伴随着企业成长发展的全过程，应根据市场变化，有效地运用营销策略，适时调整产品结构，提高市场占有率，力争在多样化市场的竞争过程中立于不败之地。

周期管理：你了解每一款产品都有自己的生命周期吗

有的产品昙花一现，像红极一时的网络口水歌《老鼠爱大米》和《猪之歌》；有的产品经久不衰，像经得住考验的香奈儿 5 号香水、Zippo（之宝）打火机；有的产品不断地更新换代，像 MP3（播放器）、MP4（播放器）到 MP5（播放器），再到一系列智能化电子产品，其实说的就是产品的生命周期。读者可根据图 3-9

请根据您产品的现状，依次在相应的方框内勾选，以便对您产品的生命周期做出初步判断。

市场增长率	一般 □	高 □	到达顶点 □	下降 □	负增长 □
细分市场	几个 □	几个到多个 □	多个 □	很多 □	几个 □
竞争对手	很少 □	很多 □	有所下降 □	非常有限 □	很少 □
盈利情况	负数 □	很高 □	很低 □	对于市场份额高的企业盈利情况则很高 □	低 □
战略目标	刺激主要需求 □	构筑市场份额 □	扩大市场份额 □	维持市场份额 □	收取胜利果实 □
产品策略思考	注重产品质量的提高 □	持续提高产品质量 □	淘汰不好的产品 □	注重特色 □	保持不变 □
产品生产线思考	窄 □	宽 □	取消不理想的产品 □	维持产品线原状 □	减少产品生产线 □
价格策略思考	高价位进入或低价位渗透 □	降价 □	继续降价 □	维持或有选择地降价 □	被迫降价 □
渠道策略思考	广泛选择 □	重点突破 □	继续重点突破 □	再次重点突破 □	有所选择 □
市场交流策略思考	高 □	很高 □	最高 □	高到低 □	低 □
生命周期图	导入期	成长期	淘汰期	成熟期	衰退期

图3-9 产品生命周期判断

判断产品所处的阶段。

产品生命周期如同人的生命一样，都会经历孕育、诞生、成长、成熟和衰亡，是指产品从进入市场开始，直到最终退出市场为止的市场生命循环过程。一般来说，每个产品的生命周期都可分为五个阶段，即导入期、成长期、淘汰期、成熟期和衰退期（见图 3-10）。

图3-10 产品的生命周期

一、导入期——准备土壤“移花接木”

投入市场那一刻，新产品就进入了“导入期”。此时，顾客对产品缺乏直观的认知，只有少数顾客有购买欲望，因此销售量很低。为了提高知名度和扩大市场购买力，企业需要进行宣传和促销，以此培育新产品购买环境所必需的“土壤”，为“移花接木”提供必要的生存条件。这一期间，由于原材料、技术等多方面的原因，产品成本相对较高，生产数量有限，销售额增幅较缓，企业没有利润是家常便饭，出现亏损也在情理之中。这是产品初出茅庐崭露头角的阶段，产品既有实验调试的空间，也有进一步完善和优化的潜能。

王老吉在迈向全国品牌打造的早期，考虑到凉茶是一种广东地方性传统饮品，北方地区对它很难认知，就采用了一种很机巧的做法，即突出“预防上火”这个普遍的中医概念，避开对“凉茶”品类的解释和宣传。它最初在中央电视台的广告，只诉求王老吉是一种预防上火的饮料，而没有出现“凉茶”这个字眼。这是许多品牌都乐于采用的简便做法，它突出了产品的功能，支持品牌在既有饮料消费中作为一种有附加价值的新选择，却无法为品牌在顾客心智中建立长远而稳定的品类立足点。在随后的营销中，王老吉及时对这种做法予以了修正，强调在全国各地市场都要明示自己属于凉茶品类，电视广告上也清晰标示出自己是“王老吉凉茶”，并致力于这一品类的被认知与接受。

二、成长期——精心培育茁壮成长

步入这个阶段，产品在市场上已经具备一定的知名度，拥有数量可观的忠实粉丝，并出现大批量新顾客踊跃尝试，结果促进了企业扩大再生产，使产品市场占有份额迅速扩大，产品利润迅猛增加，实现产销良性循环和产品的茁壮成长。

当然，此时也会有众多竞争者纷纷进入同类产品市场，欲分一杯羹获得几分利。一段时间内，市场上同类产品数量出现骤增的局面，竞争加剧导致产品占领生命周期利润的制高点，随后，企业利润增长速度开始放缓。

这一阶段，王老吉的做法是选择商业餐饮人群为重点传播营销人群，他们经常进食火锅、煎炸和热辣食品，能首先被他们认可，可以表明凉茶确实有去火功效。实践证明，此举非常有效，王老吉因此很容易被消费者了解和接受，并迅速带动了更广人群的消费。同时，那些经常有宴请应酬的商务人士和频繁在外就餐的高收入人员都在饮用王老吉。如今在很多地方，王老吉已成长为主流饮料，人们也不再仅仅把它和餐饮人群挂钩了。

三、淘汰期——久经考验优胜劣汰

同质产品在市场一窝蜂出现，必将在某种程度上混淆消费者视听和购买方向，浑水摸鱼以次充好、粗制滥造滥竽充数者不在少数。但这些产品一经投放市场，就会原形毕露，很快“夭折”。可“真金”不怕火炼，优质产品最终会获得消费者的青睐，树立自己的产品形象，抱得“利润归”，步入生命的下一个周期。

在此，凉茶市场出现了激烈的同质化产品竞争，一系列其他名字的凉茶逐渐涌入市场，与王老吉争夺市场。但是实践证明，王老吉以其品质获得了消费者的青睐。

四、成熟期——春种秋收瓜熟蒂落

经过导入期的迷茫、成长期的辉煌和淘汰期的锤炼后，此时的产品市场占有率已趋向饱和，目标受众的使命基本完成，潜在的顾客已成“凤毛麟角”，产品生命进入理性平稳的成熟期。进入这个区间后，企业开始出现不同程度的产品库存积压或半滞销状态，产品销售进入艰难前行的“沼泽区”，利润开始下滑。因此，为了抢占所剩不多的市场空间，企业可以通过大促销、大降价等五花八门的手段，展开最后激烈的角逐，拼得最后一分利。

王老吉这阶段的做法值得借鉴，它为做大凉茶需求做出了三方面重要的努力：一是演示更多的饮用场合，不论是广告还是软性宣传，或者促销推广活动，均力图告诉顾客，凉茶不仅可以在餐饮场所饮用，还可以在家里、户外、办公室、网吧、酒吧等场合畅饮，是一种适宜大众饮用的饮料；二是结合不同区域或人群特点，提示日常生活中易“上火”的情况，像沿海湿热、北方吃烤肉、上班族熬夜等，倡导凉茶饮用，培育更广的品类消费习惯；三是展开类似“冬季干燥，怕上火喝王老吉”的推广活动，深入到社区、商务区等场所，宣传凉茶不只是适合暑期饮用，而是四季相宜的饮料。这些工作极大地开启了凉茶品类需求，也推进了王老吉品牌持续高速发展。

五、衰退期——日月更替旧貌换新颜

随着市场经济和新技术的发展，新产品将逐步代替旧产品，出现在市场和人们的视野当中，在价格、功能等因素趋于性价比更优时，顾客自然而然地转向新产品或更新换代的产品，这样的结果是产品进入了衰退的老年期，产品的销售额和利润额迅速下降，最终支撑不起产品成本付出，市场生命面临终结。

对于王老吉来说，虽然它代表了凉茶这个品类，但带有广东地方特色的凉茶很难为全国消费者认识和接受。此外，人们一直把凉茶当成药饮，这必然导致王老吉无法取得更大的突破。这阶段我们看到它投入了巨大资源，力图塑造“轻松、自我、叛逆、梦幻、时尚”的品牌形象，把企业活动纳入到营销“预防上火的饮料”上来，然而，如果没有事先创造出大量消费者购买这个事实，此口号只能是自言自语，这个形象也只是企业的一厢情愿。相反，如果王老吉从餐饮领域突破，成为华人喝得最多的饮料，并在全球通行的可乐、咖啡、乳品和水饮料之外，为世界增添源自中国的凉茶品类，人们自然会赋予它带有东方色彩的形象，其销量也将再创辉煌。

在企业的经营过程中，企业决策者应对企业产品生命周期加以策略性管理，随时分析企业产品结构是否合理和优化，并且根据市场的变化及时做出正确调整，适时地进行产品结构调整，以及不断涉足新的行业领域，拓宽产品范畴，实现产品结构的合理性，促进企业拥有持续生命力。这就是我们下面要提到的产品生命周期管理。

产品生命周期管理是产品结构规划调整的一种策略，是告诉企业如何利用最有效的方式和手段来规避风险、降低成本、增加收入和树立品牌。主要从三个方面展开。

一是延长现有产品的生命周期。

一般来说，一个产品的生命周期是有限的，品牌产品的生命周期，一般是不规则多样化的，可以通过增强生命力延长产品周期。企业可以通过打造品牌延长产品的生命周期。最有效的办法是重视人才和技术储备，改善产品品质，寻找新的细分市场，改变广告宣传的重点和适时降价等。品牌知名度高的，其生命周期就长，反之亦然。像国际知名品牌可口可乐百年来一 直广受欢迎。

二是注重现有产品的更新换代。

掌握和控制新产品开发的时机已成为产品更新换代的关键，对产品结构调整具有决定性意义。企业通过不断开发新产品、剔除衰退产品，做到“生产一代、研制一代、预研一代”的产品更新换代循环。它的目标之一就是保证前一代产品处于成熟期时，下一代产品就已开发研制成功并投放市场，即进入导入期，如同长江后浪推前浪，滚滚向前。

三是抓住时机进行产品结构战略调整。

一个企业不能只生产某一种某一类的产品。产品有生命周期，产品族也有生命周期。我们确实可以采用上述两种方法，提升竞争力和经济效益。但对于一个优秀企业管理者来说，不仅要考虑单一产品和单一领域的产品生命周期，而且更重要的是必须研究企业整个产品群的生命周期，要懂得“登高而招，臂非加长也，而见者远也”的道理。当一类产品的生命周期处于成长后期时，应进行战略转型，探索新领域，研制新主业。

在企业产品生命周期管理过程中，存在着诸多不确定性和无法预料的困难，如技术和人才的流失、研发费用和成本增加、市场及客户培育期限等，这些都使得企业时时承受着巨大风险和心理磨难。在未来发展中，企业应努力做到：投入市场的产品必须有针对性，产品结构调整把握必须符合战略性和时机性。基于此，才能离成功更近一步。

第四章

产品文化

——如何让你的产品更具人文情怀

有人说，现在的企业，卖的不是产品，而是情怀、文化。餐饮企业的文化战线相较于其他行业更好做，但也不是简简单单讲故事那么容易。让产品穿上文化的外衣，起码要有产品包装、经营策略、销售定位、战略规划和立体运营五个步骤。

产品包装：没有文化的产品就是裸价

众所周知，中餐菜品中，用乳鸽做的脆皮烧乳鸽被称为“喜鹊迎春”；用鹌鹑、菜心做的甜食被称为“大地回春”；用鸡和虾做的玉树麒麟鸡被称为“龙凤呈祥”；用莲子、百合做的甜食被称为“百年好合”；用鲜菇、青菜做的鲜菇扒菜胆，被称为“福寿双全”；用榆耳、竹笋做的菜品被称为“祝君如意”；用带子、果仁、雀巢做的菜被称为“满载而归”等。这些意图美好、喜庆吉祥的菜名与民俗文化巧妙地融合在一起用以烘托餐饮主题，适时地运用会给宾客带来极大的心理满足和精神上的愉快。

此外，喜庆宴席上的“孔雀开屏”、寿宴上的“松鹤延年”、婚宴上的“龙凤呈祥”、表达美好祝愿的“骏马奔腾”等菜品，在构图上讲究虚实结合，在造型上既重形似，也重神似，能够激起宾客的共鸣与感动，这些艺术内涵丰富的菜品不仅给人以口福，也给人以眼福，极大地活跃了餐饮气氛，给人以美的享受。

其实，无论是菜名的包装，还是造型的设计，都是对产品进行文化包装的一个方面。产品包装意义非凡。我们通过一个例子来感受一下。

一直以来，红星二锅头都是大众好酒的代名词，自 1949 年问世以来，至今已有六十多年历史，以甘烈醇厚、价位低廉赢得了普通大众青睐。仅售五六元的红星二锅头长期稳坐北京地区低端白酒市场第一把交椅。

近几年，红星公司推出了文化底蕴深厚、品位高雅的红星珍品系列二锅头，一瓶红星青花瓷珍品二锅头在市场上的销售价格高达二三百元，成为北京高档白酒的经典代表，使红星二锅头第一次走进了中国高端白酒市场。

同为红星产品，一个五六元，一个二三百元，差距如此之大，究竟为何？

不可否认，其中市场发展、工艺、成本等方面确实具有重要影响，但有一点是至关重要的，又是不容忽视的，那就是产品的文化包装。五六元的红星二锅头因使用传统简单的容器包装，缺乏文化内涵，产品价值只能是产品本身的裸价。而红星青花瓷珍品二锅头经过中国古代文化精华元素在外观和内涵上的精心包装后，改头换面，身价倍增，在创造了优异的经济效益的同时，还提高了公司形象、产品形象和品牌形象，使得红星二锅头单一的低端形象得以彻底颠覆。

你看，产品包装就是有这么神奇的力量，能让“丑小鸭”变“白天鹅”，不仅成为“颜值”担当，还是内涵代表。其实，顾客购买产品时，首先会通过包装判断产品的价值，而对价值的判断不仅仅是从审美的角度，而是通过包装所传递出的满足或认同信息来实现的。因此，对于一个产品来说，包装不仅能够有效增加外在有形部分的使用价值，还能使无形附加价值得到最大程度的提升，最终通过有形无形的双重作用，实现产品价值和利润的最大化。有形产品的价值是有限的，而无形产品的价值却是不可估量的。

产品的文化包装是产品文化的一个方面，是企业文化的直接体现者，其打造必须建立在企业文化基础之上，与企业理念、愿景规划、文化奠基、品牌文化演绎和团队文化培育等共同构成了打造企业文化的整体系统。

通过打造六面墙——导师能量墙、品牌文化墙、客户加持墙、名人激励墙、明星员工墙、价值观墙来建设企业文化，对产品文化的打造具有基础性和指导性

将企业打造成一个能量场，落地企业文化，您需要：

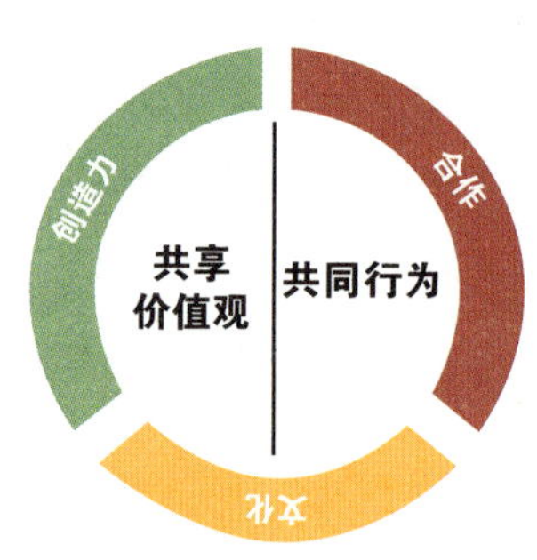

营销3.0背景下的共享价值观与共同行为

请根据您公司的实际情况填写	
导师能量墙	您的品牌导师是
品牌能量墙	您的愿景、使命、价值主张是
客户加持墙	您的客户与伙伴是
名人激励墙	激励您前进的名家大师是
明星员工墙	您的核心团队是
价值观墙	指引您团队的核心精神是

图4-1 企业文化落地六面墙

意义（见图 4-1）。

当前，各行各业都在借企业文化和产品文化的东风大力抢占市场，其中制造业、食品加工业做得有声有色，餐饮业则稍逊风骚。

我国餐饮企业文化兴起于约 20 世纪 90 年代，至今还没有形成理论体系。但是在经营实践中，餐饮界管理层已经认识到餐饮企业文化和产品文化建设的重要性。宏观来说，餐饮企业产品文化的打造，应该做到以下几点（见图 4-2）。

图4-2 企业产品文化打造

一要有核心价值观。

一个企业、一个产品必须具有核心价值观，没有它，如同树没了根，房没了梁。价值观深深根植于企业内部和产品本身，它不分时空时刻引领产品经营的一切活动，在某种程度上，它的重要性甚至超越了战略目标。它需要定位准确，保持特色，最佳体现产品个性。消费人群是通过产品带来的核心价值观对产品认同产生共鸣，从而保持忠诚度和持续购买欲望的。

二要有发展愿景。

一个产品到底发展到何种程度才能使企业利润和消费群体满意度最大化，是产品存在和发展的最基本原因。没有发展愿景和盲目的愿景规划，都会导致产品生存危机。餐饮产品要根据企业自身实力和条件，设定合理的目标和发展愿景，这样才有现实意义，才能为产品发展提供前行的能量和方向，不至于盲从、跟风、迷失方向。

三要有品牌文化。

基于核心价值和发展愿景诞生的品牌文化才具有强大的生命力，产品的品牌文化对于产品本身，就如同水之于鱼，不可或缺，是产品的灵魂。产品通过品牌文化提升价值空间，反过来价值提升又作用于品牌文化，有形的产品与无形的品牌力量形成良性循环，互相作用，像滚雪球，越滚越大。它带给产品的是持久的力量，小到一盘鱼香肉丝大到一个店面甚至整个企业。在甲店，消费者感受到的是地道川菜、川菜文化和四川民俗，在乙店，感受到的只是肉丝与胡萝卜丝等食材的配比组合。餐饮产品的品牌文化打造使甲、乙产品之间有了天壤之别。

四要有优秀的团队。

它不仅是优秀领导和人才集合的象征，是执行力和管理能力的象征，也是拥有共同目标和价值信仰的象征。企业应该集中力量打造优秀团队，并通过培训和学习增强团队能量和人员素质，从而服务于产品文化建设。做团队就需要有强大的凝聚力，无论什么情况，都是一种声音，心往一处想，劲往一处使，这样就会取得事半功倍的效果。

五要有同行激励。

同行的激励和压力也是一种前进的动力。肯德基和麦当劳同为快餐领域巨头，它们的产品同质化问题非常严重，在大众消费视野中呈现出“差不多”的评价状况。然而，在中国，肯德基却将麦当劳抛在了后面。除去其他因素不说，肯德基为与麦当劳形成差异化的产品文化和营销理念，做出了各种市场调研和实践努力，最终因毫厘之差造成两者效益和市场占有率的千里之距。这里，不可否认竞争的力量，不得不提麦当劳对肯德基的激励作用。

总之，产品文化的打造，无论是进行文化包装，还是概念营销，都要跟随企业文化的脚步和底蕴展开。产品若没有文化包装，只是裸价；品牌若没有文化演绎，只是商标；团队若没有文化培育，只会变成一盘散沙；企业若没有文化奠基，只会被市场淘汰。

经营策略：了解餐饮消费者的心理和动机

餐饮行业依靠的主体是什么呢？不言而喻，是消费人群。

每个餐饮品牌的成功运营，必须理解并掌握消费者的心理，为消费者提供满意的产品和服务。如果能持续获得消费者支持，就不担心没有市场竞争力。而餐饮消费者的行为是受特定的心理和动机支配的，很少具有随机性和冲动性。而且在不同的或是相同的消费环境中，餐饮消费者的消费念头和行为模式也是不一样的。

在现代餐饮消费者的消费过程中，生理性消费动机只是餐饮消费者动机体系中的一小部分，随着社会发展和个人经济能力的提高，其影响也在减弱，而心理性消费动机在消费中所起的作用日益增强并逐渐成为消费的主导力量。比如，某些顾客就餐时，愿意选择卫生条件好、服务态度好、内部设施好、菜点质量好的餐厅就餐。在这样的消费环境中，顾客不仅简单地满足其生理需要，重要的是能得到良好的服务、产生自豪感等。

所谓心理性消费动机，是由餐饮消费者的认识、情感、意志等心理活动过程引起的消费动机。餐饮消费者在决定就餐之前，经常伴随复杂的心理活动。心理活动的结果，往往就决定了顾客消费什么、在哪里消费、什么时间消费等。一般来说，心理性消费动机可分为以下几种（见图 4-3）。

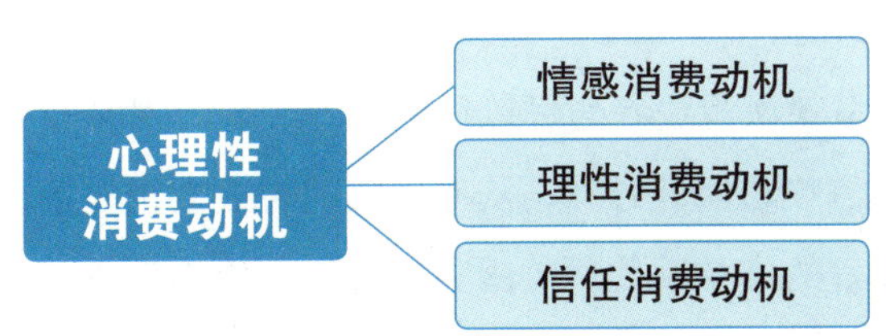

图4-3　心理性消费动机

一是情感消费动机。

情感消费动机是指由餐饮消费者的情绪和情感变化引起的心理性消费动机。餐饮消费者的情绪和心理状态往往影响着他们的消费行为，分为情绪消费和情感消费。在特定的消费环境刺激下，餐饮消费者可能瞬间就作出消费某菜品或放弃某菜品的决议，餐饮产品反映到人的心理上，可能是视觉、嗅觉、味觉的刺激，也可能是环境、服务、气氛的影响。在此，如果能很好地掌握餐饮消费者的情感动机，服务员就可以充分发挥自己的推销才能，迎合消费者的情绪变化进行有针对性的服务，为企业留住顾客，获取利润。如在餐厅服务中，为远道而来的朋友接风洗尘设宴，举办家人庆祝诞辰、婚庆满月宴、新年合家团圆宴等。这些消费行为基本是由情绪动机所引起的，看到客人聚餐正在兴头上，服务员就应当适时主动询问是否需要添酒加菜。这样，既能够触发顾客的情绪动机，又能让顾客感受到温馨服务。

由情绪动机引起的消费行为往往带有冲动性，具有不稳定的特点，多表现在青年消费者身上，它会随着餐饮消费者情绪的变化而变化。而由情感打动引起的消费行为，则具有相对的稳定性和深入性，更能反映出餐饮消费者的精神面孔和心理状态。

二是理性消费动机。

理性消费动机是建立在餐饮消费者对餐饮企业产品和服务的客观认识基础之上的，是经过同类行业产品和服务的分析比较之后而产生的消费动机。此种消费动机具有客观性、周密性和可掌握性。

受理性动机支配的餐饮消费者，一般都比较注重菜点和服务的实际质量和效用，即需要什么就消费什么，不易受到外界因素的影响而改变自己的餐饮消费行为。更多的情况是，他们的消费要求是：服务收费标准适宜，服务态度热忱周到，消费环境干净优雅，通常体现在性格稳重、具有一定文化修养的消费者身上。比如，顾客是想来尝海鲜的，那么他就会特别注意你所提供的海鲜质量、种类及加工服务，且消费价格不能超越他的预算。

三是信任消费动机。

信任消费动机是餐饮消费者通过以往的消费经验，对某一饭店或某一菜品产生了特殊的情感、信赖和偏好心理，从而形成的习惯性重复消费的行为。一个餐饮企业如果具备良好的信誉、优质的服务、公正的价格和方便的地点等因素，餐饮消费者就会在消费经验的基础上，对这一企业产生信任感，从而引发信任动机，成为忠实顾客。如广州“幸运楼海鲜酒家”连锁店之所以“幸运”的秘诀，就在于其地理环境好、交通方便、优良的出品和公道的价钱。

具备信任动机的餐饮消费者是饭店牢靠的支持者。他们不仅自己时常光顾消费，而且还会自发地进行宣传和推广，他们本身就是企业的“民间代言人”和“移动传播者”。即便企业在服务工作中出现某些失误，他们也能给予充分谅解。所以，餐饮企业能否在消费者当中建立信任，激发信任消费动机，是经营成败的要害。为此，每个饭店在服务过程中，都应重视研究其在市场经营上的努力方向，不断创造服务特点，保留与其他企业的差别，创造独到之处。

当然，对于顾客心理性消费动机的引发，不仅受到主体自身所具有的个性心理特点的影响，而且还受到主体所要消费的产品、价格、广告、餐厅环境、服务态度等方面的制约。通过运用各种营销手段和方法，向顾客提供有关产品信息和资料，对消费心理进行引导，可以使顾客消费动机得以强化，对产品产生喜欢倾向，从而做出消费行为。

在现代市场环境中，一般的餐饮消费心理呈现出以下几种规律。

1. 餐饮消费者对餐饮产品的认识过程、情绪过程、稳定过程是融合与统一的

例如，餐饮消费者在就餐时对餐厅环境、菜肴外观与质量以及餐厅服务人员态度等，通过视觉、听觉和嗅觉等感觉器官的感知过程产生心理效应。

2. 餐饮消费心理活动具有普遍倾向

例如，对饮食产品需求动机普遍存在着追求价廉物美，求新求异，求美趋时等心理倾向。

3. 餐饮消费者需求动态及消费心理推动餐饮产品变化趋势

顾客对未来餐饮产品的口味、品种、价格、品牌、广告、餐厅环境及功能设置等要求和心理愿望，客观推动了餐饮企业不断推出系列新品种，不断加强中西饮食文化互融。

4. 餐椅文化的心理影响

例如，时尚餐饮产品、创新菜品、餐饮广告、餐饮营销方式、产品品牌、价格、包装、餐厅内外环境布局与设计、企业文化、员工形象设计等，都对顾客的消费心理有影响。

掌握了消费者心理活动规律，就可以大体上掌握不同消费者的心理动机，对具体的产品和服务定位、指导企业经营策略产生积极的意义。作为餐饮人来说，

就需要有以下两点认识。

1. 倡导个性化营销理念

把握好营销“三要素”：把品牌搞得有声有色，把人物演得有血有肉，把产品玩得有滋有味。要想达到这样的效果，就要做好服务。首先，无论顾客需求层次如何变化，有一点是相同的，那就是希望所点菜式符合胃口，服务周到。因此餐饮企业要为所有顾客提供最佳的环境、最优质的服务、最好的产品和最实惠合理的价格。其次，餐饮企业要根据餐饮顾客在习俗、收入水平、文化程度、审美情趣、宗教信仰、性别年龄、消费目的、性格气质、能力素质等方面存在的多层次性，提供个性化服务。要根据经营服务理念和档次建立高、中、低档的合理配套，服务方法也要有所区别，不可千篇一律，不能以固定僵化的模式对待所有的顾客。

企业要借助各种营销手段，进行有效诱导，将饭店的经营内容、特色、价格等信息传递给顾客，吸引其注意力，以灵活性和创造性的超常规服务，满足不同层次顾客的不同需求。这样，消费者的消费动机就会从无到有，从弱到强，实现经营策略。以餐饮企业供应的菜式为例，如图 4-4 所示。

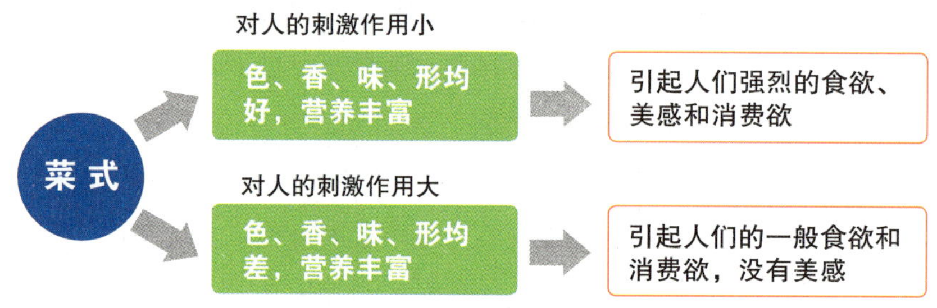

图4-4 餐饮企业供应的菜式

2. 方便购买、交流

现代市场营销更注重“以顾客为中心”的经营指导思想，以顾客满意为一切经营活动的导向和落脚点。因此，餐饮企业必须充分考虑是否方便消费者购买的问题，在企业的选址和确定上，要选择交通便利、环境安全、近于写字楼等人流集中的中心地带，并要积极采取线上线下融合的销售方式，联合外卖和各类网站推出新型服务，从而更加符合消费者的心理和动机，更方便消费者的购买与信息反馈，形成良好的销售模式，获得经济效益。

古语有云：“知己知彼，百战不殆。”谁能了解消费者的心理和动机，并运用到经营策略中，那么这个企业就不会在俘获消费者的“芳心”上输给任何竞争对手。

销售定位：以客户为中心做好目标市场

现代市场环境下对销售的理解，可谓仁者见仁，智者见智。我们销售产品，一定要以满足顾客的需求为前提。没有需求而发生的销售，更多的是一种强卖或欺骗的行为，它违背了销售的本质。所以我们在销售工作中，要着眼于以顾客的需求为中心，用我们的产品或服务定位去满足这种需求。

定位是20世纪70年代美国的两位营销专家艾·里斯和杰克·特劳特提出的概念。

销售定位就是通过发现顾客不同的需求，合理定位，并不断地满足它的过程。因此，确定目标消费者，以客户为中心展开各种工作才是销售定位的重心。目标市场营销包括细分市场和选择目标市场。前者做法是按市场划分不同的顾客群，明确不同的细分市场，勾勒出细分市场的轮廓，为具体营销提供决策依据；后者是制定衡量细分市场吸引力的标准，选择一个或几个要进入的市场。无论哪种市场选择，都必须以产品定位切合顾客需求为中心而展开。这样可以有效地发展市场营销战略，提高市场占有率，使企业用最少的经营费用取得最大的经营效益。

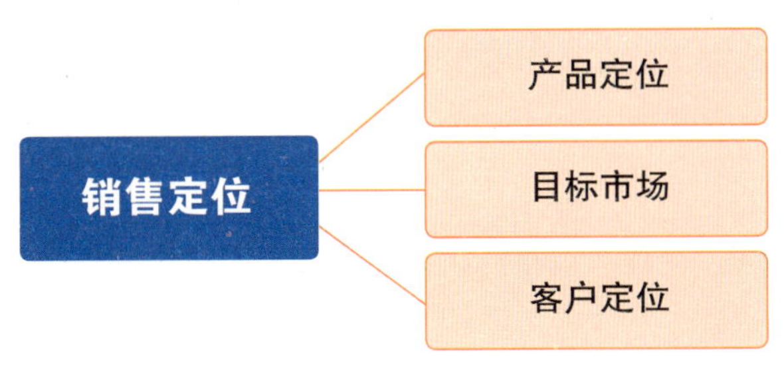

图4-5 销售定位

下面，我们就从产品定位、目标市场和客户定位三个方面来具体阐述一下如何做好销售定位（见图 4-5）。

一、产品定位

产品定位是市场定位的第一步，为了取得强有力的地位，企业必须围绕其产品做文章，务必使自己的产品与市场上所有其他的同类产品有所不同，让它看上去好像是市场上“唯一”的。与其他同类产品的差异，越多越好，但也不一定非要在几个方面同时表现出差别，仅在一个方面有所不同就行了，如“低价格”“高质量”“技术领先”等。

产品定位的步骤，首先是识别竞争性产品，决定产品市场空间的特殊属性；其次是确定区域市场的人口分布、经济状况、消费习惯、购买特点，检验竞争性产品定位、自己产品的定位、目标消费群体需求的产品定位；最后是创造差异性，选择最佳定位。

一般说来，企业无法为一个广阔市场上的所有顾客服务。在市场上由于许多因素的影响，不同的消费者通常有不同的欲望和需要，因而有不同的购买习惯和购买行为。因此，企业营销可以根据已定的产品定位确定目标市场，定位目标顾客，并在认定的目标市场采用“田忌赛马”策略，用自己的优势与别人的劣势竞争，形成吸引力和竞争力，从而为消费者提供最有效的服务，在目标市场上确立自己的经营优势。

二、目标市场

当下，目标市场营销、顾客中心理论已为越来越多的企业所接受，它能帮助企业更多地识别市场营销机会，为每个目标市场提供适销对路的产品。实施营销和销售过程中，企业必须定位好目标顾客市场，把重点放在最有潜力的顾客身上，并制订相应的产品计划和营销计划，避免分散营销和销售力量。具体执行中，一方面，企业可以按照目标市场需要变化及时地、正确地调整产品结构，使产品适销目标对象；另一方面，企业可以相应正确地调整和安排分销渠道等，使产品在目标市场发挥最大的能量。常见的方法有三个：

（1）单一市场。最简单的方式是企业选择一个细分市场集中营销产品，通过大力营销，树立声誉，获得消费受众，巩固市场地位。

（2）选择专门化。企业采用此法选择若干个细分市场，其中每个细分市场在客观上都有吸引力，并且符合企业的目标和资源实力，通过作用叠加，吸引目标顾客，达到销售目的。

（3）产品专门化。企业集中生产一种品牌、产品，并向目标受众销售这种产品，满足特色需求，树立目标市场品牌形象，例如，菜式上的鲍、翅、燕及法式鹅肝等，公司通过这种策略在某个产品方面树立起属于自己的声誉。

三、客户定位

在产品定位和目标市场定位的基础上，企业应集中使用人力、物力、财力等有限的资源，将“好钢用在刀刃上”，集中优势力量攻破目标受众定位堡垒，最终获取效益最大化。

不得不说，定位营销的一个关键点就是根据消费者的心理与购买动机，寻求消费者不同的购买差异，从而使产品定位、目标市场与顾客三者达到高度融合与统一，实现销售目标。因此，深入了解和掌握影响顾客心理需求与购买动机的因素，对实现营销目标和发展起着重要作用。其影响因素主要有。

（1）消费者的价值心理，即通过产品或服务消费能够满足其名誉、地位等的心理需求。

（2）消费者的规范心理，即顾客接受的营销方式要符合其道德行为准则。

（3）消费者的习惯心理，即能够迎合顾客的日常行为、消费习惯。

（4）消费者的身份心理，即彰显身份或地位的心理。

（5）消费者的情感心理，即影响顾客情感取向的心理动机。

不论哪家餐饮企业，都要针对消费者的心理需求与购买动机，根据不同顾客的不同特点，具体问题具体分析，准确定位，“投其所好”，这样的营销模式才有可能取得成功。

根据苏联心理学博士巴甫洛夫的高级神经活动类型学说，可以将消费者划分为四种类型：活泼型、安静型、兴奋型、敏感型（见图 4-6）。

（1）活泼型。顾客消费者一般表现为活泼好动、反应迅速、善于交际，但兴趣易变，具有外倾性。他们常主动与服务人员攀谈，并和服务人员成为朋友。他们在点菜时往往过于匆忙，不考虑后果，于是过后又想改变主意退菜。他们喜欢尝新、尝鲜，但又很快厌倦。他们的想象力和联想力丰富，审美感较强。他们的行为易被感情所左右，也易受环境影响。

销售对策：同这类顾客交往，不能不理睬他们，要满足他们爱交际、爱谈话的需求，但与他们谈话时不应过多重复，否则易引起他们的反感。服务员应主动正面介绍有关情况，满足他们喜欢活动的特点以示关心。在点菜时，应提供各种信息，为其当好参谋，取得信任好感，遇到他们改变主意退菜应尽可能满足要求。

（2）安静型。通常表现为安静、稳定、克制力较强，很少发脾气，沉默寡言，态度持重，交际适度，他们有惰性，不太灵活，喜欢清静、熟悉的就餐环境；他们不易受感动，也不易受媒体、广告和服务员现场促销干扰，对各类菜式喜欢加以比较后，才确定点菜。

销售对策：领位服务时，应尽量安排他们在较为安静的座位。点菜服务时，尽量向他们提供熟悉的菜式，还要顺其心愿，不要过早阐述自己的建议，不可强人所难，点菜可复述，服务语言要慢，不要过多地与其攀谈，因为他们不喜欢服务员的过分热情，所以服务员应掌握“度”与“火候”。

（3）兴奋型。这类顾客一般表现为热情、开朗、直率、精力旺盛，但容易冲动，性情暴躁，易发火，自制力差，一旦被激怒，就不易平静下去。具有外倾性，他们点菜迅速，不加考虑，易被传媒所“俘虏”。喜欢品尝新式菜肴，但在就餐时和结账时往往显得非常不耐烦，处世粗心，易遗失钱包等。

图4-6 消费者类型

销售对策：点菜服务时，尽量推荐新式品种，主动现场促销，注意不要激怒他们，万一出现矛盾应避其锋芒，不要计较他们有时不顾后果的冲动语言，在上菜结账等环节服务要尽可能迅速，就餐结束后适时提醒他们不要遗忘物品。

（4）敏感型。顾客一般表现为情感深厚，沉默寡言，不善交际，对新环境、新事物难适应，缺乏活力，情绪不够稳定，遇事敏感多疑，言行谨小慎微，内心复杂，感情脆弱，易于激动、消沉。

销售对策：领位时尽量把他们安排在清静处，如临时需调整餐位一定要讲清原因，以免引起猜疑和不满，服务时应注意要十分尊重他们，服务语言要清楚明了，不引起误会，在听候他们吩咐事情时要耐心，应尽量少在他们面前谈话，绝对不能与他开玩笑，以免引起猜疑。

销售定位，是产品定位、目标市场定位、受众定位三者有机统一的综合体现，其中以产品为基础，市场为导向，受众为中心，这样，销售的力量才是有效的、有力度的，企业的战略规划和理念愿景才会通过实际的产品销售和受众的购买得以实现。

战略规划：为产品与系统做好决策保障

随着中国市场的日益国际化，外资品牌的大举涌入，市场竞争压力愈来愈大，而消费者的需求日益个性化。同时，资源的有限性、稀缺性给中国企业管理者们带来了前所未有的压力与挑战。于是，中国的企业管理者们在寻求企业发展的最佳路径，纷纷研究并制定企业的战略规划，一时间，企业战略成了中国企业家们讨论的热门话题。

然而，很多企业虽然制定了清晰的、独特的、与企业自身资源配置及外部环境相匹配的战略，可最终往往效果不佳，未能如愿。究其原因，其实就像《财富》杂志总结 CEO（首席执行官）们为什么会成功或失败时写到的那样：“人们通常错误地认为，只要制定正确的战略就可以超越竞争对手。实际上，在竞争中战略的作用还不到一半。在大多数情况下，我们估计有 70%的问题不是战略不好，而是执行不力。”另据一项关于战略管理的研究报告显示：“企业仅有 5%的员工能理解战略；85%的高层每月花不到一个小时的时间讨论战略；60%的企业都没有将预算与战略相链接；只有 25%的经理人会用战略激励员工；超过 72%的 CEO 认为成功执行企业战略远比制定战略要难得多。”

所谓战略规划，就是制定组织的长期目标并将其付诸实施，犹如迷雾中的灯塔，为企业这只航船指明前进的方向，为企业的产品、服务与各系统运营提供决策保障。企业的战略规划决定了企业的业务、市场营销目标、经营观念、企业目标、企业形象、外部环境评估、企业可能机会以及与企业任务相一致的可行发展方向等。重点包括提升产品和服务质量、开拓新市场增加产品种类变化、加快产品或服务更新换代等方面。

战略规划制定一般分为三个阶段：第一阶段就是确定目标，即企业在未来的发展过程中要达到的目标，每一个目标必须具体、明确，具有可行性、可测量性，并和其他目标相一致；第二阶段就是要制定这个规划，当目标确定了以后，考虑使用什么手段、什么措施、什么方法来达到这个目标，这就是战略规划；最后，将战略规划形成文本，以备评估、审批，准备修正。

制定好一个战略规划之后，如何执行，才是战略规划的主要内容。也只有将规划落实到执行力上，在组织内进行战略沟通，让组织内的每一个人了解战略、理解战略，实现战略目标的统一，才能对产品定位、价值观、核心品牌、包装策略、营销、广告等提供依据，才能对饮食产品、服务产品、环境产品、公共区域和售后服务五个系统提供保障，为企业长远发展提供不竭动力。

如何有效执行企业战略呢？一项管理实践调查发现，被调查的 60% 的美国公司、50% 的欧洲公司、超过 70% 的新加坡公司、超过 40% 的澳大利亚公司称它们正在使用平衡计分卡来建立战略中心型组织执行其企业战略。那么在中国呢？现在已经实施平衡计分卡的企业和有兴趣实施平衡计分卡的企业队伍也正在不断壮大，而且平衡计分卡已被《经理人》评为现今五大最佳管理工具之一。

那么平衡记分卡是从哪些角度来衡量企业的呢？主要有以下四个角度（见图 4-7）。

图4-7 衡量企业的四个角度

（1）财务角度。企业经营的直接目的和结果是为股东创造价值。尽管由于企业战略不同，在长期或短期对于利润的要求会有所差异，但毫无疑问，从长远角度来看，利润始终是企业所追求的最终目标。

（2）客户角度。即如何向客户提供所需的产品和服务，从而满足客户需要，提高企业竞争力。客户角度正是从质量、性能、服务等方面，考验企业的表现。

（3）内部流程角度。即企业是否建立起合适的组织、流程、管理机制，在这些方面存在哪些优势和不足。内部角度应从以上方面着手，制定考核指标。

（4）学习与创新角度。企业的成长与员工能力素质的提高息息相关，企业唯有不断学习与创新，才能实现长远发展。

然而，虽然很多公司称它们都在运用平衡计分卡，但事实上它们只是把它用作绩效考核系统，而非作为提高企业战略执行力、创建战略中心型组织的战略管理工具，所以它们的实施通常是失败的。平衡计分卡作为一个战略管理框架，帮助企业搭建了一个战略管理的基础平台，应将工作重点放在对企业经营成功至关重要的领域，让每一个业务单元、员工统一对目标的认识，有效协调目标的一致性，使其齐心协力，共同致力于组织战略目标的实现。这样的战略管理行为才是有效的。

平衡计分卡这一管理工具的创始人——卡普兰和诺顿博士，不断总结全球企业实施平衡计分卡的成功经验，将平衡计分卡的实施概括为以下七个步骤：

（1）建立远景与战略，远景与战略要简单明了，并对每一部门均具有意义，使每一部门可以采用一些业绩衡量指标去完成企业的远景与战略。

（2）成立平衡计分卡小组或委员会去解释企业的远景和战略，并建立财务、顾客、内部业务、学习与成长四类具体的目标。

（3）为四类具体的目标找出最具有意义的业绩衡量指标。

（4）加强企业内部沟通与教育，利用各种不同沟通渠道，如定期或不定期的刊物、信件、公告栏、标语、会议等让各层管理人员知道企业的远景、战略、目标与业绩衡量指标。

（5）确定每年、每季、每月的业绩衡量指标的具体数字，并与企业的计划和预算相结合，注意各类指标间的因果关系、驱动关系与连接关系。

（6）将每年的报酬奖励制度与平衡计分卡挂钩。

（7）经常采用员工意见修正平衡计分卡衡量指标并改进企业战略规划。

中国企业重视绩效评价是最近几年的事。平衡计分卡作为一种全新的绩效考核方式，已为世界众多知名公司运用。国内目前已有众多专家、学者、企业界人士讨论平衡计分卡的推广与运用问题。虽然平衡计分卡模式的观念已经具有一定的普遍性与实际效果，企业通过采用平衡计分卡而脱胎换骨的例证也时有所闻。然而，实施平衡计分卡仍是一项大挑战，需要投入相当的成本与力度。在实施过程中，要注意如下各方面的问题：

1. 切勿照抄照搬其他企业的模式和经验

实践证明，只有将平衡计分卡的原理与企业的具体情况相结合，才能发挥平衡计分卡的功效，不能简单地模仿其他同行或企业。因为不同的公司有不同的背景和战略规划，所以各自平衡计分卡的目标及其衡量指标也不同。即使相同的目标也可能采取不同的指标来衡量。总之，每个企业都应开发具有自身特色的平衡计分卡，如果盲目地模仿或抄袭其他企业，不但无法充分发挥平衡计分卡的长处，反而会影响对企业战略实施和业绩的正确评价。

2. 提高企业管理信息质量的要求

与欧美企业相比，我国企业信息的精细度和质量要求相对偏低，这会在很大程度上影响到平衡计分卡应用的效果。因为信息的精细度与质量的要求度不够，会影响企业实施平衡计分卡的效果，如导致考核指标过于粗糙、不真实准确、无法有效衡量企业的经营业绩等。此外，由于无法正常发挥平衡计分卡的应有作用，还会挫伤企业战略实施的积极性。

3. 正确对待投入成本与获得效益之间的关系

在实施平衡计分卡的时候，关键的问题一定要清楚，非财务指标的改善所投入的大量投资，在可以预见的时间内，可以从财务指标中收回，不要因为实施几个月没有效果就失去信心，应该将眼光放得更长远些。

4. 平衡计分卡的执行要与奖励制度结合

公司中每个员工的职责虽然不同，但使用平衡计分卡会使大家清楚企业的战略方向，有助于群策群力，也可以使每个人的工作更具有方向性，从而增强每个人的工作能力和效率。为充分发挥平衡计分卡的效果，需要在重点业务部门及个人等层次上实施平衡计分，使各个层次的注意力集中在各自的工作业绩上。这就需要将平衡计分卡的实施结果与奖励制度挂钩，注意对员工的奖励与惩罚。

一个美好的愿景，一个科学长远的战略规划，在一个个措施的实施过程中慢慢实现，对大多数企业来说是一种生生不息的动力。企业战略系统建设本身就是一个长期的过程，它需要在成长中不断完善，在完善中逐渐发展壮大，在壮大中树立品牌形象提高竞争力，从而使企业在市场中立于不败之地。

立体运营：五大系统打造贴心服务

美国著名社会心理学家亚伯拉罕·马斯洛在1943年出版的《人类激励理论》中提出了“马斯洛需求层次理论”，他将人类需求像阶梯一样从低到高按层次分为五种，分别是生理需求、安全需求、社交需求、尊重需求和自我实现需求。其中生理、安全和情感上的需求都属于低一级的需要，通过外部条件就可以满足；尊重和自我实现的需求是高级需求，通过内部因素才能满足。某一层次的需求相对满足了，人就会向高一层次发展，追求更高一层次的需求。这一需求理论同样适用于消费需求领域。

如今大多数消费者的餐饮消费，早已不是为了满足简单的吃饱喝足需求，而是要在享受美食和特色的同时，获得全方位立体化的综合贴心服务、愉悦的心理感受和自我期望的实现与超越。因此，这样的消费层次需求正吻合了“马斯洛需求层次理论”，也对餐饮业发展提出了更实际、更高新、更苛刻的要求。

面对新形势新问题，餐饮企业必须紧跟时代步伐，不断完善企业发展规划和产品战略实施理念，把握好市场变化新节奏，满足消费者心理层级变化的不同需求，树立品牌形象。

图4-8和图4-9为餐饮企业五大立体运营系统的结构示意图。它通过饮食出品、服务产品、环境产品、公共区域和售后服务五个系统的细节打造，架构起整个企业管理、营销和服务理念的立体格局，作为餐饮企业的重要代表分支，对餐饮企业如何满足顾客的不同需求打造贴心服务极具示范意义。

终端管理 无缝对接

饮食出品	服务产品	环境产品	公共区域	售后服务
规划现有产品	餐前服务产品	功能实用性	内部公共区域	记忆销售
设立产品结构	餐中服务产品	五觉效果	周围公共区域	愉悦销售
重点产品包装	餐后服务产品	体验感受	网络公共区域	感动销售
产品研发系统	完美菜单	企业文化		自动销售
产品传播方案	科学点菜	现有环境打造		三类顾客回访

图4-8 餐饮企业五大立体运营系统（一）

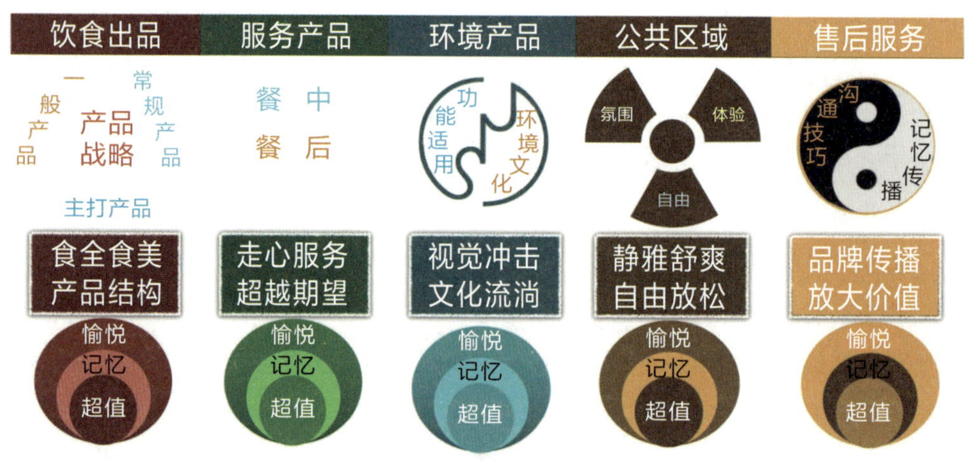

图4-9 餐饮企业五大立体运营系统（二）

一、饮食出品——让顾客觉得好吃

俗话说，基础不牢，地动山摇。餐饮企业的发展基础在于饮食出品。如果饮食出品的产品战略和结构规划不到位，生命周期管理不给力，那么何谈其他系统建设呢？饮食出品系统的打造，就是为“好吃”和达到顾客物质需求做铺垫，需要对各种“原材料”统筹规划，综合利用。在宏观上，要规划现有产品，设立产

【食】健康味道　【说】饮食文化
做一家有文化　有故事的餐厅

十大必点菜之一

选用道家炼丹炉的方式，选用酒香肉和鲍鱼精心制作，过程就像炼丹的过程一样，预示人要修炼真果，一定认真、用心。

——鲍鱼匠心烧肉

十大必点菜之一

选用澳大利亚进口的火山岩作为传热媒介，含有丰富的矿物质和微量元素，经高温慢慢浸透到煎烤的牛肉中，配以玫瑰山石岩、各种调味料，营养健康、时尚新潮，在这里美食与烹饪的乐趣，可以得到完美的体现。

——火山岩澳洲牛排配野鸡蛋

十大必点菜之一

此汤是董事长孙正林先生代表淮安籍参赛的菜品，被《中国食品报》誉为天下第一汤，并在中央电视台1套、旅游卫视等多家媒体报道。

此汤是根据乾隆皇帝六次下江南演变而来，选用鳄鱼骨汤加养生川贝等上等原材料，辅以十多种中草药精心秘制而成，先喝汤，后吃肉，是一道茶文化与饮食文化相结合的美味佳肴。

——养生功夫汤

十大必点菜之一

88秒黄鱼（连续八年深受顾客喜爱，排名第一）

黄鱼有“爱国鱼”之美誉，其肉质鲜美，口味极佳，为滋补珍品，清朝时被立为贡品，含人体17种营养成分。

只需88秒，用砂锅高温焖熟了一条鱼，原因是“多1秒太老，少1秒太生，88秒刚刚好”。没有煎炸的油腻，也没有清蒸的腥气。整条鱼肉质鲜嫩，汤头鲜美，爱吃鱼的小伙伴一条都不一定够！

——88秒黄鱼

图4-10　食说江南菜单样图

品结构，对重点产品进行重点包装，加大产品研发系统和传播力量；在微观上，要实现一般产品满足基本人群需要，要有特色产品吸引顾客眼球，还要有高端产品满足个性需求。与此同时，要加大精品的文化包装和情怀设计力度，把握产品推陈出新时机，注重产品传播方案的落实。图 4-10 为食说江南菜单样图。如何进行产品结构规划和文化包装在前面章节已有阐述，此处不再赘言。

二、服务产品——让顾客吃得开心

服务产品是构造餐饮企业形象和文化的支架。要说饮食产品是物质化，那么服务产品就可归类为人性化。它是餐前、餐中和餐后的服务产品和完美菜单、科学点菜等的集合，既包含有形的价值体现，也涵盖无形的文化象征。无论是哪种服务产品，归根结底，其价值和经营目标要通过人的消费来实现，就是“走心服务”“超越期望”（见图 4-11）。

图4-11 “走心服务”“超越期望”

擦亮人性化服务产品，就要将符合企业标准和行业标准的优质产品进行始终如一的物质产品服务，将优异贴心的人性服务品质贯穿始终，将“用心服务，创造感动”的服务宗旨进行到底，将“用心多走一步路”的服务方式坚持完善，将“超越顾客期望值”的服务理念融入其中，并通过加强技能、素质培训和管理得以实现。同时，企业标准和行业标准都是服务于消费者的（见图 4-12 和图 4-13）。只有这样“以人为本”的关怀，才能让顾客需求得到满足。

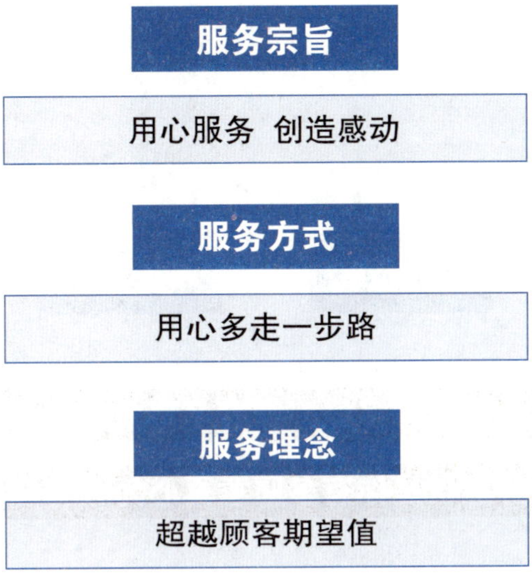

服务宗旨
用心服务 创造感动
服务方式
用心多走一步路
服务理念
超越顾客期望值

图4-12 服务宗旨、服务方式、服务理念

行业标准
服务
企业标准
消费者

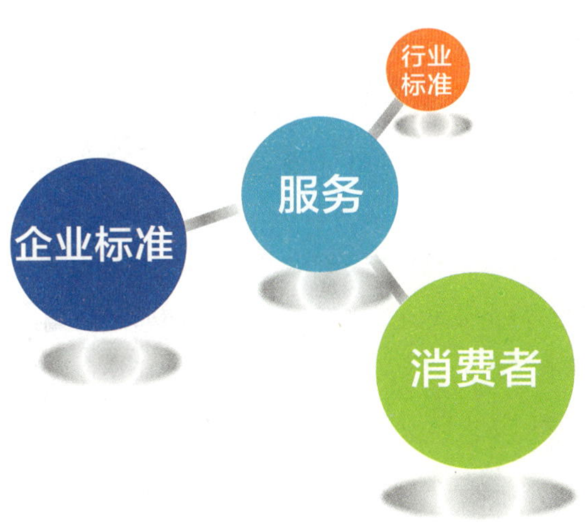

图4-13 服务标准

在众多的服务产品当中，服务态度是服务意识的外化内容，是让人产生最直接心理感受的要素，直接影响整体的服务产品质量。端上的菜叫不上菜名，对特色一无所知，统一着装不达标等问题，多半出在这一环。而好的服务态度和服务

意识才会令人满意，至少不会犯低级错误。态度决定了行为，意识决定了好坏。好的服务态度和服务意识绝不仅仅体现在一个表情、一个动作上，更重要的是要出自真心（见图 4-14）。

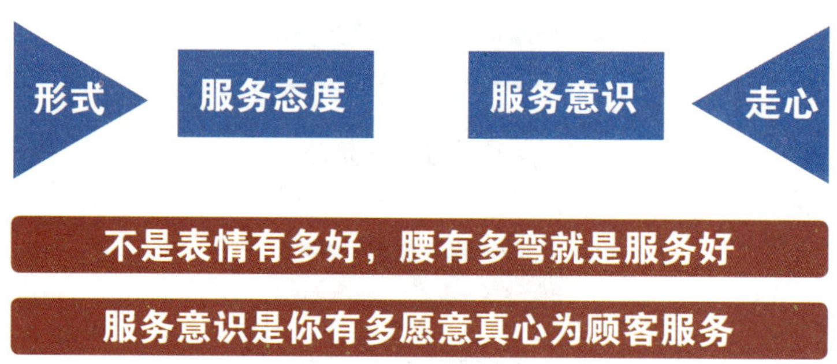

图4-14 服务态度和服务意识

三、环境产品——让顾客吃得舒心

餐饮企业的成功经营，环境产品的“窗口”效应功不可没。它让顾客的消费充满安全感、舒适度和归属感，是物质化和精神化层级融合的消费需求，就是“感觉要好”。环境产品包含多个方面：在餐桌、餐具、卫生等实用配备上，务必以安全、健康、卫生为最低标准，达到功能的实用性目标；在外观、装潢、设计等的视觉表达上，务必以保持整洁、干净、美观为最低要求；在气氛、格调、情怀的体验感受上，务必与企业文化、产品文化和主题营销协调一致。谁会愿意在脏乱差的地方欣赏琳琅满目的产品呢？谁会在选择同质化产品时忽略环境的作用呢？总结以上几条，我们认为环境产品包含以下几方面：功能实用性、五觉效果、体验感受、企业文化、环境打造。图 4-15 为食说江南的环境产品模板，读者可以根据自身情况在图上填写相应内容。

环境产品，其实是企业文化给予顾客的一种最直观感受。在顾客进入餐厅准备就座点餐的过程中，环境产品体现的文化内涵是给顾客提供就餐选择和服务的“先锋军”，这一环如果不能让顾客满意，那么顾客很可能来这里一次就不会有第二次。所以说，现有环境的打造十分重要，也十分必要，任何企业都不该忽视它（见图 4-16）。尤其以现代人的消费理念来说，吃的就是环境，感受的就是氛围。

【食】健康味道　【说】饮食文化
做一家有故事　有文化的餐厅

环境产品

功能实用性	五觉效果	体验感受	企业文化	环境打造

图4-15　食说江南的环境产品模板

图4-16　食说江南的环境的打造

四、公共区域——给顾客制造记忆空间

餐饮企业的公共区域如同水墨画中的“留白”，给人思想和行为的自由空间。科学合理设置公共区域可以很好地营造企业目标诉求氛围，升级舒适度，制造超值记忆。缺少了这部分的合理设计，好比楮纸满墨，不仅毫无美感，而且让人生厌。我们可以设想一下，一个餐饮企业如果为了盈利把空间设计得拥挤不堪，那

就等于自行驱赶顾客登门。这样自然就谈不上“吃得好，吃得舒心和感觉好”了。当然这个公共区域指它的内部公共区域（图 4-17 和图 4-18 为食说江南的内部公共区域）。

图4-17 食说江南的内部公共区域（一）

图4-18 食说江南的内部公共区域（二）

此外，周围公共区域的选取、网络公共区域的配套，也是餐饮企业满足受众层级需求、打造品牌形象的作用因素。例如，选址要为顾客提供便利的交通，畅达的网络路径资源等。图 4-19 为公共区域模板，读者可以根据自身情况在图上填写相应内容。

内部公共区域	周围公共区域	网络公共区域

图4-19 公共区域模板

五、售后服务——放大企业价值

随着市场经济的不断发展和餐饮企业内部经营机制的不断完善，加强售后服务，既是必然趋势，也是潜在效益。这不仅增强了顾客对餐饮产品的信赖度和忠诚度，提升顾客再购买再消费的信心，还能促进餐饮品牌传播和放大餐饮企业价值。既是对产品本身的保护，也是对顾客的关怀。有关数据显示，良好的售后服务可以从侧面将产品品质提高约 9%。

为什么要有售后呢？因为我们做得还不够好，还不能让全部顾客十分满意，因此需要靠售后去调整。出现售后反馈的原因，有的是服务不到位，有的是沟通不畅，有的是服务标准差异化……可谓五花八门（见图 4-20）。这时，就需要售后做到“一秒三步、二人成行、三米微笑”。

然而，售后是为了解决问题。其实质是整个产品服务过程的链接和延续，是对客户人文关怀的后续和延伸，是顾客与企业有针对性的反馈联系和沟通。判定售后服务标准有三个层面：信息发出后，没有回应，为糟糕；迅速得到回应，为

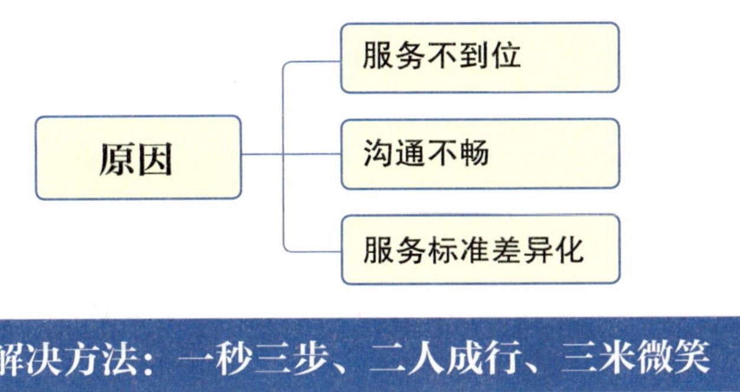

图4-20 出现售后反馈的原因及解决方法

一般；信息没有发出，就已经主动为客户提供了服务，为优秀。它通常采用记忆法、愉悦法、感动式售后、自动反馈和顾客回访等方式，将收集的反馈信息进行统筹管理，然后用之于下一步企业规划和产品战略决策的改进和完善，从而为企业升值提供后援和保障，至此，售后服务才完成了使命和职责。没有售后服务的产品不是完整的产品，没有任何一个企业敢对售后说 NO（不）！图 4-21 为售后服务模板，读者可以根据自身情况在图上填写相应内容。

售后服务

记忆法	愉悦法	感动式售后	自动反馈	顾客回访

图4-21 售后服务模板

因而，时时处处站在消费者的角度去做事，一切以满足并超越消费者心理期望为中心，做好五大系统的立体运营，企业才能长盛不衰。

做企业，简单说就是做买卖，但长远来看其实就是做品牌。做品牌，也不是简简单单做一个品牌LOGO，所有内在菜式、装修、服务都要围绕这一品牌概念进行。那么如何才能做一个在市场上知名度大的品牌呢？

Part 3
品牌战略

品牌解析　品牌运营

第五章

品牌解析

——如何做好品牌分析系统

品牌，从它被树立之日起，就蕴含着企业愿景、企业使命、企业特色以及商业模式等一系列品牌价值。品牌解析就是从各个方位对品牌进行分析和打造的过程，企业塑造品牌，往往就是在此时做出向左还是向右的选择。

绝对优势：把握好品牌领先的三个要素

一个品牌在市场的角逐中始终保持领先位置，需要把握好三个要素（见图 5-1）。

图5-1 品牌领先的三个要素

一、领先时间

别人还未起跑，我们已踏上征程。同行里，谁走在时间前面，谁就占得了先机，获得了金钱和市场。

首先企业要有战略眼光。即，想在前面。餐饮企业的领导管理层要时刻保持灵活的头脑和创新的思维，具有超前的经营意识和发展理念，根据餐饮市场的风云变化对市场发展做出预测和评估，第一时间占领消费者的心智认知和走向，制定具体发展实施策略，赶在对手之前预见各种可能性。当然这种预见不是天马行空肆意妄为，而是通过周密细致的分析、综合各种因素判断而作出的一种理性决策。

有了这样的判断和决策，企业可以规划行为，高效率地运作，瞄准市场空白，优先占有待开发的领域。因此，有战略眼光，才能拥有主动权和话语权。

其次，要有迅速稳妥的执行力。即做到前面。光有想法还不行，只有通过执行力的落实才能将战略与决策转化为实施结果，促使其落地生根，茁壮成长，否则便是空中楼阁痴人说梦。

因此，要想抢占餐饮市场先机，就要行动起来，且要快人一步。从长远战略眼光到餐饮市场经营理念再到产品研发测试，最后到投入市场面向顾客，每一阶段都要快节奏，先发制人。拖拉散漫晃悠悠地执行，结果只能将本属于自己的机会和优势拱手他人。我们要知道，市场商机转瞬即逝，不会等人。

事实上，所有餐饮品牌间的竞争，归根结底都是执行力的竞争，执行力的强弱在于团队。当上级下达指令或要求后，团队要迅速做出反应，将其贯彻或者执行下去，将策略转化为实际行动。对餐饮企业领导者而言，执行是一套系统化的运作流程，包括领导者对方法和目标的讨论、质疑、坚持不懈地跟进，责任的具体落实，以及对未来将要面临的市场环境做出假设，对组织的能力进行评估，将战略、运营及实施战略的相关人员进行结合和协调等。对员工而言，执行就是完成任务的过程。

建立执行文化，可以有效改变人的意识进而改变人的行为，最后作用于执行力。

执行文化，就是把“执行”作为指导所有行为的最高准则和终极目标的文化。拥有执行文化的团队，是积极的心态和扎实的行动力的合体，团队成员注重现实、目标明确、讲求责任、简洁高效、监督有力、团结紧张、严肃活泼、有奖励有惩罚有培训。

拿破仑·希尔曾经说过：“人与人之间只有很小的差异，但这种很小的差异却往往造成巨大的差异。很小的差异就是所具备的心态是积极的还是消极的，行动是做还是不做。巨大的差异就是成功与失败。”成功往往不是能与不能，而是做与不做。当有了明确的目标，正确的方法后，我们采取快速的行动，就能尽快达到预期的目标。

再次，差异化营销战略的预先升温实施，让企业在竞争中占尽先机。即，要具体规划到前面。任何新的理念和模式都要细化到具体措施才有可能实现，大而化之的概念难以具体操作和实行。因此，在面临同质产品的现实问题时，餐饮企业采取具体的实战策略必须要考虑差异化营销，落实到服务、产品和价格的细化优化差别化组合，优先夺取开创全新市场格局的时机。

“竞争战略之父”迈克尔·波特指出，企业要想在市场竞争中生存，要么具有成本优势，要么实行差异化战略——有差异才能有市场，才能在同行业竞争中立于不败之地。

最有效的方法之一就是有针对性地找准顾客的消费走向，从而精准对接，集中力量出击，把传统的卖产品、卖服务向卖需求过渡，提供超值服务，为客户创造更大的价值，实现客户与企业的良性互动发展，领先一步，不断超越，始终让客户感受到本品牌的差异化特色服务。

所以，遇到实际问题要灵活调整战术布局，不打无准备之仗，力求做到有备无患。

二、无法超越

无法超越，通常指核心新技术和关键的制造工艺，一是人无，而我有，是为独有性，具备别的品牌所没有的性能；二是人有，而我优，是为优质性，是其他企业所不能及的品质高度。核心技术在不同餐饮产品中表现为专利、样式、技术诀窍、产品标准等不同形式。这类技术可以重复使用，在使用过程中价值不但不减少，而且能够增加，具有连续增长、利润递增的特征。

核心新技术的开发不是一朝一夕完成的，需要企业长期积累、不断投入才能见效。抓不住价值链的关键环节，基础研发投入不足，人才重视不够，专利意识不强，是永远没有机会掌握核心科技和自主知识产权及研发团队的。我们只有不断引进人才加大自主开发力度，坚持引进国际先进技术与自主开发相结合的战略，提纲挈领掌握住核心利器，坚持走研发创新之路，不断把最新最前沿的技术工艺运用到新产品中，企业才能在新高度上再创佳绩，无法被超越，在市场中屹立不倒。

相信大家对大味坊这个品牌都有所耳闻。作为一个传承了百年经典的品牌，大味坊有独属于自己的美食制作方法——采用 21 味珍稀中草药，经过 18 道工序制作而成。那为什么大味坊可以无限招收加盟商并且无限供应呢？这全部归功于大味坊的智能设备。

一款功效强大，外观好看，酷似飞碟的设备是大味坊的专利，它不仅解决了加盟者有同行竞争的后顾之忧，而且具体操作也十分简单方便。只需要掌握好加入的调料量即可，其他时间、火候等因素都无须人工，均由智能设备进行标准化操作。因此它能快速制作出味道鲜美、口感一致、无差异化的烤鸭，且基本可以满足 24 小时供应。这一切都要归功于智能设备制作工艺的流程化、标准化。

大味坊无疑是成功的，这与其研发的专利智能设备是分不开的。这个神奇的设备打开了批量生产反复制作产品的大门，让大味坊成为餐饮界一个独特、无法超越的品牌。

三、最大价值

一个品牌的最大核心价值，在于将产品最主要、最具差异性与持续性的理性价值、感性价值和象征性价值的最大综合叠加价值，给消费者承诺并兑现。

1. 理性价值

理性价值着眼于产品属性，如价格、功效、性能、质量、便利等。理性价值在餐饮行业相当常见，是绝大多数品牌在塑造初期的立身之本。它通常是以技术和原材料加工为支撑的，可以让消费者感受到产品质量，消费者可以据此获得消费产品或服务带来的实际好处。比如咖啡，它的品类可谓繁多，可是每个品种因制作工艺和口味不同彰显了不同的理性价值。蓝山咖啡口感、香味较淡，但喝起来却非常香醇精致，乃咖啡中之极品；摩卡咖啡甘性特佳、风味独特，含有巧克力的味道，具有贵妇人的气质，是极具特色的一种纯品咖啡；巴西咖啡，香味温和、微酸、微苦，为中性咖啡之代表，是调配温和咖啡不可或缺的品种。

2. 感性价值

很多强势餐饮品牌的识别多是在理性价值之外，包含更多感性价值。感性的品牌核心价值直指顾客在购买和使用的过程中产生的某种感觉。这种感觉在消费者拥有和使用该种品牌时，能够赋予产品更深更长的意味，营造密切关系。这就是各类主题餐厅不断兴起且备受瞩目的重要原因之一。例如，到动漫主题餐厅感受天真快乐，在怀旧餐厅感受往昔时光，在概念餐馆找到品牌定位和自我契合等。

3. 象征性价值

象征性的品牌核心价值是品牌成为顾客彰显个性化主张的表达方式，是独一无二的。近年来品牌个性在品牌核心的记忆识别中地位越来越重要，不少人认为品牌个性就是品牌的核心价值。所以，没有个性化的产品关注度每况愈下，经营惨淡。俏江南等明星餐厅的个性是提供装修现代的用餐环境和花样百出的时髦菜品，海底捞给予顾客的则是一种近乎宠爱的服务。象征意义不同，顾客享受的方面也不尽相同。

成长中的企业要想成就市场，除了产品质量优良外，还必须读懂市场，采取灵活多变的营销策略，以有限的营销投入，获取最大的市场份额和最佳的经济效益，才能拥有绝对优势，在强手如林的餐饮市场竞争中立于不败之地。

致命瓶颈：品牌打造切忌模棱两可

餐饮品牌在发展过程中，遭遇致命瓶颈困境，并非偶然也不罕见。本小节主要从五方面入手，着力对品牌打造的致命瓶颈因素加以分析，希望对餐饮企业在打造品牌时避免盲目前行、少走弯路，尽力解决这类问题，有所启示（见图 5-2）。

图5-2 致命瓶颈

一、没有愿景

缺乏愿景的餐饮品牌，如同大海中没有导航的轮船，必将在激烈市场竞争中迷失方向，使品牌发展受到巨大阻力，其后果是非常可怕的。

品牌愿景是指一个品牌为自己确定的未来蓝图和终极目标，向人们精准地告知品牌意义，不仅代表了企业员工的共同愿望和目标，更是对品牌现在和潜在的目标受众终极欲望的阐释与满足。全聚德的愿景是发展成为中国第一餐饮品牌，世界一流美食，国际知名品牌。俏江南则以“时尚、经典、品位、尊宠”为经营理念，致力于打造一个世界级的中餐品牌，成为全球餐饮业的管理标杆。捧优则以“成就更多有梦想的餐饮人”为使命，以“传承饮食文化，共创餐饮品牌”为价值主张，而“打造健康餐饮文化产业管理第一平台”就是其发展愿景。

然而，一个餐饮品牌愿景的确定、制定，并非易事。在具体的实施当中，往往出现这样那样的问题。

1. 将短期目标混为愿景

短期目标不过是企业在生产发展中对具体业务和相关指标所要达到的目标和程度做出的阶段性的数字规定。它是品牌愿景的一个组成部分，对实现长期的愿景有着具化和细化的落实作用，但绝不能将短期目标混淆为愿景。

2. 愿景偏颇

企业在愿景规划的前期，由于缺乏足够的市场调研和对餐饮品牌发展广度深度的认知，愿景偏离预期轨道常有发生。

3. 愿景空谈

一个完美可靠的愿景规划，是要坚持科学合理的原则的。夸夸其谈，不切实际的愿景，只会是一种遥不可及的愿望和理想，而真正的愿景要能够落地变成现实。

因此，要想让消费者、社会、管理层、员工清楚认识企业的品牌，那么，企业的最高领导就必须在他们之前清楚地知道自己是谁，告诉别人品牌象征什么、代表什么、未来目标是什么、能为消费者提供的产品或服务是什么等。具体而言，就是要规划一个品牌愿景。

企业管理层必须一致努力，以企业文化为依托，以市场为导向，实施理性的长期资本和战略目标，促进餐饮品牌业务增长，朝着远期目标坚定迈进，承担起一个品牌应有的社会责任。

二、没有清晰度和能见度

现阶段，我国的许多餐饮品牌定位模糊、差异化小、盲目跟风效仿、随波逐流等问题层出不穷。纵观各色餐饮品牌，有比较高辨识度和认可度的并不多见。

根据品牌定位的一般原理，主要从两个角度进行品牌定位，一个是产品自身的特性，一个是消费者特性。当前品牌定位主要存在以下两个方面的缺陷。

1. 定位不准

它主要指企业对目标消费者及其需求层级的范围确定不准，没有达到和谐统一。首先表现为价格定位不准。如本来是大众品牌，却标榜天价，或者本来走高端路线，定价却跟不上高端的步伐。其次是市场定位不准。不能明确界定品牌的标准、等次和发展方向，不能明确选择品牌的关键客户和最有价值客户，不仅不能带来差异化，还会在产品功能、性质等方面加剧同质化步伐。

2. 定位冗杂

具体表现在：一是定位目标过于全面。一个产品可能具有很多功效，甚至可能在很多方面都处于行业领先地位，比其他同类产品更能满足消费者多元化的需求，但是企业在产品定位中不能“多而全”，这样不但消费者不能接受，而且往往适得其反。现代消费理念更注重“精而专”。二是品牌延伸过度。企业一定要合理确定品牌延伸度，因为如果一旦过度，很可能出现模糊原有品牌形象、失去消费者认同的现象，失去原有优势和竞争力。

因此，企业必须要准确把握消费者个性，不断进行品牌定位的战略性调整，准确传播品牌定位信息，积极推进品牌与未来市场的认知整合，破解制约企业品牌定位的难题。

德克士 1994 年成立，现在有 1700 多家店，是仅次于麦当劳和肯德基的大陆第三大连锁快餐品牌。在 2008 年前，肯德基和麦当劳占据了大陆一线市场和沿海大城市。德克士采取农村包围城市策略，以内陆和二三线城市发展、扩大加盟为主要战略。面对麦当劳和肯德基在大陆以直营为主的现实，德克士借精准定位——“发展加盟”这个机会，树立了自己的品牌，获得了广大市场空间。

三、忽略品牌

不清晰、不适当的品牌意识会指向不切实际的品牌定位，与品牌定位形成不良互动，造成品牌定位模糊、定位冲突等问题。

首先，落后的品牌意识导致更加落后的品牌定位。现代品牌意识建立于社会化大生产，小生产只能滋生落后的品牌意识，甚至根本无法孕育品牌意识的萌芽。有的企业没有任何品牌运作和品牌运营的理念，不知道建立品牌声誉和品牌特性对餐饮品牌建设的意义。它们生产出来的只能是“产品”，即“使用价值”。只为顾客填饱肚子的产品即使成为品牌，又能走几步？如今这样的产品和服务只会越来越快退出市场的舞台。

其次，错误品牌意识导致更加错误的品牌定位。错误品牌意识认为，品牌是一种社会资源，理应共享。源于这一错误意识指导，许多餐饮企业的功夫不是下在努力创造自己的品牌上，而是下在不择手段模仿然后“冒名顶替”上。这样做不仅违背了市场经济的一般性规则，极度破坏和扰乱了市场经济秩序，而且严重侵犯了品牌所有者的知识产权，给广大消费者造成伤害。

餐饮品牌创造的过程是艰难复杂的，这促进了许多企业品牌保护意识的形成。为了保有品牌的竞争力，许多企业制定一系列的制度保护机制，“圈住”品牌。这样的品牌意识就可以有效保住餐饮品牌产品的独有性，形成差异化竞争优势。

四、忽略工具

品牌的打造还需要一些工具加强和凸显品牌形象。可以是一个代名词、一句口号、一种颜色、一个 LOGO，甚至是一段曲折紧凑的故事，这是品牌诞生史上粉丝积累的过程。很多企业出于资金和观念上的单薄而把工具这一块忽略掉，导致品牌树立困难，没有消费者基础，长时间在市场上打不开品牌知名度。

当然，还有大数据时代餐饮业无论如何也逃不开的互联网这一工具。包括微信公众号、支付宝服务窗、微博营销、推广视频、手机应用、各种平台类 App（例如美团、大众点评）等。网络平台更适合新兴的“80 后”、“90 后”、“00 后”市场，这些消费群体正逐步成为消费主力，相较于其他群体对品牌也更有认同感，对于自己认同的品牌，其用户黏度很高，而且成本可以很低。这往往被一些老牌企业所忽视，殊不知网络的传播能力甚至高过面对面的“听—说”传播。在大众越来越倾向于在网络上获取资讯信息的时候，忽视网络就意味着被淘汰。

最后还要重点说说品牌 LOGO 这个事，很多企业的品牌 LOGO 设计简单粗糙，或者暴力模仿，有的甚至没有 LOGO。殊不知对于品牌的树立，LOGO 是很重要的一个工具，一定程度上大众会把 LOGO 和品牌形象画等号。就像是跟人见面留电话，如果号码是 13888888888，别人一眼就能记住；如果普普通通，别人存起来也可以记下；但如果你没有，别人恐怕很难再联系到你。忽视 LOGO 创作，等于忽视了品牌走进市场的敲门砖。

此外，品牌也会随着时间，在企业发展的各个时期做出调整，也就是说品牌需要一次又一次树立，同样的工具又需要再次被使用，例如重新投放广告、建立新的公众号等。这是很多企业容易忽略的地方，因此导致企业升级、转型失败。在品牌获得一定市场流传度后继续巩固其品牌地位时，持续使用以上品牌打造工具可以让消费者在这个快餐时代不至于马上忘记品牌。在企业发展成熟，获得了足够的市场流传度，甚至于超出市场的存在成为社会认知的时候，就需要增加品牌的概括力，适当扩充品牌包容性，为品牌的日后发展提供空间，直至其可以代表一个行业或产品类别。例如说起胶卷就想到柯达；说起汉堡就想到麦当劳；说起酸酸乳就想到蒙牛。所以一般说来，企业品牌 LOGO 会越来越简化，口号也会越来越简短，越来越方便记忆。

例如素有“中式快餐黄埔军校”之称的真功夫，其品牌推广期间在商标上注明“真功夫”三个大字以及“全球华人餐饮连锁”一行小字，以此凸显其“中式快餐”这一记忆点。2016 年真功夫的新品牌 LOGO 去掉了“全球华人餐饮连锁”这行字，也将原本标示化的“李小龙”形象和书面字体变更为更具漫画风格的画像和字体。标准 LOGO 甚至去掉“真功夫”三个字，只保留“李小龙”形象与“kungfu”英文。这就为其扩大海外发展和扩充产品线铺设好路面。

也就是说，品牌推广不同时期工具的选择不是一成不变的，同一种工具在同一个企业也可能会被反复使用。归根结底，树立品牌，俘获粉丝的时候，万不可忽略这些工具。

五、不注重文化

有些餐饮品牌产品的售价比其他同类产品高，但消费者仍然愿意去购买消费，这就是品牌文化的缘故。作为消费者，一旦对一种餐饮品牌文化产生认同，就不会轻易改变。换言之，品牌文化带动物质消费，为企业带来高额经济利润，在某种程度上能够阻碍或减少竞争对手。由此可见品牌文化魅力的强大。

餐饮产品的口味、形态、价格都可以雷同，但文化内容却是千姿百态，变化无穷的。品牌文化是克服同质化竞争的理想手段，把一种风格独特的文化注入品牌，品牌的个性就会生动鲜明，竞争实力就会凸显。

事实证明，在消费者心中留下印象越深的品牌，往往个性越强烈。有个性的品牌才会有竞争力。个性越鲜明，竞争力就越强。而对品牌个性的最好投资，便是注入品牌文化。在川菜盛行的今天，重庆陶然居饮食文化集团以弘扬民族餐饮文化、创立“百年老店”为己任，矢志不渝高举重庆菜的大旗，把重庆的巴渝文化推向了全国，为推销重庆，打造美食之都做出了贡献，引领了中餐业的发展潮流。这都是其他川菜无可比拟的。

深厚持久的品牌文化可以使品牌产生超凡魅力。如果说“性格决定人的命运”，那么我们也可以认为，品牌所包含的精神、文化和价值观决定着品牌的命运。

独有机会：把握住需求才是关键

俗话说，好的开始是成功的一半。把握和制造机会就是一个好的开始。餐饮品牌的成功，不仅要在外部大市场中寻求机会，也要靠自身智慧和力量创造优势和机会。而这一机会的创造，关键在于把握住需求。需求是市场的，也是消费者的，还是品牌自身的。企业既要符合趋势，也要符合需求；既能改变需求，也能满足需求（见图 5–3）。

图5-3 如何把握住需求

一、符合趋势

一个品牌的打造，必须顺势而为，与时俱进。逆流而上、止步不前，违背发展原则和市场发展规律必然会遭受惩罚。

随着市场经济发展、科技和经营水平的提高，消费者的餐饮消费需求领域、范围逐步扩大，层次不断升高。他们希望消费的产品富于变化、新颖奇特，能反映当下的流行元素，跟得上潮流，赶得上时髦。故而，餐饮企业必须开发符合市场发展趋势的新产品和服务。

如何符合市场发展趋势呢？餐饮业不同品类有不同特点，市场走向也不尽相同，具体执行也各有特色。综合起来有两点共性：

1. 具有时代气息

随着生活节奏的加快，人们需要更加方便快捷的餐饮服务，由此诞生了网络订餐新模式。绝大多数餐饮企业赶上潮流和时髦推出了一系列类似服务，通过搭建网络平台、利用微信公众号、官方网络、各类 App、团购等方式完成提供产品服务和消费的全过程。消费者足不出户就可以享受到想要的服务和产品，是当今一种消费时尚，具有满满的时代气息。然而，从某种意义上说，产品的时代性意味着一段时期的市场趋势，其时代性一旦成为过时的东西，就会走向另一个更新的市场趋势。

2. 拥有行业发展特征

以快餐为例。“快”已然成为一种市场潮流，是制胜市场的一个重要砝码。然而目前市场上多数的中式快餐业由于以手工操作为主，标准化程度较低，根本“快”不起来，顾客只能等。因此要寻找“快”的突围之路，顺应“快”时尚的发展潮流，企业就需要充分利用现代化科学技术手段，建立一整套原材料、工艺及装备的标准化生产流程，实现标准化生产。真功夫作为顺应快餐趋势迅速崛起的新星，其原材料采购精益求精，加工生产全密封进行，再经过高科技包装、集装，最后通过精装冷冻车配送到各个餐厅等，都为中式快餐操作标准化树立了良好的榜样。

二、符合需求

品牌只有符合市场发展趋势，才能符合消费需求。要让品牌更加符合消费需求，就要从产品属性下手，从理念设计到具体制作，再从形态、形状到味道、口感等方面入手。

1. 符合使用价值的需求

使用价值是餐饮商品的物质属性，也是消费需求的基本内容，人的餐饮消费需求不是抽象的，而是具体的。无论餐饮品牌如何出类拔萃，最终都离不开特定的物质载体，也就是必须要供顾客品尝到品质实体，要有米和菜的烟火气，空气和理念可做不来这件事。

2. 符合审美的需求

对美好事物的向往和追求是人类的天性。在餐饮消费中，这种需求体现得更为明显。主要表现在餐饮产品的工艺设计、造型、式样、色彩、装饰、风格等方面。

所以，餐饮产品首先必须好吃，然后要在色香味形上面面俱到，使其兼具品尝价值和审美价值，才更有卖点，才更有价值。从一定意义上讲，同样的价格和质量，样式一般的蛋糕可能不足以吸引眼球，而色彩鲜明设计独特造型漂亮的，更能让消费者甘心情愿掏腰包。

三、改变需求

餐饮品牌要时刻关注市场动向，用变化和发展的眼光看市场发展，抓住消费者对新奇事物尝鲜的心理，调整产品需求步伐，从而拓展消费新领域，引领新时尚，改变原有的消费需求观念和消费习惯。

首先，有勇气胆识进行品牌产品和服务的持续创新。自助餐厅的普及就是企业大胆创新的一个实例。它采用品种丰富、品类齐全和自主服务的理念，一改其他餐饮品类单一和传统的服务方式，很大程度上改变了人们原有的消费观念——只有去不同地方才能吃到品类齐全的食物，成为时下大众消费最火爆的内容之一。外卖平台的出现也是企业勇于创新、占领研发高地，掌握市场发展方向的成果。它改变了消费者的用餐方式，也为传统餐饮商户的业务拓展带来了良机。在汉拿山集团执行副总裁朱璞看来，在消费者需求正悄然改变的当下，外卖是到店餐饮的自然延伸。他提到，当“80”“90”后成为社会主体的时候，互联网消费是社会的主流生活模式，餐饮公司要做的就是创新服务引领消费新方向。目前汉拿山在非常积极地进行互联网化建设，开设的265家店90%接入了美团外卖，销量增长趋势十分明显。

其次，有技术、人力和营销做支撑。通过三位一体的力量孕育的产品和服务必定是新理念、新技术和新服务的代名词，吸引消费者自动调整脚步和改变传统的消费需求习惯。西餐的引进，需要企业掌握西餐烹饪技巧、懂得欧美的西餐文化、谙熟西餐服务理念，这样的引进才是有质量的引进，才能对原有的固定消费人群产生影响力，改变其需求内容或消费方式。

四、满足需求

归根结底，所有的售前行为，都是为了让品牌最大限度地满足消费者的需求。如今人们对餐饮消费的需求绝不仅是产品本身，而是已由过去注重对某一产品或服务的单项消费需求，向追求复合性、个性化需求转变，向更高层级内涵和服务转变。

1. 心理需求得到满足

产品差异化程度越来越小，消费者心理和情感在品牌选择中的权重就越来越大。

任何餐饮品牌都必须有一颗为顾客解决心理和情感需求问题的心，真正实施全方位和终生服务的措施和行动，真正为消费者着想，只有这样才能真正引导消费满足需求。例如，海底捞提供的很多免费产品和超值服务，让顾客有一种真正被尊为上帝的心理感受。其实这是海底捞一种非常巧妙的“免费模式”，但却赢得了比同行高出很多的利润。

2. 个性需求得到满足

不得不承认，市场环境已进入了小众化消费时代。消费者对于个性化的消费需求正在日益升级，追求个性产品和服务的专属性甚至唯一性的趋势愈加明显。谁能理解个性化需求的特点，谁就能引领消费的潮流，成为未来市场上的佼佼者。

餐饮品牌通过目标受众的给力分析，不断创新服务理念，通过定制服务、私人预约等模式，推出各种类型的个性服务项目，让顾客有选择的权利，这样顾客在品位、时尚、身份、归属感等方面的个性化服务需求就会得到满足。

星巴克的成功在于，将消费者需求的中心由产品转向服务，再由服务转向体验。星巴克人认为：他们的产品不单是咖啡，咖啡只是一种载体。而正是通过这种载体，他们将一种独特的格调传送给了顾客，从而满足了顾客个性化的需求。

综上，一个餐饮品牌要想在市场中独树一帜，获得独有发展机会，绝不能逆风而行逆流而上，绝不能本末倒置失去根本，绝不能因循守旧低头走路，绝不能单调乏味“失了心性”。

全新威胁：新时代要全面解析

威胁，通常来自外部因素。新时代餐饮企业面临的威胁是多种多样的，既有来自趋势的，也有来自社会和竞争的（见图 5-4）。它是客观存在，不会消亡的，我们既不能视而不见，也不能夸大其词，必须实事求是冷静分析，积极应对减轻影响。

图5-4 新时代餐饮企业面临的威胁

一、来自趋势

来自经济环境、政治环境、行业环境的威胁与压力是一种不可抗的力量。任何餐饮企业都处在趋势威胁的洪流中。

1. 经济方面

国际市场经济发展大环境中经济衰退、不景气，市场紧缩、萧条，金融市场中汇率和外贸政策的不利变动，国内餐饮市场多元化发展的态势等，都有可能对餐饮企业发展产生巨大的威胁。面对这样的经济现实因素，一些餐饮企业关门倒闭，成了经济趋势威胁中的牺牲品；一些餐饮企业被重组兼并，进入“大鱼吃小鱼、小鱼吃虾米”的食物链条中，淡出市场舞台。这是市场经济发展下的必然规律，不可逆反。

当然，随着国家宏观调控和经济政策的影响，市场大环境也会随之改善，也会为餐饮企业的生存发展提供更为良好的经济环境和金融政策。而作为企业则应稳住脚步，抓住机会，转不利为有利。

2. 政治方面

至今，我国尚未建立适用于餐饮业的国家级法规，缺乏系统严格的市场准入制度和强制性标准，造成餐饮企业标准参差不齐，内容不全面、技术知识含量低、缺乏统一性等问题。此外，食品监管乏力、市场秩序混乱等，都成为了餐饮业健康发展路上的重重障碍。市场上餐饮“盗版”猖獗、侵犯专利多发，餐饮食品安全事件频出，就是最有力的证明。

因此，当在发展路上遇上政治政策法规等方面的障碍时，餐饮企业可以通过借助行业商会、协会或其他组织、平台的力量来共同解决这些问题。

3. 行业方面

目前，餐饮业全面进入“微利时代”，传统的管理、经营模式遭遇严峻挑战，受生产、技术等因素影响，产品生命周期逐步缩短，餐饮教育科研滞后，餐饮高端人才稀缺，行业人员素质不高，成本增加等，都成为餐饮企业发展面临的另一威胁。越来越多的餐饮企业在这种趋势下逐渐被淘汰。

要想突破这一困境，餐饮企业需要率先作为，引进现代的先进技术和人力资源管理理念，打破现有模式带来的发展壁垒，成为行业趋势中的先行官。

二、来自社会

餐饮企业是构成社会的一个元素、一种细胞，必然受到社会其他成员以及社会主流文化和核心价值观的影响。餐饮企业是否与主流文化契合，是否对社会其他成员产生不利影响，都成为评判该企业好坏的标准。

现在，社会其他成员和文化主要通过网络、社会公众舆论、媒体监督、消费方式转变等方面传导压力发出声音，集中反映在食品质量安全、诚信经营、服务水平、突发事件等问题上，而这些问题一旦处理不好都极可能让餐饮企业陷入各种痛苦和危机当中。因此餐饮企业必须兢兢业业走好每一步，一着不慎就会满盘皆输。

1. 网络压力

随着网络的兴起和蓬勃发展，大众迎来了人人既是消费者也是传播者的自媒体时代。它以其特有的传播范围广、速度快、内容丰富等特点，逐渐成为餐饮企业发展过程中遇到的最大的压力和威胁之一。好事不出门，坏事传千里，在这个网络时代愈演愈烈。人们可以通过微博、微信和手机智能化软件的使用，真正做到动几下手指头，发几个文字、几张照片、一段视频，就足以让一个餐饮企业臭名远扬关门大吉。

比如某顾客在一家餐厅就餐，服务员出现了态度不周到、甩脸子的情况，他一肚子气诉求无门解决无道，只好上个网，说几句发泄一下。然而，也许他没打算怎么样，但听者、看者有心，通过转载连发，使本来极微小的一件事在很短的时间内传遍整个网络，让小事情变成大事件，这样就会给餐饮企业造成不可挽回的损失。

2. 媒体监督压力

每年的3·15晚会已经成为人们越来越多关注餐饮消费的一个焦点标志。地沟油、苏丹红等一系列事件的曝光，都给餐饮企业亮起了红灯，时刻警示着食品安全和食品质量等问题。所以，餐饮企业必须承担责任和使命，做良心商家。

报纸、杂志、电视等传统媒体和网络等现代媒体的综合力量，使得餐饮企业在它们的共同监督下不能有任何侥幸的心理和行为，始终要做方方面面的表率。一个好的餐饮企业通过媒体的宣传，可能成为正能量的榜样和楷模；一个出现微小瑕疵的餐饮企业，通过媒体的视野放大，就极有可能成为反面的典型和代表。尤其是那些活在聚光灯下的名牌餐饮企业，“不好的私生活”一旦曝光，就会带来巨大冲击，甚至遭到“封杀”，后果不堪设想。

3. 人口特征和消费方式转变

不同区域不同年龄层的人群具有不同的消费理念和固有的饮食文化特征。如在老年人居住的社区餐饮店推广新奇、刺激产品就显得有些尴尬。不看准市场需求和人口特征，不识时务一意孤行，这样面对的威胁足以致命。

谁掌握最大的目标受众，谁就成为市场的赢家。“80”“90”后对新生事物接受快，消费趋于感性，变化也多，逐渐成为市场消费的主流力量。另外，加之生活节奏快、工作压力大等多方面原因，现代市场消费方式呈现了多变性的特征。如此“善变”，对消费者是好事，但对餐饮企业来说可能就是噩耗，它们需要不停变化脚步迎合消费者多变的需求，保住长久固定的忠诚客户群。否则，企业就要遭受因消费方式改变而带来的客户群流失的生存威胁。

三、来自竞争

企业面临的最主要的外部威胁是同行业竞争。通常情况下，一个企业看好的顾客，竞争者也会看好。当某一部分顾客对某种产品和服务产生需求的时候，市场就产生了。与此相对应，欲以生产经营类似产品和服务来满足这个市场需要的竞争者所组成的行业也就出现了。

当今，餐饮企业行业竞争局面异常激烈而且还将持续很长时间，竞争内容和方式也发生了巨大变化，从开始单纯的价格竞争到产品质量的竞争，发展到产品与品牌的竞争、文化品位的竞争。同行竞争压力越来越百变多样，层出不穷，其原因主要有两个。

1. 市场进入更多新的竞争对手

一种产品火爆之后，由于门槛低缺少壁垒保护，很快就有不少新的竞争对手打着各种各样变换的旗号，拿着同质化产品，在市场上纷纷亮相。不论是国内还是国外，新的强劲对手越多，竞争程度越发白热化，更多的对手同分一杯羹的市场模型就会越快形成。在挤占市场过程中，规模小、实力不够的餐饮企业很有可能就在国内外市场的双重冲击下，在“分羹”战斗中销声匿迹。

另外，餐饮行业由于发展不完善，企业之间的竞争层级多变，所以产品的同质化造成营销的同质化。各个餐饮企业之间依葫芦画瓢，直接照搬，同质化的竞争状态下，各企业出拳毫无章法，恶性竞争也常有出现。

2. 竞争对手实力增强

有的竞争对手通过引进行业间一流人才和团队，采用创新的技术和工艺，运用更加有效的营销手段和差异化战略，使实力大增行情见涨，通过一系列措施的合力作用对其他同行造成强势打压，这样的竞争压力也是显而易见的。

威胁不可避免，但机遇也同时存在。餐饮企业要利用好这个双刃剑，迎头而上，抓住机会持续创新，不断完善现代企业制度，引进跨国企业的先进管理模式，加强内部制度改革，推进标准化建设和自身管理水平提高，打造发展能力更强的餐饮品牌。

第六章

品牌运营

——如何打造完美的品牌战略

餐饮企业利用品牌这一重要的无形资本，通过营造强势品牌基础，进而更好地发挥品牌的扩张功能，促进品牌内企业产品的生产经营。通过这一手段让无形的品牌资产有形化，实现企业持续发展，不断提高企业价值，这一过程就是品牌运营。品牌运营得好，企业品牌会深入市场，品牌理念会得到社会认同。反之，企业品牌就算红极一时也可能淡出人们视线，品牌理念也随之消失。

清晰愿景：明确企业发展方向

战国思想家列子在著作《列子·说符》中写道："大道以多歧亡羊，学者以多方丧生"，用此形容求学的人如果经常改变学习方向、内容和方法，就会迷失方向，丧失本性，甚至丧失生命。

换言之，一个餐饮企业如果在生存发展的道路上经常性地变换脚步，不断改变目标和方向，也会在前进路上迷失方向，误入歧途。因此，餐饮企业必须要有清晰的愿景，为长期的发展明确前行的方向。

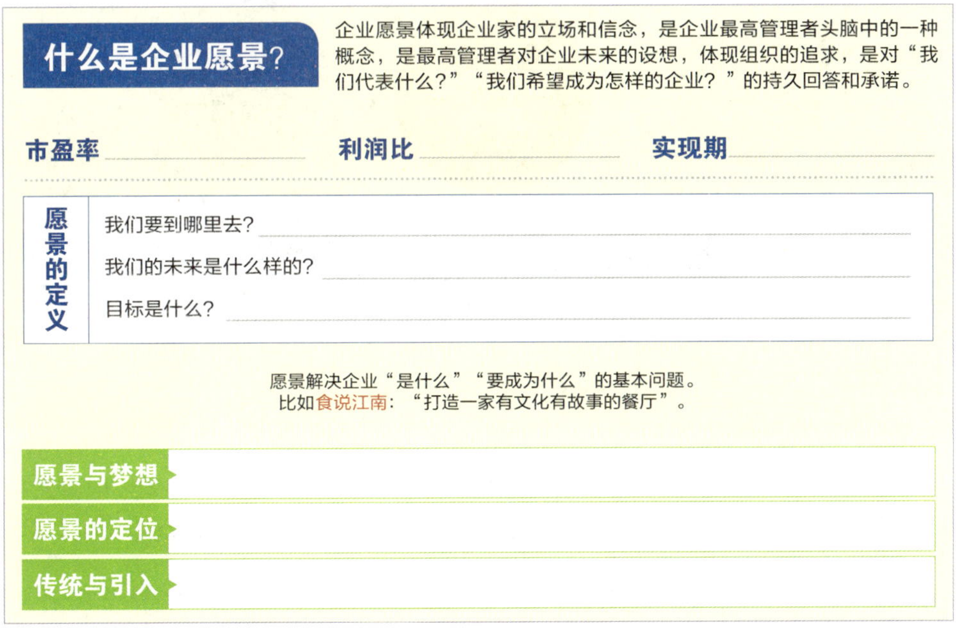

什么是企业愿景?

企业愿景体现企业家的立场和信念，是企业最高管理者头脑中的一种概念，是最高管理者对企业未来的设想，体现组织的追求，是对"我们代表什么？""我们希望成为怎样的企业？"的持久回答和承诺。

市盈率　　**利润比**　　**实现期**

愿景的定义

- 我们要到哪里去?
- 我们的未来是什么样的?
- 目标是什么?

愿景解决企业"是什么""要成为什么"的基本问题。
比如食说江南："打造一家有文化有故事的餐厅"。

愿景与梦想

愿景的定位

传统与引入

图6-1　什么是企业愿景

如果你知道去哪儿，全世界都会为你让路。企业愿景体现企业家的立场和信仰，是企业最高管理者头脑中的一种概念，是最高管理者对企业未来的设想，体现永恒的追求，是对“我们代表什么？”“我们希望成为怎样的企业？”的持久性回答和承诺（见图 6-1）。企业愿景总的来说主要包含核心价值和企业使命。

一、核心价值

不管市场如何发展进步，新技术如何不断涌现，产品怎么更迭换代，有一点会始终保持不变，那就是优秀的企业核心价值，也称为企业的核心信仰，企业的梦想。它不会因为外部变化而随意调整或过时过气，它会历久弥新，更加具有底蕴。

企业的核心价值是企业决策者对企业性质、目标、经营方式所做出的选择，是全体或多数员工一致赞同的关于企业意义的共同观念，是经营决策和行为规范制度的榜样和指南。企业核心价值理念如图 6-2 所示。

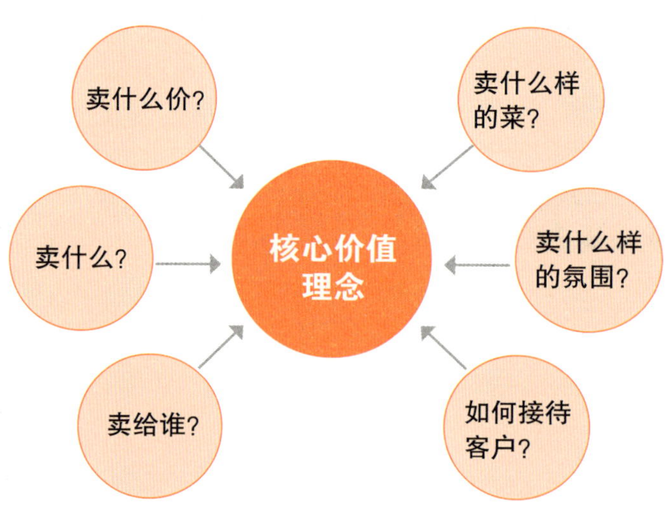

图6-2 核心价值理念

无数例子证明，企业核心价值的确定，关乎企业的生死存亡。无方向，无价值，无信仰，无成功。因此，一个餐饮企业必须明确自己的核心价值。

为了让员工自觉维护、实践与传播这种核心价值，餐饮企业不能让核心价值停留在意识阶段，停留在抽象难懂、过于一般化的阶段，必须采用更加直观、物化的方式，它可以是一句口号，也可以是一个符号，一个图案商标。例如，百胜餐饮价值理念是群策群力、同心同德；小肥羊的核心价值观是吃亏是福有舍有得；大娘水饺的价值理念是和、信、勤、进、谦。

不同的核心价值具有不同的方向指引，但其力量相同，那就是企业可以把所有员工联系在一起，形成凝聚力和团结力。

二、企业使命

企业使命是指企业的目的、性质、任务以及其应当承担的责任，它规定了企业的目的，阐述了企业的任务，指明了企业的范围和对象（见图 6-3）。企业使命可以细分为社会使命、产品经营使命和团队管理使命等。

什么是企业使命？

企业使命是指企业的目的、性质、任务以及其应当承担的责任，它规定了企业的目的，阐述了企业的任务，指明了企业的经营范围和对象。

使命的定义	
	我们从哪里来？
	我们为什么而存在？
	我们的责任是什么？

使命解决企业“做什么”“为什么而存在”的基本问题。
比如食说江南：“缔造健康餐饮标杆，共享幸福快乐人生”。

- 为员工谋取什么福利
- 为顾客提供什么好处
- 为社会创造什么价值
- 为人类贡献什么成果

图6-3 什么是企业使命

1. 社会使命

对社会有价值，为社会创造价值，具有社会使命感和责任感，是一个餐饮企业愿景和发展方向的最高理念。通过社会使命的明确，建立属于自己的企业标识，为人类发展贡献企业力量。

企业的社会使命是企业愿景的一个方面，是企业赖以存在的根本，也是其奋斗的方向和终极目标。概括起来说，企业的社会使命，是企业对各种不同的社会利益集团和社会群体所承担的道义上的责任，包括社会服务、社会利益、行为定位等，是企业在社会活动中不仅要提供相应的服务，还要在使用各种自然资源和社会资源时，优先考虑耗费的资源以及可能给社会带来的影响，而不是一味地索取和谋取利润。

一个餐饮企业要明确社会使命，必须遵从以下三个原则：

第一，要确立焦点。是要持久做公益还是从企业内部挖掘品牌力量，要瞄准焦点找准方向。比如，有的餐饮企业通过更加注重原材料选用的绿色、环保、健康等来打造环保型企业与社会人群产生共鸣，有的通过成立慈善组织专门开展公益活动建立良好美誉度，有的通过努力活跃发展产业链和树立行业标准来争取社会关注和好评。

第二，要持久一贯。长期维持焦点能为企业带来惊人的累积效果。餐饮企业真正实现社会价值，不是一朝一夕的功夫，不是善行一日就能产生持久深远的正能量，这需要一个日积月累长期积淀的过程。有的餐饮企业一开始并不是名牌企业，但却通过长期坚持社会使命和承担社会责任，逐渐在公众心中站稳脚跟，从而实现社会价值和经济价值。

第三，要有个适宜的名字。在承担社会使命时，它该有个符合焦点的名字，这样往往能取得不错的效果。麦当劳为疾病儿童建立了一个温暖的治疗之家，就取名为“麦当劳之家”。响亮的名称，鲜明的主题，更具影响力。这向大家展示了麦当劳不只是在经济领域赚取利润，它更有一颗社会慈善的、公益的热心。

2. 产品经营使命

企业的经营使命是企业愿景中一个具体说明企业经济活动和行为的理念，包含我们从哪里来，我们为何而存在，我们的责任是什么，有什么样的品牌目标，核心产品是什么，具体产量是多少，每个阶段采用什么营销策略手段和实现方式等。企业通过量化分解经营目标，实现经济价值。

在任何一个餐饮企业的经营使命中，首先要求产品经营能使客户心满意足。客户满意是最基础的经营使命。如果客户对企业的经营理念和产品不能认同，那么所有的愿景也就失去了意义。

企业没有经营使命，就会分散力量，导致问题出现。即使短期内业绩不错，也会因为缺乏长期目标或目标不够一致，使各种力量互相抵消。所以，一个餐饮企业为达成经营使命，必须在动态竞争中，看见别人未见，做好未来规划和准备。然后经过长时间努力和沉淀，一旦市场机会出现，就会占据有利位置，赢得主动。相反，企业如果没有经营愿景，只是跟着别人亦步亦趋，终究会因为滞后而被淘汰。

必胜客 1990 年在北京开出第一家店。1998 年“上海旗舰店 / 美罗店”在上海开业。1999 年江苏省第一家比萨连锁餐厅在苏州开业、浙江省第一家必胜客比萨连锁餐厅在杭州开业。2003 年 1 月 10 日中国必胜客开店突破 100 家。以 100 家店为新的起点，必胜客在“休闲餐饮”的基础上，以更易亲近的定位“必胜客欢乐餐厅”赢得了中国餐饮市场。迄今必胜客已在中国 50 多个城市开设了 187 家连锁店，员工超过 1 万人。其中，华东市场就有 69 家连锁店，分布在 15 个城市。童若鸣说：“今后，必胜客将保持迅猛发展的势头，使必胜客连锁店及其衍生品牌‘必胜宅急送’在华东市场以及全国市场遍地开花。”从中不难看出明确经营目标的重要意义。

3. 团队管理使命

企业除了上述之外，还应该承担起管理使命，对整个团队管理方向明确化，对人、财、物、信息等方面设定行动准则，使企业员工能够敬业勤业乐业，为员工谋取应有的利益和个人价值的实现，为践行核心价值、社会使命和经营目标而共同奋斗。那么，如何明确管理目标呢？可以从文化、制度建设两方面入手。

第一，文化建设——明确打造什么样的团队文化。

没有团队文化的集体，就如同一盘散沙，别说长远的管理目标和团建，就是眼前的业务目标实现也会成为一个难题。所以管理目标的明确，要有明确的团队文化。

团队文化是企业文化与团队长期形成的文化观念的产物，要在价值观、行为准则、管理制度、道德风尚等内容上下功夫，明确概念和方向，要以全体员工为工作对象，通过宣传、教育、培训和文化娱乐等方式，最大限度地统一员工意志，规范员工行为，凝聚员工力量，从而为团队目标和企业总发展贡献力量。

团队文化建设需要方方面面实在力量的整合，不仅要有一个优秀的领导，还要有一套为达到目标而设置的控制系统，同时要拥有完成任务所需的专业知识人才，这样的团队，必定是充满活力并极具影响力的。

第二，制度建设——明确制度内容和制度执行，也就是上面提到的控制系统。

管理制度指组织对内部或外部资源进行分配调整，对组织架构、组织功能、组织目的的明确和界定，是管理规范的制度化成果。主要包括汇报机制、日常工作内容规定、总结制度、会议制度、奖惩激励机制等具体管理内容和实施准则。明确管理制度需做到以下两方面。

（1）明确管理制度的执行力。员工是企业管理制度落实到位的主要对象。员工应清楚地知道遵守什么、怎样遵守，不遵守会怎么样等。遵守企业管理制度不仅要提倡自觉性，同时也不能忽略强制性的必要作用，具体情况下可以采取相应的措施。比如未严格遵守工作时间、服务标准不到位等情况出现时，就该采取一些适当的惩罚措施，小惩大诫。

（2）明确管理人员表率作用。管理人员作为企业人员，同样是被管理对象，同样需要遵守各种制度，在执行上更要无差别落实，不能因为职位高人一等，就无视制度。而是应该以更加严格的标准和要求，用诚实可信、勤恳踏实的务实敬业作风去感化和影响自己的下属。这样，层层传导的作用才会使制度的作用真正彰显出来，否则，制度就会成为一纸空文。

企业因为有明确的核心信仰、社会使命愿景和经营管理目标，就会有明确的发展方向，便不会在前行中偏离方向，误入“歧途”，便可以在既定轨道上尽力平稳前进，实现预期目标。

统一主张：价值观体现企业的深度

价值主张，就是企业品牌文化与战略最性感的描述，它为品牌带来市场消费诉求的兴奋点，获得市场的广泛关注。它是品牌对客户作出的市场承诺，展示着品牌的一贯立场，没有价值主张的品牌，就像一个没有灵魂的肉身（见图6-4）。用最简明的话来说就是，客户愿意从你这里而不是别人那里购买产品的原因。

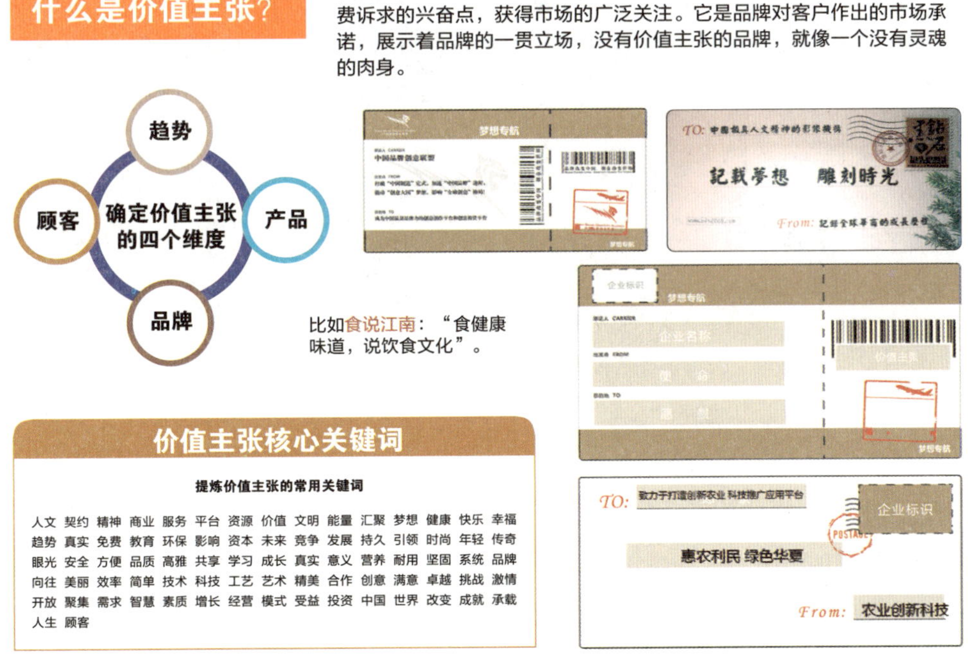

图6-4　什么是价值主张

价值主张该如何确定呢？当然，它不是单方面的，而是要从趋势、顾客、产品和品牌四个维度进行综合考虑，坚持真实可信、保持个性、可操作执行的原则。这样，形成的价值主张，才是理性的、其他企业没有的、能够契合企业发展的、能够抓住顾客的。

一、趋势

所谓趋势就好比看日出。我们要看早上五点钟的太阳，非得登上高山才行。换句话讲，对于趋势，企业要保持高站位，有一个高瞻远瞩的预测判断，要对未来市场竞争趋势作出正确的阶段性预测。只有基于此，确立的价值主张才具有长远的生命力，不至于将井底之蛙的片面天空当成整个世界。这样才能为价值主张的确定提供广阔的空间和高度，不至于限制企业未来发展。

眼下，依趋势而确定的价值主张，多为打造一流平台，创造世界一流服务，打造国民品牌等。其中多包含关键词：人文、梦想、时尚、环保、健康、平台、境界，它符合现在市场发展的理念和人们的消费心理，因此，一般情况下企业顺着时势作出的价值方向判断，具有时代意义，符合潮流趋势。

此外，价值主张的趋势确定应该符合潜力市场的要求和较大的增值空间。市场趋势在一段时间内呈现出较为稳定的特征，在此期间，企业要根据自己的资源结构特点进行战略选择，迎合并满足消费群体需求。企业的趋势主张既不能太过冒进，也不能过于保守，要因时而动、因求而定。

二、顾客

企业确定价值主张不仅需要充分考虑自身发展，也要兼顾运用顾客价值取向，对选择进行调整。二者同等重要，偏一不可。餐饮企业应该确定给何种细分群体提供什么样的产品和服务。

顾客价值主张是指对客户来说什么是有意义的，即对客户真实需求的深入描述。企业根据顾客的价值主张反过来调整和确定自己的价值主张，就更加具有针对性。客户的价值决定论决定交易成败。

在实际操作中，客户选择产品或服务时有几项关键指标，如，菜品质量、价格、品牌、售后服务等。只有当餐饮企业和顾客的价值主张出现有效的交点时，购买行为才会出现，才是一次完整的消费过程。二者出现偏离，或者不在同一个领域，无法出现集合和交点，那么客户不在目标受众群体内，企业的产品或服务也不能满足顾客的需求。

每个价值主张都是企业以迎合特定客户细分群体需求为依托，才确定可选的系列产品或服务。在这个意义上，价值主张是企业提供给客户的受益集合或受益系列。它能够解决困扰客户的问题，满足客户需求。有些价值主张可能是创新的，并表现为一个全新的产品或服务，而另一些可能与现存市场产品或服务类似，只是增加了某些功能和特点。这就是在价值主张客户因素中存在的另一种情况。

当顾客价值取向发生变动不利于企业战略时，企业要做出色的跟跑者。顾客的价值主张对于企业制定发展策略和方式而言，更像是一种针对竞争对手的战略模式。企业要在和竞争对手相比拟的共性中，有相似点；在和竞争对手比较之下，必须提供更优更好的差异点，以及面向客户的个性化产品和服务策略——共鸣点。然后企业通过相似点、差异点和共鸣点的叠加组合，满足顾客变化需求，给企业价值主张在顾客因素的运筹与确定中提供更为精准的着力点。

三、产品

一个餐饮企业的价值主张最终通过具体的产品和服务体现出来。如何才能让产品脱颖而出吸引顾客做出不二选择呢？这个产品一定不要让它只是产品本身，而要具有其他产品所没有的价值。这个价值就来自于价值主张的魅力。但我们也要知道，任何一种价值主张都不可能是完美的，都有其优缺点。

1. 同种产品，价格最低

为了实现这一产品价值主张，必须降低产品的成本，这样才能够以更低的价格销售。“最低价格”价值主张的优点在于它非常容易被客户理解。用最低的价格吸引顾客然后成交，已经成为薄利多销的一种代名词。市场上不同餐饮企业推出的一盘大众菜，在质量、口味等情况差别不大时，价格就成了首要的干扰因素。这种价值主张的缺点是企业被迫不断地打价格战，因为竞争对手可能会在货物的成本控制上超过你，长久的价格战会导致企业为了争夺市场份额而亏本销售。

2. 产品有着独特的优势

为了实现这种价值主张，餐饮企业必须通过市场研究弄清楚怎么做，怎么确定价值主张，才会让消费者认为你的餐饮产品优于竞争对手。这种类型的价值主张明确承认顾客可以有其他选择，但重点宣传对自己有利的差异点。“独特的优势”这种价值主张的优点在于能够保持独特性，就可以避免价格战，就可以拥有顾客群。这种价值主张的缺点在于竞争对手很快就会开始提供仿制品，而且仿制品的价格可以更低。

3. 突出共鸣点

要想提供这样的客户价值主张，餐饮企业必须抓住目标客户最看重的几个心理要素展示自己的优势，让客户能在餐饮企业的产品和服务中找到心理诉求点，产生共鸣。这种价值主张不应多多益善，应在客户最看重的因素上竞争。

四、品牌

品牌价值主张是基于产品或服务之上的，不仅能够提供给消费者利益，而且还包括品牌对社会、对人的态度和观点，通常被认为是企业商誉、股价以及市场业绩所带来的溢价。所有这些要素都不是实物资产，而是超出有形资产账面价值的感知价值。它直接体现了一个餐饮企业具有的深度和内蕴实力。品牌通过以下价值观体系落地（见图 6-5）。

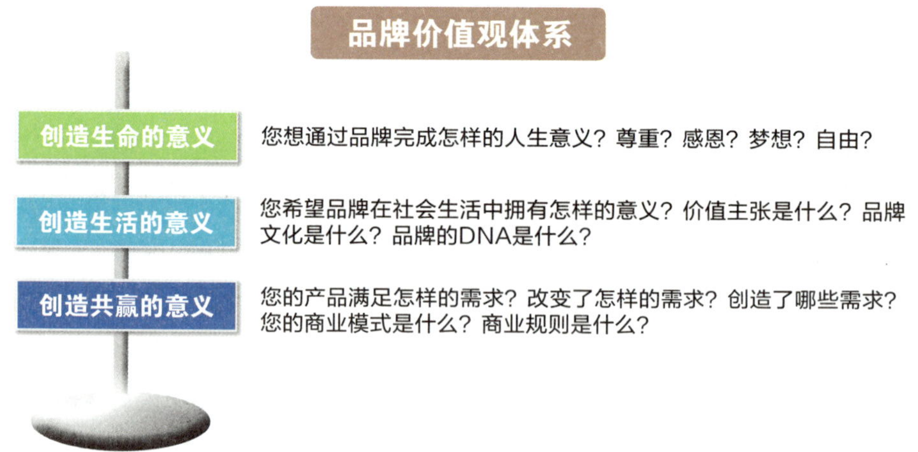

图6-5 品牌价值观体系

1. 创造生命的意义

一个没有价值主张的品牌，就像一个没有灵魂的肉身，不会产生任何情感。只有通过价值主张才能赋予一个餐饮企业鲜活的生命，创造企业的生命意义，实现企业的梦想。

试想一下，一个不令人心动的宣传片，一个布满尘埃的产品，一个没有温度的世界，销售活动该从何谈起。没有价值的“移情”嫁接，会让人与品牌与企业之间只是平行线，认同和共鸣也会遥不可及。这就是一个没有价值主张的品牌世界所给予人们的生命感受。所以，品牌不可以离开价值主张，要把静态品牌动化、活化、人格化，随之使品牌价值扩大化，满足消费者的利益需求，让企业生命更具有意义并得以延续。

“情感链接”，按照星巴克董事长舒尔茨的说法，是“星巴克价值观的真正主张”，是星巴克文化的特质及其“最原始且不可替代的无形资产”。但是，正如舒尔茨所言，没有几个商界人士能真正理解并相信这一点，因为它太“微妙”了，与流行的商业实践相去甚远。但我们还是埋头研究星巴克的竞争战略并力求探明其实施方法。尽管舒尔茨一再强调员工与企业之间的情感纽带的重要性，把“让我们的伙伴们感到自豪”作为其首要职责，在客户体验、员工感受方面思索和努力；但我们还是热衷于“加强流程监控”“降低薪酬成本”，以“股东价值最大化”为天职。

坚守品牌主张却没有出众商业模式的企业，不一定会成功；有不错的商业模式但没有坚守核心价值观和品牌价值主张的企业，则一定会失败。

2. 创造生活的意义

品牌价值主张是一种营销思想，它表现出品牌的一贯立场，是一种市场承诺，它极力满足人们的某种需要。其实就是努力把企业自身放置在社会生活中，努力创造企业品牌价值主张下的社会角色、意义和价值。

品牌价值主张是一面旗帜，它让人们看到了餐饮企业存在的价值。品牌主张也是一种文化，它透视着一种品牌和企业的精神内涵。品牌价值主张在品牌打造过程中有着十分重要的地位。品牌形象的建立在很大程度上依赖于品牌价值主张的诉求和确定。例如，麦当劳品牌的价值主张是要给顾客带来欢乐，其精髓是永远年轻，故而它的广告语是“我就喜欢”。

3. 创造共赢的意义

餐饮企业要将自己的核心认同和价值观有效地传达给消费者、合作者和社会公众，实现共赢，就必须确立明确的品牌价值主张。企业的一切传播和营销活动必须围绕品牌价值主张来进行。

人们的消费心理过程是从感觉到意志决策的过程，而消费行为的关键在于人们是否触及那令人兴奋的点，所以这其中，“特定的原料”是没有意义的，只有当它和美味食物及消费者价值观相联系才有意义。不管从产品角度的呈现，还是从消费者角度的倒推，品牌价值是品牌生存的根本所在。其以不变应万变的作风，在深层次上打通产品与消费者的隔阂，表达着一种信赖，一种人性的认知，这是品牌价值的精髓。

一个餐饮企业不管是以人文精神为核心，还是以商业价值为宗旨，每一个价值主张的统一与确定，都会因为维度精准而实现企业目标，体现企业价值的广度和深度。

五大板块：全方位解读品牌功能

可口可乐的老板放出豪语："即使可口可乐全球的工厂一夜之间都被烧毁，也可以在 1 个月内恢复正常的生产与销售。"为什么他会有这样的信心呢？因为银行第二天就可以为其贷款。为什么？因为"可口可乐"这四个字。全球的通路商也会毫不犹豫地继续先款后货地销售其产品，为什么？同样因为"可口可乐"这四个字。消费者也会一如既往地购买它，为什么？还是由于"可口可乐"这四个字。而这四个字代表着价值、信誉和消费者想要的东西，这就是品牌的功能和价值。

一个真正优秀的品牌能够有效促进产品的销售，形成强大竞争力，提升整个企业的价值，还能够吸引强大资源，进行高阶的研发创造，并保有大量高忠诚度的顾客……当然，品牌功能不止这些。下面我们就从竞争力、资源力、价值力、创造力和信用力五大板块来解读品牌的功能价值（见图 6-6 和图 6-7）：

一、最具竞争力板块

在全球化浪潮风起云涌的今天，品牌已成为企业攻破市场的一大利器，成为企业竞争中至为关键的要素。因为有品牌，所以有竞争力和核心动力。因为该品牌是品类代表，所以竞争力更强，核心动力更久。

市场中，检验餐饮品牌最重要的标准之一就是它所产生的实质价值收益。无法创造销售利润，没有竞争力，那这个品牌就是毫无意义的，可以定义为失败的品牌或者不能称之为品牌。所以，一个品牌的成功与否，首先要由它在市场上的竞争力来决定，品牌的根本目的就是利润的获取，并直接体现在质量、价格、市

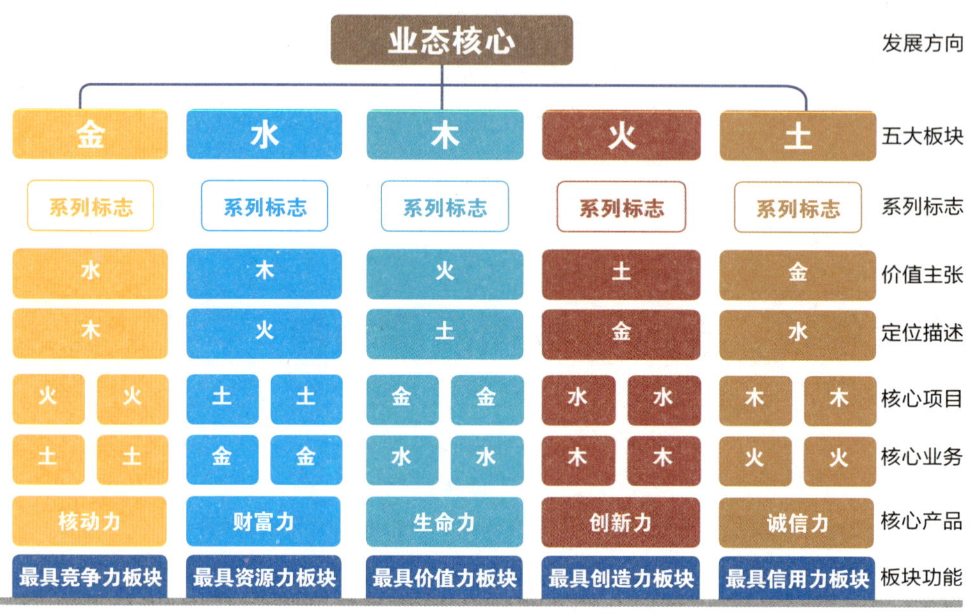

图6-6 从愿景公司的业态核心架构看品牌板块功能价值

图6-7 品牌板块功能价值

场占有率等方面。

打造品牌，塑造品类代表，才能积聚、产生竞争力，激发核心动力。归根结底，就是要提升产品品质、技术、性能和完善服务，促进消费者购买行为，使其具有市场影响力大、占有率高、附加值高、生命周期长等优势。如果你的餐饮产品比其他同类产品卖得好、卖得快、卖得贵、卖得久，就说明你的品牌成为了品类代表之一，代表了一种强悍的竞争力。比如人们说起咖啡就想到星巴克，说起比萨就想到必胜客，说起火锅就想到小肥羊。

当市场经历单一的产品竞争、质量竞争、价格竞争、广告竞争等竞争之后，品牌竞争势在必行，品牌竞争力就逐渐成为了餐饮企业的核心竞争力和动力。这样的竞争力诉诸餐饮企业的实在经济收益，就能以比同类产品更高的价格出售，以同样的价格占据更大的市场空间，甚至在市场很不景气的情况下赢得利润，在激烈的市场竞争中获得优越的生存与发展。来自市场的经验显示，一个行业内消费者最多只能记住 7 个品牌，而排名第一的品牌利润是第七名的 7 倍。

二、最具资源力板块

谁把控了资源，谁就占有了财富。那么，品牌对餐饮企业资源力的功能是什么？企业的资源力包括方方面面，比如自然资源、资金资源、政府资源、人力资源等。其中，人才是第一资源力。合作伙伴、材料供应渠道、同业异业联盟等也是重要资源。企业获得了丰富的资源力，就等同于拥有了关键的财富力，对产生更多效益、形成更大的产业链具有深远意义。

一个品牌餐饮企业对人才来说不仅是汇集吸引力的所在，更是交流凝聚力量的平台，也是培养完善自我、实现价值的舞台。品牌越大，人才越多。人才越多，品牌就做得更大。

著名的木桶理论认为，一只木桶能盛多少水，并不取决于最长的那块木板，而是取决于最短的那块木板。木桶理论也可称为短板效应。而新木桶理论指出，木桶能够装多少水，不光取决于最短的短板，更取决于木桶有无缝隙。若木桶有缝隙，则桶中的水将从木桶中泄出。品牌之于人才资源力和各种资源，就好比木桶之于缝隙与木板长短。在如今的市场体系和规则下，企业要充分发挥能动性，创造性地利用资源力优势和有利条件，通过引进人才和人才培养增加木板密度，通过整合与优化其他资源，增加装水的能力。

一个餐饮企业，如果没有过硬的管理人才和技术人才，那这个团队很可能会是一盘散沙，饮食味道也不可能尽如人意。

一个强大的餐饮品牌，需要有系统的人才队伍管理理念和专业的培养机制。企业不仅要打造人才交流、联盟平台，供大家学习交流，也要打造专业化职业化的餐饮行业管理商学院，给人才队伍培训，让他们充电不断发展自己，更要丰富他们的餐饮游学、专业类项目和各类咨询等体验，这样人才荟萃，才能共创品牌团队，而人在品牌力量下，感受到存在感、自豪感，从而产生凝聚力和创造力，才能更好地服务于企业，创造更高更好的价值。

一个享有盛名的品牌，抵得上无数个销售大师。一个优秀的人才队伍，是享有盛名品牌的基础。

三、最具价值力板块

对于企业来说，品牌的作用就是能够给企业创造价值，通俗点说就是“品牌能够赚钱”，让企业升值，让企业的生命力保持旺盛。

餐饮企业是一个完全的价值创造系统。品牌是系统的中心，它能够增加价值力，使创造的价值再升值。反映到具体层面，就是使企业参股受益明显高涨，让新的品牌孵化顺理成章，让餐饮企业的品牌管理理念成为价值标榜。

要了解品牌是如何产生价值的，首先要搞明白品牌的价值链都是什么。

企业战略决定了品牌策略。品牌策略确定之后，企业开展品牌营销活动，让品牌在顾客心智中形成印记，并改变顾客的态度和行为，进而改变企业的市场业绩，获得良好的股市价值。这就是整个的品牌价值链条，其实它就是一个实际的价值创造过程。

当然，价值创造过程并不意味着它一定会产生价值增加的效果，因为很多工作做了并不一定能够有效。所以，在价值链条中，增值的工作是企业战略的明确性、品牌定位的准确性、营销活动投资的有效性、市场竞合性、投资者情绪影响等综合因素决定的。

1. 战略的明确性

品牌的基因来源于企业的战略规划。一个企业有什么样的战略，就有可能拥有一个什么样的品牌。我们必须明白，企业帮助顾客来解决一个什么样的问题，从而给顾客带来实际的价值，才是顾客真正需要的。企业存在的唯一理由就是能够造福于人。

企业战略越明确，品牌定位越明确，企业经营活动就越精准，竞争力就越强，增加价值就越多。真正洞察了解顾客需求，能够帮助顾客解决实际问题和困惑，并能够以合适的性价比呈现给顾客，就能够促进品牌定位的准确性。餐饮企业在品牌推广方面浪费掉大部分的钱，就是因为定位和表达不准确所导致的。

一个明确的营销活动，是具有巨大的能量的。经过仔细策划设计、认真实施的营销活动，与顾客高度相关的、具有独特差异的营销活动投资，一定能够让品牌的符号在顾客心智中形成鲜明的印象。

2. 市场业绩呈现及投资者情绪

当顾客心智中形成了对品牌的印象，并且能够对品牌所进行的营销活动投资采取积极的行动，比如对品牌上市新品踊跃购买、对品牌产品的促销活动积极参与等，这些顾客用金钱参与的行动，就会直接拉动品牌的市场业绩。最终的结果就是这个品牌的产品或服务可以用更高的溢价形成销售，形成较高的市场份额。然后，企业就具备了价格弹性和品牌延伸能力，其控制成本的能力也就快速地加强了，品牌就获得了强大的盈利和价值能力。有强大盈利能力的品牌自然是备受股市青睐的。

因此，准上市品牌或者上市公司品牌，其在市场上的价值也会自然表现在股市上。即股价上涨，能够正向地影响到投资者情绪，引导投资者的投资收益增加，市场上的资本加大，品牌的整体市值增多。品牌进入了一个良性循环发展的轨道中，这是每一个品牌经营者所期望的。

四、最具创造力板块

当一个品牌可以为顾客及社会创造出价值时，这个品牌即使不做广告，也会被消费者、被社会所铭记。企业的创造力是进行技术创新、产品研发的能力，是生产力和创新力的源泉。一个好的餐饮品牌，必定也是创造力的代言人，创新力的象征。没有一个优秀的餐饮企业在创造力上是逊于别人的。

品牌的创造力在于，企业可以用同样的资源创造出比别人更高的价值，或者创造同样的价值花费更少的资源。它使企业总能走在同行的前面，以更快的速度研发出新的饮食产品。

现代市场中，餐饮企业的创造力始终保持领先并不断创新，是因为企业具有餐饮合作模式研发，有主创的营销理念和销售方式，有食材平台整合的新空间，有新的饮食产品研发不断进入市场，并使用中央厨房采购配送。这样的创造力，毋庸置疑，就是有形和无形的双优资产。

五、最具信用力板块

随着市场发展和企业发展的客观需要，诚信经营的概念更加深入人心。一个品牌成功与否，要看它的忠诚顾客量的多少。每一个优秀的品牌后面都有大量的忠诚顾客追随，对其产生深深的信赖。品牌的一贯承诺得到一贯坚持，在日积月累中就会形成企业的信用力。

信用力是一种无形资源，是指品牌在消费者心目中的信誉和形象等方面的综合描述与评价，它体现了市场、顾客乃至业界对品牌的认可程度，主要衡量指标有：知名度、美誉度和忠诚度。

对于餐饮企业而言，它不仅能够成就有愿景的餐饮人的终极餐饮梦想，实现被尊重被信赖的餐饮企业发展中极高的境界；还能够建立项目与资本互动的平台，吸引餐饮项目投资合作，创造更大的效益。因为懂诚信经营、可信赖的合作伙伴是每个企业争相向往的对象。

对于消费者而言，只有品牌获得信任，消费者才愿意经常购买其产品。品牌的良好形象和信用吸引了众多的品牌忠诚者，稳固了品牌的销售基础，使品牌的销售稳步增长。品牌忠诚者才是企业销量的最主要贡献者。

信用力把单一的对品质的信任转变为对整个品牌、整个企业的信任，企业提升品牌的内涵，就能更牢固地抓住消费者的心。

三大核心：品牌需要项目、业务、产品来支撑

品牌的英文单词 Brand，源出古挪威文 Brandr，意思是“烧灼”。人们用这种方式来标记家畜等需要与其他人相区别的私有财产。到了中世纪的欧洲，手工艺匠人用这种打烙印的方法在自己的手工艺品上烙下标记，以便顾客识别产品的产地和生产者。这就产生了最初的商标，并以此为消费者提供担保，同时向生产者提供法律保护。

经过几个世纪的发展，品牌已成为一种烙印，是一种识别标志、一种精神象征、一种价值理念，是品质优异的核心体现。

现代市场的品牌是指组织及其提供的产品或服务的有形和无形的综合表现，其目的是借以辨认产品或服务，并使之同竞争对手的产品或服务区别开来，可以是企业的名称、产品或服务的商标，也可以是一种名称、术语、标记、符号或图案，是构成企业独特市场形象的无形资产。

品牌创造和培育的过程不是一朝一夕的功夫，它是长期积累和不断创新的结果，这个过程需要项目、业务、产品三个核心环节作为支撑并在激烈的竞争中不断完善，这样才能立于不败之地。如果说品牌是果实，是结果，那么核心项目、核心业务、核心产品就是品牌创造和培育的重要支撑（见图 6-8）。

一、核心项目

餐饮品牌的打造离不开项目建设做载体和平台。品牌战略及其实施归根结底是由项目具体运作而来的，项目落地才能打造品牌，否则品牌将停留在意识领域

图6-8 品牌创造和培育的重要支撑

无法成形。

日常生活中，我们可以把建设一条高速公路的建设过程，安排一个演出活动，开发和介绍一种新产品，策划一场婚礼，设计和实施一个计算机系统，进行一个工厂的现代化改造等都称为项目。项目是一项独一无二的任务，也可以理解为是在一定的时间和一定的预算内所要达到的预期目的。

餐饮项目更侧重于过程，它是一个动态的概念。一个项目从有理念，到规划，到市场调研，到可行性再到具体实施，每一个环节都是变化着的项目的子项目，每个子项目之间又环环相扣相互作用，使得整个项目系统正常运作。

项目有自己的特点，明确的目标。但其中存在较大的不确定性，潜伏着各种风险，而且不可逆转，因此在项目实施以前必须进行周密规划。项目的实施需要建立严密的项目组织和规章制度，配备专业的人才和技术力量，确保组织的执行力和能力。成功的项目对品牌的打造具有决定性的作用，因为如果项目在一开始就溃不成军，那么餐饮品牌的打造就无从谈起。

现代市场的餐饮品牌打造，必须以各种餐饮项目的建设为依托和平台，必须要有核心项目，将企业的力量和资源优势集中，找准关键因素击破难题，强化品牌打造的推进力。具有典型意义的例子是在运营前期采用直营餐厅、连锁规模餐厅项目、食材平台整合、中央厨房标准建设等，中后期采用人才交流平台、网络营销传播、比赛培训等方式。但是，我们要知道在品牌的前进路上，每一种项目都是品牌建设所必须具备的力量。

二、核心业务

“业务”更通俗来说，就是各行业中需要处理的事务，现代市场通常将业务偏向指成销售事务，因为任何餐饮企业最终以销售产品、销售服务、销售技术等为主。“业务”最终的目的是“售出产品，换取利润”。所以大众通常会把业务员等同于销售员，也就是这个原因。

现代餐饮企业业务领域里的销售是一种营销概念的技术和艺术的结合，它要求具备专业烹饪制作知识的技能人才队伍，不断完善的餐饮管理模式，善于沟通与表达、深谙市场和顾客心理诉求的服务团队，懂得传播和宣传理念作用的管理层等。只有通过销售，才能将实际的项目成果运用到品牌打造的过程中，才能对品牌推广和价值实现起到作用。没有销售这个着力点，任何品牌的打造都是“零”。

1. 专业人才的培养

餐饮企业要想提升销售业绩，就要使管理层和员工具备扎实的市场营销管理知识，不断加强人才培养，通过餐饮管理商学院、餐饮文化游学、专业的培训咨询等，提升人才的素质能力水平，使其在专业化的学习中成为高、精、专、尖人才。当然，业务人员不仅要做好自己的业务，而且要站到一定的高度去考虑自己的这块市场如何良性运作，销售的速度才会最快，成本才会最低。

2. 运用现代传播手段

传统的电视、报纸、杂志等媒介虽然在产品的宣传与品牌打造上仍旧具有很强的实力，但是我们不得不承认，现在大众进入了一个多元化的自媒体时代，人人都是传播者和消费者，口口相传就会产生影响力和购买力，因此，餐饮企业一定要重视自媒体和现代传播手段对品牌打造和销售的神奇影响。现在一个转发、一个微信群就可能让餐饮品牌和产品被大众知晓。

“伏牛堂”的“霸蛮社”，直接对接的微信群就有 2000 多个，它定位于只做小群不做大群，一般的微信群不会超过 100 人，其中 50 人左右的微信群居多，其目的就是希望每一个微信群内部的人“至少见过面”。为此，除了线上的活动之外，“伏牛堂”还经常根据用户的兴趣爱好分组，组织一些线下活动，必要时，“伏牛堂”还会提供一定的经费。这种鼓励的做法让社群互动愈加频繁，从线上延伸到线下，从语言交流拓展至社交活动。而互动也正是社群迸发出价值的基础，百度搜索“最辣米粉”，就会搜索出很多“伏牛堂”的相关报道，这是因为“伏牛堂”利用社群互动将品牌“湖南辣”的价值点充分传播出去，形成了“伏牛堂 = 正宗 = 霸蛮 = 辣”的品牌记忆。

2014 年，“伏牛堂”首先在“霸蛮社”发出召集令，发起吃辣米粉的活动，要努力为湖南争取“中国第一辣”的头衔，一时间吸引了众多来自五湖四海的嗜辣的朋友前来参战，甚至还有国外友人，相关活动内容也被国外的媒体所报道。通过这次活动，“伏牛堂”向消费者传达出其餐品的两大价值点：正宗湖南牛肉粉、正宗湖南辣。张天一要做的就是正宗的湖南牛肉粉，他甚至为此还曾放出豪言:“只求正宗，不求美味。”对此，“霸蛮粉”们的反应是，湖南人哭着吃完粉；外省人哭着看湖南人在“伏牛堂”哭着吃粉。其实，自始至终，感动消费者的都是由正宗传统美食传递出来的那一份乡情，还有“伏牛堂”表达出来的一种“不服输”的“霸蛮”文化，而这一点，“伏牛堂”通过社群的互动，将其表现到了极致。

三、核心产品

品牌的打造，项目的实施，销售手段的运用，最终都是为了将产品推到市场和消费者的面前，所以核心产品的作用和意义不言而喻。产品是品牌打造的终极依托。再好的项目规划，再厉害的销售手段，如果运用在一个质量不过关、没有独特个性的产品上，那么品牌的打造也将成为天方夜谭。

产品是一组将输入转化为输出的相互关联或相互作用的活动的结果，即“过程”的结果。也就是项目、业务、产品这个过程中的结果。核心产品是强势打造的产品，可以是一个系列，也可以是一个组合，甚至可以只是一个单品。

核心产品品质的打造，需要品质管理的控制，需要一系列标准化的流程加以规范。这一点我们在前面章节已有阐述。这里，我们主要谈产品对于品牌的支撑作用。

餐饮产品是餐饮企业向社会提供的，并且能满足人们需要的实物产品和无形服务的总称，包括产品的色彩、形状、构成、质量、服务等。餐饮产品的特性对于品牌打造起着关键作用，是保持品牌个性和市场占有率的终极武器。

1. 餐饮产品要有文化性

不管是厨房产品，还是就餐环境和员工服务，都承载了丰富的地域特色文化，这种文化从菜点风味与命名、餐厅的装修、员工服饰与礼仪等都能体现出来。可以说，一个餐厅的饮食文化是其餐饮产品的灵魂，是品牌打造的基础能量。

2. 餐饮产品的多功能性

餐饮产品不仅能满足人们的基本生理需求和对地域饮食文化的需求，还具有社交功能、商业功能和休闲功能等。借助就餐，人们可以增进相互之间的交流和认识，可以谈生意做买卖，还可以在这里舒缓情绪、愉悦身心。所以不同的餐饮品牌根据定位的不同，具有不同的顾客市场。

3. 餐饮产品的组合性

餐饮产品的组合性不仅体现在菜品的创新，餐饮原料与烹调加工方法的不同组合可开发许多新菜点上；还体现在宴席的开发上，同样的菜点用不同的组合与包装方式（如命名、盘饰、形状等）就可以开发许多的宴席；还有菜点、宴席与就餐环境、员工服务等相互改进与组合，可为顾客提供更多不同特点的餐饮产品。由于餐饮产品具有可组合性，有利于餐饮企业开发创新产品，故餐饮企业不仅要保证老产品的传统和特色，还要适时推出新产品，以满足顾客的新需求，增强自己的竞争力，这样的品牌才会保持特色，拥有市场。

所以说，一个品牌从孕育到成熟，是一项巨大的工程，企业不仅要做好项目平台规划实施，也要做好产品本身品质和特色，还要做好销售的核心能量，将所有成果转化成利润。如此来之不易，切记要行之以专。

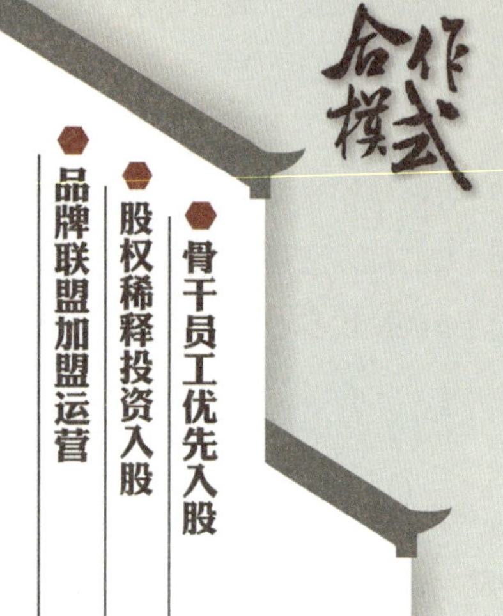

食健康味道 说饮食文化
做一家有文化 有故事的餐厅

我们的理念是：

每一个人都很重要！给予顾客的是一种贴近心灵的感受，以亲朋好友的心态来对待每一位顾客，缓解您因忙碌的工作而形成的压力，使顾客流连忘返。典雅舒适的氛围使餐厅充分展现了人性化的一面，不仅悦目，更是赏心，给顾客一种心灵的慰藉与归属。意趣相投的人经常会在这里聚会，咀嚼佳肴，思考人生。一个时间、一个地点、一种思想状态……都可以演变成一段人生。

我们只为健康味道部署，为寻常百姓提供吃得起的美食

食说江南是孙正林先生打造的全国连锁品牌人文餐厅，把健康美食和文化故事相结合，以健康营养美味为使命，所以我们食说江南人拒绝添加剂和味精，只做良心食品，用匠心的精神做好美食每一个环节安全和健康，传承诉说每道美食的经典饮食文化故事。我们的团队拥有独创的烹饪体系，以及专业健康烹饪大厨，致力于不断研究餐饮的味感、营养和意境。我们追求健康味道，食材的本质，成为每位顾客的健康使者。

孙正林

食说江南钱柜店董事、品牌创始人，
中国饭店协会国家裁判员，国家高级技师，
国际优质名厨，亚洲大厨，
味道系列品牌创始人，食说江南连锁品牌创始人，
捧优商学院院长，国际烹饪联合会国际一级评委，
全国饭店餐饮业国家评委，
法国厨皇美食会在人民大会堂颁发了“法国蓝带勋章”
美国食品艺术家协合理事，
世界华人健康饮食协会理事，
他的从厨经历曾被《中国烹饪》
《靖江日报》《中国食品》《财富江南》
《餐饮世界》《中国旅游报》《淮安日报》杂志等，
CCTV1、旅游卫视等国内多家媒体报道过。

蒋伟峰

食说江南钱柜店董事长，
中国烹饪大师，法国厨皇美食会荣誉会员，
江苏省餐饮协会理事，
江南省霞客菜肴研究会副主任，
国家级评委。
江苏江阴天水雅居餐饮集团副总兼行政总厨，
擅长烹饪长江鲜和地方特色彩、新派江南菜，
曾先后有几十篇介绍中国特色饮食文化的作品在全国多家杂志发表并接受专访。

工匠精神

不忘厨心——餐饮匠人
专注餐饮二十余年

杨雅茹

食说江南钱柜店董事总经理，创业投资人，
从事餐饮20余年，在淮扬村、娃哈哈、
觉品一号酒店任重要岗位，
曾任很多知名酒店总经理，
接待过很多政要名人。

李瑞

投资人，中国钱柜总裁，食说江南董事，
过去在酒店餐饮娱乐业，
成为大陆地区领航者，
现又跨界多个行业，
成为多个行业品牌的合伙人！

酒店餐饮管理商学院

别有风味

餐饮人交流联盟平台
国内外餐饮文化游学
培训+咨询+诊断+梳理

食说江南直营品牌

耐人寻味

直营文化故事餐厅
餐饮商业逻辑运营模式
诉说情怀的样板店

图6-9 食说江南品牌运营图（一）

企业文化

【食说江南】：营业面积3000余平方米，同时能容纳600余人就餐，设400人宴会厅、30个包间、20个零点台，是您宴会预订、婚宴庆典、商务宴请、朋友小聚、家庭就餐的理想场所。

食说江南

taste jiangnan

每一天，您是否还在为饮食安全而烦恼？每一天，您是否还在为家人健康而担忧？

认真对待自己的人，请来这里，因为食说江南经营的不仅是创意和美食，还是您的健康，更是对生活的热爱和对幸福的体验。

股权投资公司

令人回味

成就有愿景的餐饮人
项目与资本互动平台
餐饮项目投资，其他投资

餐饮合作模式研发

有滋有味

食材平台整合
饮食产品研发
中央厨房采购配送

食说江南餐饮企业管理

津津有味

18个餐饮项目参股
18个餐饮品牌孵化
18家餐饮品牌管理

打造健康餐饮文化产业管理第一平台

图6-10 食说江南品牌运营图（二）

企业通过一连串的商业活动来达到最终的商业目标，就是企业运行过程中的商业逻辑。吃饭交钱，这是最简单的商业逻辑。然而做企业不是摆地摊，商业目标要远大得多，要想快速达成企业的商业目标，还要靠正确的商业逻辑，学会项目路演和资本运营。

Part 4
商业逻辑

项目路演　资本运营

第七章

项目路演
——如何找钱找人做大事

路演，作为现今企业获得融资的普遍手段之一，在商业活动中越来越受到推崇。通过向外展示自己的优势和发展前景来吸引投资，这是很多企业都在做的事情。那么餐饮企业为什么需要路演？答案很简单，“酒香不怕巷子深”的纯 B2C（公司对消费者）模式对于现今的餐饮业而言已经过时了。大家的酒都不差，谁在商业规模上做大做强做精，谁的酒才更好卖。商业模式做起来自然需要资金支持，而路演就是找钱找人做大事的极快捷、极有效的方式。路演之前，经营者必须先弄清楚一次成功的路演需要具备的八大要素：强烈企图、美好愿景、清晰思路、利他原则、心动故事、诱惑案例、性感工具、一流平台。

强烈企图：我要达到的结果是什么

行军打仗，兵家都会预先制订作战计划，细分各个作战阶段的战斗目标。而每一场仗都有预定的目标，或为拖延，或为掩护，或为抢占，抑或为佯攻。无论如何，出征之前，兵家都有他的预定结果。餐饮市场的硝烟似乎和战场一样呛鼻。消费者人数多，分散各地，口味不一，消费能力、消费习惯、消费方式更是无法统一度量，任何餐饮企业都无法满足整个餐饮市场。那么做餐饮，第一步是什么？不是选址，不是调研，而是清清楚楚、明明白白知道自己要达到的结果是什么，需要确定一个市场目标。

那好，强烈的企图是项目人最不缺乏的东西。比如一位来自北京的创业者，路演的第一句就是"要做来自中国的麦当劳"，这一看似宏伟实则空洞的商业企图恐怕会让多半投资人和机构代表望而却步。如果稍微具体内敛一点，比如"让北京烤鸭走向全世界"，也许还有继续融资的可能。企图并非妄想，从事餐饮业，何不先定个小目标，比如立足某个城市。

现代营销学之父菲利普·科特勒将确定市场目标的过程划分为三个阶段：细分、目标、定位，餐饮市场同样适用这一套路（见图 7-1）。

第一阶段，细分餐饮市场。

首先，要知道市场细分是由市场对"存同求异"的需求，即在餐饮业必然存在近似性的前提下主动寻求市场差异性。其次，市场细分的出发点是消费者对"异质市场"需求的满足。

那么对餐饮市场进行细分，就可以助力企业发现市场机会，选准目标市场；规避竞争激烈的同质化市场，发掘他人未察觉的最优市场。这对刚刚起步的餐饮

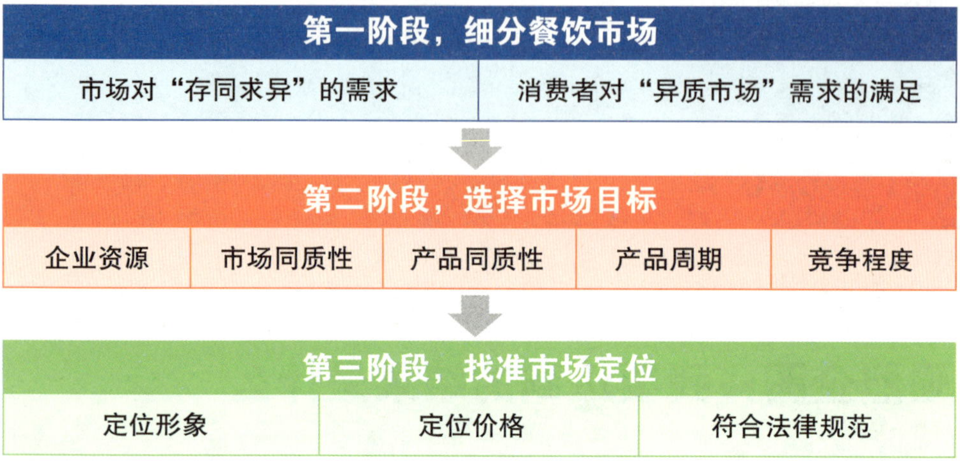

第一阶段，细分餐饮市场	
市场对“存同求异”的需求	消费者对“异质市场”需求的满足

第二阶段，选择市场目标				
企业资源	市场同质性	产品同质性	产品周期	竞争程度

第三阶段，找准市场定位		
定位形象	定位价格	符合法律规范

图7-1 确定市场目标的过程

企业至关重要。企业要从地理、人口、气候、收入、宗教信仰、年龄段、节日、消费心理等着手对将要踏入的餐饮市场做出细分，进而选择主攻目标。

以开篇那个立志做出中国麦当劳的例子来讲，通过餐饮细分，可以将目标具体为“适合中国本土的快餐品牌”。

第二阶段，选择市场目标。

在市场细分的基础上，选择将要去迎合的消费需求，进而开创以此类消费群体为营销对象的餐饮品牌。目标市场选择是否准确，就像中医号脉是否精准一样至关重要。如何选择市场目标？先来了解影响餐饮目标市场的几个因素。

一是企业资源，特别是资金问题。手持十万二十万元就想在北京市区买一套房，可以是可以，但是你先得拿它去银行存个五百年。

二是市场同质性。对于大部分消费者都需要的，在消费方式和消费数量没有明显差异的市场，比如夏天的冰激凌、冬天的热饮，就可以采用无差异性营销策略。而反之，就需要采取差异性、集中性的策略。

三是产品同质性。还是以夏天的冰激凌为例，如果大家做的都是酸奶冰激凌，那么产品营销无须过多创新，更无须将其放于菜单中的推荐位置上。而反之，就要用差异性策略，比如餐厅主推低热量冰激凌，就可以配图配文，甚至配以专门海报进行宣传。

四是产品周期。人都是喜新厌旧的，产品一般都会有一定的生命周期。某一类产品初入市场，必定竞争者少，此时企业可以加大宣传力度，获取消费者黏性。而随着市场认可逐步提高，竞争也将逐渐激烈，企业则可以逐渐降低其市场主打地位。再接着产品进入衰退期，那企业就可以对其进行依附式营销，减少过多资金的投入。

五是竞争程度。制定目标时也要看准角度，像医生一刀切入不刺破主动脉一样，发现最容易获得同等价值回报的目标。

综合考虑以上因素，才可以更精准地确立目标，定位自己的企图。2014 年入选“中国餐饮业十大品牌”的上海耶里夏丽，就以其精准的目标取胜。它主打新疆菜，在中国的东部卖中国西部的菜。避开满大街都是的江浙菜，从装修到服务都包裹上新疆风味。

这家企业的目标是什么？是占领上海新疆菜市场，而不是称霸全国。论正宗、论地道你永远比不上新疆的新疆菜。所以到目前为止，只在上海开设十家分店的它也能获得中国烹饪协会的认可。

通过市场目标的划分，创业者接着将创办“适合中国本土的快餐品牌”这一企图更加具体为“立足北京，面向全国，以上班族、亚健康高发人群为主要消费群体的快餐品牌”。

第三阶段，找准市场定位。

餐饮企业市场最需要的是顾客的粘连度，如果你家的菜别人吃一次就不来第二次，那可以说你的企业是极其失败的。市场定位，就是取得目标市场的竞争优势，确定餐饮产品在消费者心目中的位置。让消费过的人留下值得的印象，让没消费的人愿意去消费。

定位形象，比如企业 LOGO、装修风格都需要有自己的定位，否则和街边大排档有何区别呢？定位产品，根据所选定的目标市场，将优点突出的产品拿出来，强调其比其他餐饮企业具有的优势。最后还要定位价格。进而创业者可以将开篇的企图再次具体为“前期占领北京市场，后期全国推广，以上班族、亚健康高发人群为主要消费群体，以‘轻松活泼’为主题，蒸、烤、煮为主要烹饪手段的快餐品牌”。

最后还要符合法律政策。任何商业企图都不能越过法律法规和政策调控的红线，否则都是不合理不可取的。例如，企业定位健康饮食，那在菜品设置上就要不超过国家营养推荐值，甚至可以设立高于国家和地方标准的企业标准，以此抬升品牌形象，增加消费者的信任感。

可以说，通过企业所主张的宏伟企图，投资人、消费者就对你有了大致的判断。如果这个企图虚无缥缈，又或者毫无新意，那又如何在路演时吸引更多的观众呢？

美好愿景：未来是这样的……

都说“不想当将军的士兵不是好士兵”，人生在世活的就是一个志气和理想。那么对于一个企业来说，它的志气是什么？它所想要实现的目标是什么？这些都是考察人所在乎的问题。毕竟理想决定方向，愿望给人动力，如果一个企业没有愿景，没有立场和信仰，必然会缺乏前进的动力和精准的方向。

作为对一个企业立场和信仰的阐释，企业愿景具有高度的概括性至关重要。现代管理学之父彼得·德鲁克认为，企业创立必须弄清楚三个问题：第一，我们要到哪里去；第二，我们未来是什么样的；第三，目标是什么。这就是作为一个企业愿景应该回答和展示的几个方面。简单来说就是要让想跟你合作的人知道你的发展前景是面向哪些区域，是干什么的，最终能创造多少财富（包括金钱财富、社会影响力、大众认同感等）。

企业愿景就像大街上看到一个人，美还是丑只需一眼。但它不像品牌口号一样面向消费者，而是面向内部。正如我们看到一个美女，我希望她能爱上我，于是我就精心打扮，主动追求她。这里的“精心打扮”就相当于品牌口号，而“她能爱上我”就是愿景。愿景是一种给自己的内在动力，所以无须宣传自己品牌的优异和强调口号的记忆性。好的企业愿景往往能够给企业人以无形的动力。创立于 1996 年的眉州东坡酒楼，经过 20 余年的努力，在以大数据为主导评审依据的 CNPP（品牌数据研究院）评选中入选“中餐十大品牌”。第一间眉州东坡酒楼在北京成立之时，谁也不会想到这么一个普普通通的酒楼能够在全国市场占据多少份额。而其企业愿景“为全世界人民做饭”乍看狂妄不羁，毫无亮点。可由于其立足首都北京，并享有得天独厚的地理人文和政治优势，将眼界局限于全市就显得目光短浅，放开到全国也是意料之中。只有面向全世界，才能让企业人有自己要高过其他普通餐饮企业的认同感，和面向这个目标去奋斗的动力。

企业愿景的作用可大可小，但如何最大化其作用，还需要从以下三个方面入手（见图 7-2）。

图7-2　企业愿景的三个方面

第一，愿景与梦想。

套用一句经典电影台词“人呢，要有梦想，不然和咸鱼有什么区别”。梦想就是一种奇奇怪怪的东西，因为它可能实现，也可能永远都是梦想。但是梦想定位于未来，未来却迟早会来。正如马云所说：“梦想还是要有的，万一实现了呢。”当吴承恩将千里传音当作梦想的时候，世人只当是天方夜谭，可如今，这已经成了人的基本权利。

企业的梦想就是“企业愿景”，当年那个小小的汽车餐厅做到如今全球连锁快餐巨头的麦当劳。当年“控制全球食品服务业”也许是一个梦想，而对当时的每个麦当劳员工而言，那就是一种力量。如果其企业愿景是“让每一位停车的司机喜欢我们的快餐”，那只能说它是一个战略目标，一个企业准则，因为它太容易实现，大家按部就班就可以做好，根本不需付出额外努力。所以，将企业愿景定得长远一点，动力才会大一些。

第二，愿景的定位。

为什么愿景的力量说不清道不明而往往奏效呢？就是因为它处于可能实现

而又难以实现的模糊状态，它以其泰山般不可征服之势让胆怯的人望而却步，又以其魁梧挺拔之态让你迫切希望去享受那种征服之后的快感。

作为一个餐饮企业，我们不要局限于“我能做什么”，如果不能让每个加入和想加入的人热血沸腾，干劲十足，愿景即失去了它设立的价值。

愿景的定位要从“你想成为什么，所以你能成为什么”出发而设定，而不是局限于“你能成为什么，所以你想成为什么”。倍化自己现有实力并将其作为企业愿景，这也是愿景转化为领导力的原理。如果愿景过于简单，顶多能让今天卖出五十个蛋糕的员工满腔热血地希望明天卖出五十一个。长此以往，员工动力全无。

第三，传统与引入。

没有野心就意味着软弱，在商战场上就意味着节节败退。没有野心是无法建立看似根本难以实现的愿景的。全球领先餐饮行业品牌多会使用“最佳”“占领”“领导者”等壮志凌云式、“霸道总裁式”的表述。这些有明确目标，将愿景量化的词语往往更具可操作性。比如一个人减肥，他设立目标的时候往往会是“我要在两个月内瘦到 60 千克”，而不是“我要变瘦”。

所以在设立企业愿景的时候，还应尽量避免“知名品牌”“国际一流”等模糊不清的定位，因为这样会让企业人没有清晰的方向感。要既有“实干闯未来”的心态，也要能仰起头思考企业哲学。埋头干活，抬头往前。

拿德克士来说，其企业愿景是：提供优质美食与服务，运用优势的管理能量成为爱与关怀世界级的连锁餐饮集团。

1994 年德克士创立于成都，1996 年被顶新集团收购。如今其市场主要面向中国本土。和麦当劳的企业愿景相比，两者都从市场角度明确地提出了企业的发展目标，都具有很强的鼓动性。

德克士将为消费者服务、满足其需求纳入了企业愿景内容，看似模糊不清，而其又精准指出“管理能量”这个顶新企业所具有的传统优势，同时希望在世界快餐行业占据鳌头。传统与引入并举，所以德克士的企业愿景比起麦当劳明显更为低调务实而又彰显强大野心，作为中国本土连锁快餐企业，兼顾传统价值观和市场鼓动性的企业愿景，正是发展传统和引入创新并举的举措。

然而说到企业愿景就不得不提企业使命。二者往往如飞机和大炮一样被人同时念及，有区别又有联系。

其区别就在于一个是宏伟目标，一个是保底任务。企业愿景阐释了“企业是什么”，告诉人们你做餐饮会做到什么程度才满足，是能改变人类饮食结构还是统治全球外卖市场，甚至是颠倒食物链等看似天方夜谭的梦想。而企业使命是企业存在的理由和价值，它的设立是为了回答我的餐饮为谁创造价值，以及能作出什么贡献，就是根本任务。使命就是必须做的大事、一定要完成的任务。比如麦当劳的企业使命“品质、周到的服务、清洁的环境、为顾客提供更有价值的食品”，餐饮企业往往会以满足消费者需求这一中心点来确立企业使命，因为任何一个餐饮企业的顾客群体都具有共同特征，以长期保持不变地满足这一群体需求为制定准则，往往可以让人清楚明了企业所面向的消费群体和企业所能做出的基本承诺。但是由于企业使命作为企业基本任务，一般要涉及多方利益，那么各方利益就要明确或忽略。如麦当劳的企业使命就不需提“为顾客提供充足的停车位”，即停车位并非麦当劳必解决的问题。

而两者又有着不能一刀切开的关联。构筑愿景是企业做强、做大的不竭动力，是企业发展征程前方的灯塔。而一个企业要万年常青，动力不竭，到达远方的彼岸，就要让企业大船上的每一个水手各司其职，企业的全体员工坚守企业使命。

当然，投资人和机构代表往往会更看重“企业使命”的内容，因为这意味着他的盈利底线，可以从中分析企业的盈利模式、市场前景。例如前面提到麦当劳的企业使命是“质量、周到的服务、清洁的环境、为顾客提供更有价值的食品”，而本土快餐品牌德克士的企业使命是“创造新舒食快餐”。

虽然两者都提到客户服务体验（“周到的服务、清洁的环境”“舒”），但是仔细分析能发现从企业使命可以判断麦当劳还重视食品健康性质，紧贴当前社会倡导的健康饮食主题，这便是其有别于人的亮点。而德克士则注重创新，可以判断其在经营模式中会不断推出新产品，推出新的快餐模式，从往年其首推的米饭快餐系列可以看出这一使命着力点。同时德克士还坚持以快餐为经营对象，相比于麦当劳，它约束了自身的餐饮模式，但保证了效率。

清晰思路：我知道如何实现未来之路

做企业，做餐饮企业，不要脱离实际。不要想象很美好，现实很残酷。有清晰思路，明确知道企业发展之路该如何走至关重要（见图 7-3）。

首先，能纸上谈兵，将企业愿景具象化。

我们知道你有一个伟大的梦想，那么这个梦想实现时，是以一副什么样的姿态展现在普罗大众面前呢？在餐饮市场上能够占据什么位置？发展到什么地步？这些能够说得清、道得明的标准，使这个企业的每个企业人、投资人和机构代表能够有一个清晰的方向。

其次，能思路清晰，将企业愿景步骤化。

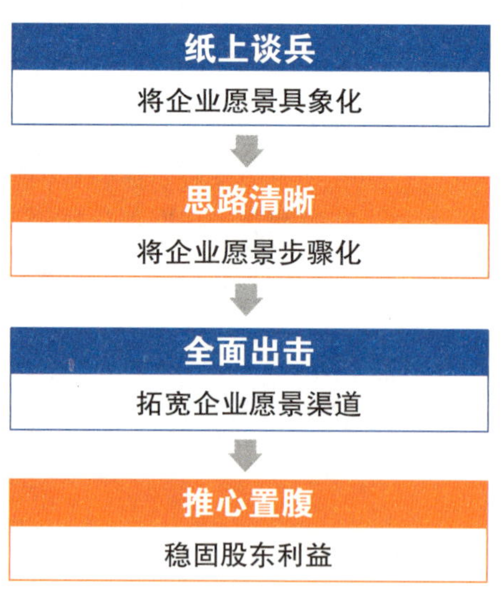

图7-3 企业发展之路

把你所倡导、推崇的企业愿景用文字表达出来，这是其中一步。而能让投资者和员工都在脑内形成一幅地图，这幅地图告诉他在哪个地点应该左转还是右转，转错了是原路返回还是改变路线，这才是将愿景步骤化。投资人和机构代表了解完你为什么做餐饮，了解完这个餐饮的使命和愿景，就会想要知道你如何实现使命和愿景。比如，是否上市，是否走网络平台，是否退出廉价副线品牌，是否开启加盟模式，等等，这些问题都要一一陈述清楚。

中国本土最大快餐品种，如果兰州拉面说自己是第二，恐怕没有其他餐饮品种敢说自己是第一。1999 年，兰州拉面和全聚德烤鸭、天津狗不理包子被列为中式三大快餐推广品种，一时成为“中华第一面”。然而发展至今，其现状到底算不算发展得好呢？恐怕所有人都很难马上给予肯定的答复。没有清晰的发展思路是兰州拉面发展中最致命的硬伤。这也是说它是最大快餐品种，而不说其是最大快餐品牌的原因。

1999 年兰州拉面被列为国家推广品种，直到 2007 年才征集统一商标、制定产品标准，而未达标的面馆又无法取缔。2010 年才开始着手建立集科研开发、技术培训、生产加工、物流配送、连锁经营为一体的覆盖全国的牛肉拉面产业体系，发展加工、配送、销售、标识、管理、服务“六统一”的连锁经营店。这些本该在产业建立之初就有的东西，为什么会十几年后才姗姗来迟呢？发展思路不清晰导致品牌推广混乱，好在目前兰州拉面已经成功推广开来。

这种国家扶持的企业倒是可以有亡羊补牢的机会，而其他民营甚至正在做项目路演的企业能否有十年时间等你消耗呢？做餐饮，就像上菜一样讲究步骤。先上清淡开胃的，再上味道重的，最后上小点心或者汤。如果一下就把辣菜端上来，后面的菜吃起来就变得索然寡味，那同样的一桌菜就会得到完全不同的评价。

企业愿景步骤化的同时会将企业功能细分，企业建立初期可能是一个人同时兼顾财务和策划，另一个人兼顾市场和质量监督。但是随着企业的发展，这些功能往往会由于企业的庞大，而不得不分列开来。

洗菜的员工应该怎样，每天工作几个小时，是否设立单独部门；厨师应该怎样，一天应该炒几个菜，投诉率应该低于多少；财务部门应该怎样，每月工资什么时候发放，奖励如何计算，发票如何报销等。

这艘企业的巨轮能航行多远，船长不仅要设立每日航行计划，清楚每天的里程，到哪里能够补给动力；也要考虑遭遇狂风巨浪能不能安然渡过，甚至如何回击海盗，毕竟这些能够产生决定性影响。甚至是一块夹板是否老化，船桨有没有缠住水草，桅杆有没有腐朽，这些细枝末节的因素同样会影响到航行能否顺利继续下去。倘若这些东西没有处理得当，乘客会选择这艘轮船吗？我相信就算是买了票的乘客也会急于退票吧。

再次，能全面出击，拓宽企业愿景渠道。

所有的发展都必须有渠道支撑。如何拓展渠道也是从事餐饮企业应该思考的问题。赞助政府活动、冠名大型媒体节目、线上互动推广，甚至是线下发传单等，都可以是你的渠道。

思路清晰知道自己要怎么走，同时也要知道自己走哪条路才能更快地实现企业愿景。选择城市马路，就要做好堵车的准备；选择高速铁路，就要做出更高的预算。餐饮业的渠道似乎更易于获得，下游消费者口碑相传，这家店菜有特色、上菜快、价格便宜等都是能扩展渠道的原动力；上游供应链推荐，某海鲜企业供应鱼头，效益不错，它会对别的好的蔬菜企业做出推荐；中游跨行业联盟，比如在这家餐厅吃饭，去旁边的电影院可以打折，去这家电影院看电影又可以到那家餐厅打折，等等，这种跨行业联盟也是一种渠道。

渠道的多少决定了资金流通的效率，多渠道经营的优势就在于某一个渠道断裂，其他渠道可以马上加大流量缓解其造成的影响。所以项目路演中，投资人和机构代表更加希望看到渠道宽广的企业并与之合作。

最后，能推心置腹，稳固股东利益。

必须明确所有的股东都是对你有信任度的。而足够高的信任度，才是餐饮业发展的巨轮能够不中途搁浅的保证。

股东就是投资的，如果你选的船没有给股东预留舱位，那交了钱上了船的他会作何感想？有没有给乘客买保险，有没有准备充足的救生设施，这条路不光是企业自己在走，股东如何走也要做好考虑。

把企业发展之路画出来，你会发现其复杂程度不逊于一台高级跑车的设计图。而那些能读懂这张图的投资者却往往是对企业愿景最坚定的支持者。

利他原则：我追求的只是合作共赢

有这样一个故事，从前有个庙，庙里有七个和尚。七个和尚自然是共用一个厨房，每天到了分粥的时候，负责管理厨房的和尚都会给自己多打一点。这就让其他和尚有意见了，于是在激烈的辩论下，七个和尚决定轮流坐庄来分粥。可是问题还是没有得到解决，这样执行的结果是只有自己坐庄的那天能吃饱，其他六天都是饥肠辘辘。又一次商榷后，和尚们决定坐庄的和尚分粥时分七碗，必须等其他和尚都挑选完他再吃最后一碗。理论上说，最后一碗是所有人挑剩下的，必然是分量最少的那碗，所以为了自己能吃饱，分粥的和尚会尽量地让每碗粥都一样多。

这个故事不是为了说人性的自私，而是为了说利他才能利己这一道理。同样，作为餐饮企业，如果企业带头人不能做到让所有参与其企业建设的人在利益面前都雨露均沾的话，就会像故事里的和尚之前一样，怎么也不能保证每天都吃饱。那么，餐饮企业中，如何做到利人利己呢？如图 7-4 所示。

第一，视投资人为合作伙伴，巩固资金健康度。

投资人是你最初始的伙伴，将他们视为合作伙伴是这个企业能够生存下去的基本准则。如果不能对投资人忠诚，不能将投资人的利益置于首位，已获得的资金将会面临紧缩，而想继续融资就更难上加难。

可以一再强调企业的经营目标是股东价值。现代餐饮企业管理人的目标与股东的目标实质上是有差别的。企业管理人“利己”的本性和对企业拥有的信息优势，是存在做出损害公司价值行为的可能性的。故此，强调企业的经营目标是股东价值，实质上是声明了管理人对股东的诚信和勤勉义务。

再者，强调企业的经营目标是股东价值，等于将企业的价值评价体系从传统

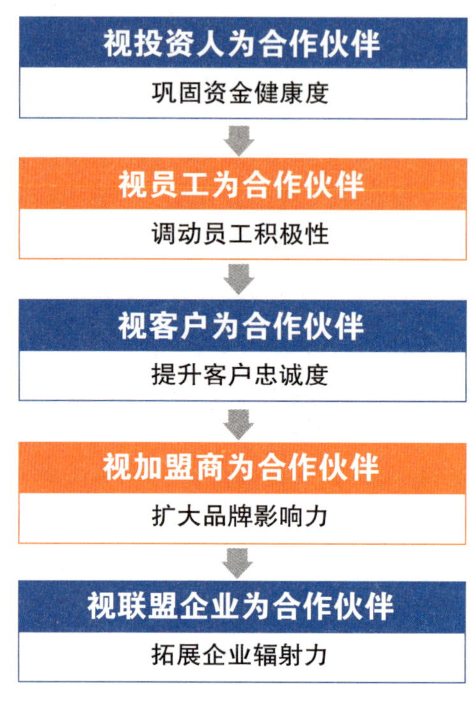

图7-4 餐饮企业如何做到利人利己

意义上的账面价值、清算价值与重置价值转移到更具现代金融意义上的评价企业的市场价值和投资价值。账面价值是对企业过去经营状况的记录，而投资者投资的是未来，不是现在，更不是过去。所以路演过程中投资人或企业代表更关注投资价值，企业的投资价值越高，那它的可持续经营时间就越长，所面临的风险也越小。然而投资价值是不可预期的，只能从账面价值来推断。因此需强调企业对股东的忠诚和诚信以利于投资人乐意将过往账面价值等同于未来投资价值。

商业路演时必须注重对投资人利润分成的讲解，这直接影响到投资人对其投资和预期回报的判断。既然视投资人为合作伙伴，可以适当以低价转让股份的形式获取融资。

第二，视员工为合作伙伴，调动员工积极性。

传统的餐饮企业，员工与企业就是工作与支付报酬的关系。这样的企业模式，不能说有过错，但是其员工在日复一日的工作中会渐渐丧失工作激情。如何调动员工的积极性？最简单的方法就是视员工为合作伙伴，提高员工福利待遇。

各种各样的节日问候、体检、假期等，这些算得上是奖励机制，但不能让员工有作为企业的主人的感觉。让员工做企业的合作伙伴，他的收入和企业的兴衰成正比，其积极性自然会提升。

比如全球最大连锁咖啡店星巴克。除了每天两杯饮品、生日奖励以及定期体检以外，其在将员工提升为合作伙伴的手段上也是别出心裁，它会在每个月员工工资的基础上，发放一定的公司股份。如此一来，自己变成了股东，并且随着在星巴克就业的时间越来越长，自己的股份也会越来越多。如果企业倒闭，这些积累的股份就会变成垃圾；如果企业不断壮大，自己的股份就会越来越有价值。通过这样简单的操作，就足以让员工们乐意为企业服务。

这样的企业容易招到为企业排忧解难的员工，也能同时培养在职员工为企业排忧解难，所谓天时不如地利、地利不如人和就是如此。

第三，视客户为合作伙伴，提升客户忠诚度。

说到餐饮企业和客户的关系，大部分人都会想象为侍从和上帝，或者剪羊毛人和绵羊的关系。变成合作伙伴恐怕难以实现。

最简单的，你养一条鱼，不喂它它会长大吗？要持续专注管理这条鱼，这样其他的鱼看到这条鱼在你这里吃得饱长得肥，也会自愿跑到你的塘里来。客户也是一样，只把他们当作一个来吃饭结账的人，他为什么会来第二次、第三次呢？

在大数据时代，客户的黏性尤为重要。现在的团购软件已经做得很是成熟，甚至能影响很多人就餐的选择。他们就餐之前会看看这家餐厅的好评率是多少，打分有多高。这时候，客户就是你的合作伙伴。提升菜品质量、加强服务水准，可以增加客户好感。另外，通过其他手段，例如赠送礼品、好评享受折扣等也同样能和客户形成合作关系。这样的合作关系下，客户享受了更物美价廉的就餐体验，而商家则获得了更好的社会认可，价值主张就得以认可和传播。

不仅限于网络这一块，客户身上的合作价值是挖掘不尽的。要知道每一个客户都可能带来十个新客户，而每一个客户也能带走一百个老客户。

第四，视加盟商为合作伙伴，扩大品牌影响力。

现阶段，企业要想扩大品牌规模，只有极少数会像海底捞那样采用直营直销的方式，大部分还是会选择授权加盟的方式。加盟之初，企业对加盟店进行资质筛选、能力审核以及培训授课。但在加盟之后，企业不能收取完加盟费就放手不管。毕竟，加盟店用了你的商标，就代表了整个企业。

现实生活中有很多餐饮企业在加盟机制上，往往急于求取数量，而不打造质量。前面讲到的兰州拉面和目前流行于街头巷尾的沙县小吃、黄焖鸡米饭大多处于这种尴尬处境。而某些品牌，同样是小企业，是快餐形式，却能够发展良好，扩展同样迅速。

随着电子商务不断崛起，餐饮外卖大有取代传统大型商场和超大型超市在轻、便、快食这一块的统治地位的势头。而门面经营中无法撼动的竞争优势就落在可以 24 小时营业这点上，以至于 24 小时便利店近些年发展迅猛。

TODAY（今天）便利店发迹于武汉，这家以各种零食、便当、中式快餐为主营商品的餐饮企业在对待加盟商上可算是成功。TODAY 同样采取大量扩展门店的方式，然而不同于其他便利店的是它从装修到商品配送，再到前期经营管理，全部由总部包干。启动金在初期甚至以高达 5∶5 的份额分配给企业和加盟商，极大程度地缓解加盟商的前期压力。企业占据大量份额、企业辅助管理的这一机制让加盟商省去很多烦心事，按照既有套路就能在前期经营中顺利过渡。

将加盟商视为合作伙伴，对每一位加盟人负责，这是企业的利他原则。也是基于此，这一便利店迅速占领武汉、南宁、长沙等市场。而某些信奉“过河必拆桥”的商人，在企业扩张到一定程度之后必将迅速衰落。

第五，视联盟企业为合作伙伴，拓展企业辐射力。

企业联盟在商业推广中十分常见，最简单的，消费者在某商场消费满 1288 元，收银台会送给他一张礼品券，凭券可以到某柜台领取礼品。相信大部分人都有过类似经历。

音像店和餐饮业联盟，电影院和餐饮业联盟，服装店和餐饮业联盟，甚至于网络游戏和餐饮业都可以联盟。

再说一个很简单的案例。KFC 经常会推出各种成套的手办供消费者收集，而各种手办原形多以动漫形象为主。2013 年风靡全国的起司猫和一度炒作至价格翻 50 倍的兔斯基手办，就是经典的企业联盟中的合作伙伴关系。

通过与 KFC 的合作，KONAMI（科乐美）在中国的知名度迅速攀升，兔斯基更是走出国门火遍世界。而 KFC 通过这一营销手段也取得了销售额陡增的业绩成就。

此外，企业还要与投资者一起分担未来风险。

随着企业的发展，企业一定会吸引越来越多的投资。投资者投资的是未来，未来是不可知的，不可知就意味着风险。因此，餐饮企业要学会与投资者一起分担未来风险。

利他才能利己，即让能为你的企业添砖加瓦的人有被尊重的感受，这正是项目路演中需要熟练掌握的技巧，也是找人找钱做大事的一大原则。

心动故事：有故事的企业最打动人心

当下流行着这样一条餐饮企业准则：向“00后”卖信仰，向“90后”卖故事，向“80后”卖情怀，向“70后”卖档次，向“65后”卖质量，向“60后”卖分量，向更老的顾客卖健康。

这番话不无道理，年长一些的消费者更注重经济、健康；正值事业巅峰的“70后”“80后”成熟干练，需要的是被服务、被尊重的情感；而“90后”“00后”思维活跃，情感富余更需要孜孜不倦地吸收社会提供餐饮外的营养，即心灵上的补充。那么好故事只在“90后”身上适用吗？当然不是，成熟的人听到好故事或能引起共鸣，同样有被尊重的情感，年迈的人听到好故事更加富有判断力，或认同或反对，如果故事足够打动人，或许能激起他们“好为人师”的一面。无论是老人还是小孩，听故事的需求是不会丢的，而缺的是讲故事的人，以及能给他们提供茶余饭后谈资的有情怀、有意义的故事。

尤其是在如今的餐饮市场，投资人更加看重企业的文化背景。在这方面，“70后饭吧”“四川香天下”“一茶一坐”说故事的本事就显得格外高明。首先它们从品牌的名字就有很强的故事性，给人一幅立体画面。不仅能吸引想法奇异、消费观念千奇百怪的现代消费者，更能或多或少吸引投资人和机构代表的眼球。

以“70年代”为主题的“70后饭吧”大量陈列20世纪70年代元素，像是方木桌、荷花罩台灯、乌篷船、大铁壶等。甚至于不需要编造一个美丽传奇的故事，单单是坐在这样的餐厅里就仿佛置身于70年代这个古朴素净的年代。上海南京路的门店甚至将1967年版的古董汽车摆在门口，就算是没有故事也能制造故事，这吸引了大量的汽车爱好者。

对于那些资金短缺，尚处于发展阶段的餐饮企业，这种靠“讲故事”为卖点的方法能够帮助其建立独特的竞争优势。对企业由来、价值主张、餐厅装饰、菜名设计、服务模式、服装款式等的故事性概念的加入，不一定高档，但一定会给人留下好印象。

相对于大力宣扬菜品特色、服务水准和档次优势，企业文化的建立相对更容易实现，也是能够贯穿始终的路线。为什么这么说呢？

其一，如今餐饮市场菜品大同小异。烹饪方法极易被复制，所以厨师在菜品塑造上往往通过摆造型创造竞争力，而摆造型就需要有故事，如果每一个惟妙惟肖的造型都有一个或畅快淋漓或可歌可泣的故事，那么顾客对菜品就会有很强的记忆点。

其二，餐饮企业服务模式趋同。要想把服务做出优势，做成品牌，一方面要管理人员和服务人员都非常敬业，另一方面必然要对其有薪资福利的激励，因此企业会承担更高的成本。而能够做出木秀于林的成果的恐怕还只有海底捞。

其三，以高端路线进入市场事倍功半。毕竟大众消费、方便快捷的饮食观念才是当今的大趋势。与其大兴土木在装修上下功夫，倒不如将更多的心思放在文化的锤炼上。这种有亲和力的方式更能吸引消费者。

其四，文化都是没有标准的思想产物。正因为没有标准，所以它呈现的方式可以丰富多彩，可以无限延伸。另外每个读故事的人又有千万种理解方式，所以有故事的企业最能打动人心。

站在投资者角度可以发现，他们往往更看重资本的回报。企业人希望靠美丽的故事触动他们感性的那根弦是很难的。但如若美丽的故事让他们愿意讲给他的朋友听，愿意讲给他的其他客户听就说明这个故事成功了。如果你的故事能够让消费者吃出“别具一格”，吃出“荡气回肠”，不仅能吸引消费者，也同样足以吸引投资人。

在当今和未来的餐饮市场，除性价比之外餐饮企业更应当寻找企业的文化价值，打造文化符号，并提升其价值，这样才能赢得市场，赢取资本。在大众越来越看重产品背后的“文化内涵”的时代，餐饮企业就更应当将“讲故事”的能力锻炼起来。

那么如何打造一个好的餐饮企业故事呢？下面是连锁快餐巨头 KFC 的品牌故事：

1890 年出生的山德士，一生从事过铁路工、消防员、保险商、销售员等职业。1930 年他在经营一家加油站时，为了增加收入在加油站制作一些小吃，供司机和旅客在加油间隙果腹。出人意料的是他所烹饪的简单美食声名远扬，吸引了很多过往的旅客。

1935 年肯塔基州州长为了表彰他对该州所作出的贡献封他为肯塔基州上校。就这样，KFC 渐渐风靡美国和加拿大。同时，上校越来越受到电视媒体的关注，但平时忙于制作炸鸡的他只能找出一套清洁、纯白的西装，这就是我们现在看到的商标——有着满头白发、山羊胡子和一身白西装的老头儿。

听完 KFC 的故事，大众能得到简单、快捷、美味、干净、流行等信息，这正是 KFC 所宣扬的价值主张和品牌特色。而餐饮企业在创作品牌故事时，应遵循哪些步骤才能创作出如此具有概括性和画面感的品牌故事呢？如图 7-5 所示。

第一步	第二步	第三步
设立故事的主要人物和思想	丰富故事与企业的独特联系	将故事全方位立体呈现出来

图7-5　三步创作品牌故事

第一步，设立故事的主要人物和思想。

要讲好一个故事首先要设立一个灵魂人物，并且以他在故事中所呈现的精神内涵作为故事的主题思想。一般作为餐饮企业的文化表现，这样的故事不宜过于复杂深邃，要尽量做到让人一看便知，一读就懂。

选择人物的时候，人物也必须和整个企业有关联，至少要和某些主打菜有关系。比如 KFC 的品牌故事就以其创始人山德士上校为故事的主人翁。

故事主题思想可以不做过多升华，避免夸张做作。某品牌宣扬自己的一块饼拯救了一个城市，这自然显得哗众取宠。但是像“大救驾”这样的民间小吃则可以赋予传奇色彩，毕竟它不被某一个餐饮企业特有，而是某一民族或某一地域的文化组成。

第二步，丰富故事与企业的独特联系。

品牌的故事必须和企业相关联。一个故事讲得再好，却不能拉动大众对餐饮企业的了解和探知欲望，那只能说它乏善可陈。如果一个故事讲得天花乱坠，却不能宣扬出企业的价值观念，那它也是失败的。品牌故事需要或直接或间接宣传品牌特色，顾客通过这个故事所想象到的画面和正式就餐时看到的画面不可相去甚远。

比如 KFC 的品牌故事中，着重讲了山德士上校的故事，也就是肯德基名字的由来，故事和品牌产生直接关联。而其宣扬创始人山德士经历丰富、服务热情，所做食品方便快捷、美味干净，也和 KFC 品牌价值观吻合。这个故事和企业就有了独特联系，它只能用在 KFC 身上，如果用在 McDonald（麦当劳）身上，就完全不搭调了。

第三步，将故事全方位立体呈现出来。

企业的好故事如何让市场了解、熟知和流传？当然不能每位顾客前来就餐就给他讲一遍，通过多方位的呈现方式，走进市场，走进消费者的耳朵才是正确方法。

KFC 将故事融入商标，人们一眼看到这个白胡子老头就会好奇这个老头是谁呢？进而有“窥听”企业故事的欲望，这就是一种成功的呈现方式。

其他方式，比如通过组织趣味活动，电视广告以及印刷品读物宣传都是值得尝试的呈现方式。

最后，一定要记得一句话，听故事是人类从幼儿培养的兴趣，好的故事能让企业更轻易打动人心。

诱惑案例：加重成功的砝码

北京电视台创投类节目《我是独角兽》中，曾出现过这样一个创业者。她以健康低脂为理念，轻食素食为卖点，以快餐外卖为经营方式，以北京千万个办公室人群为目标消费对象。乍一看什么都很新颖，品牌从设计到包装打造都极具现代主义，符合时下白领一族的审美。但最终她并未获得投资人的青睐。因为当台下四位投资人问到“你目前的收益率是多少，与哪些写字楼成功签约”这个问题时，她开始支支吾吾。最后投资人和机构代表认为其收益模式不清晰，而且没有成功案例加持而选择放弃注资。

商业路演时，“举例子”是一种不错的说明手法。企业项目潜在市场规模和已有市场份额、市场开发价值与开发成本一直是投资人或机构代表感兴趣的集中点。而如何将这些东西呈现出来呢？用事实说话，借助案例讲解往往能让他们迅速获得直观判断，事半功倍。刚刚起步的企业要想获得投资人的青睐，一些成功案例的加持会让你的路演看起来更具诱惑性。

而案例选择也应该遵从一些基本准则（见图 7-6）。

第一，保持诚信，不可胡编乱造，少做虚无缥缈的假设。

首先一个成功的商业案例绝不是信口开河、几个电视剧编剧坐在一起就造出来的。必须遵从诚信原则，从真实的经营过程中总结。

其实开头讲到的那个故事，这个以轻食素食为主营产品的创业者大可将自己和哪些企业达成定点配送协议罗列出来，简单明了而又有说服力。

另外案例讲解中，避免使用“我相信”“我认为”“以后一定可以”这样的词语，这些都是虚无缥缈的假设。投资人看重的应该是你已经从你的经营模式和理

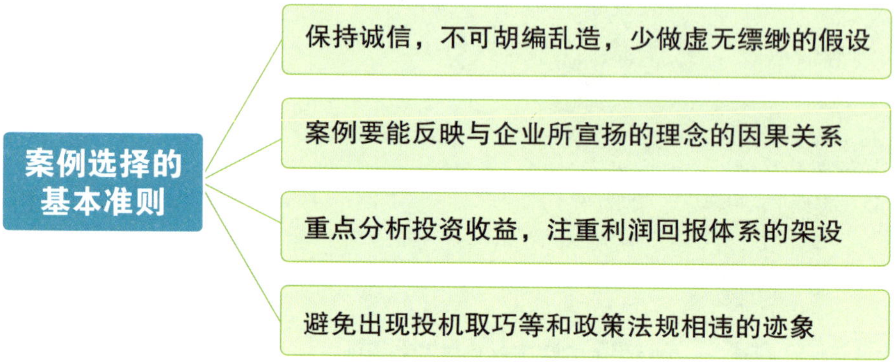

图7-6 案例选择的基本准则

念中获得的回报与你前期注资的利润比，而非你所设想的企业以后的发展会是什么样。企业愿景都是美好的，而实际的成果才更具有说服力。

另外，路演过程当中，投资人还往往会提及类似企业其他案例，或成功，或失败，然后“邀请”你去评价。这个时候一定要记住客观评价，表现得成熟一些。对竞争对手的态势要客观，对可触达市场要认真分析并从案例中得出自己企业对该市场所有的成熟考量和充分信心，而对动辄几万亿的市场，投资人一般会有融资者不理性的固有偏见。

第二，案例要能反映与企业所宣扬的理念的因果关系。

项目路演中，我们的案例应该是万变不离其宗的。所讲的案例也要贴合企业的经营理念和运营模式。否则讲得再好也会让投资人感觉不知所云，风马牛不相及。最终换来一句质问：“可以直接介绍一下具体的项目信息吗？”

比如介绍轻食素食，宣扬健康低脂的理念，那就应当在案例中突出消费者是如何迫不及待希望自己的工作餐不再那么油腻腻，自家的产品如何能够帮助办公族摆脱厚厚的脂肪。而多少消费者因为产品的健康低脂而对品牌产生信赖，用户活跃度和留存率有多少。

避免所讲案例和所宣扬的理念没有关联，最简单的方法就是实际体验，能动手的尽量不动口。让台下的投资人亲身实地地体验一把你的经营模式，让他们自己充当一次消费者，让投资人变成案例。这时候应当尽可能地将你产品的投送方式、时效、价格、包装统统展现给他们，加上后期对利润的讲解，投资人往往能够在脑内形成清晰思路，知晓企业的模式和理念。不要简简单单地让投资人尝一尝你的餐点，因为这样做他们充其量能对菜色和口味做一个评判，但对你的企业理念并不知晓。

第三，重点分析投资收益，注重利润回报体系的架设。

路演中投资者如果对你案例所宣传的理念、模式、思路认同，那么往往会出现相持态势。此时投资人就会提出“你的这个案例获得了多少收益？”“前期投入了多少？”“耗费了多少时间？”“共动用了多少人力？”一系列问题。

与其等着投资人打破砂锅问到底，不如自己主动讲解。那么轻食素食企业创始人就可以这样讲：“我以和某商场的一次合作为案例来讲讲收益模式……通过这次合作，我的企业和这个商场签下了长期合作的合同。试合作期间，产品成本一共 30 万元，分配到这一项目人力水电等成本 10 万元左右，前期公关、宣传花费 5 万元，利润 20 万元，剔除返利 6 万元目前单和这一家商场的合作毛利就是 14 万元。日订单由初期 1000 单到目前 800 单左右，用户留存率大概为 80%。”

那么通过这个案例，投资人很清楚地了解到你的收益体系和收益比例。投资 45 万元，收益 14 万元，大概是 32% 的月收益率。另外再考虑用户留存率等因素对你的企业盈利情况就有了大致的判断。那接下来是否愿意融资就看你的收益比例是否达到他的期望了。

路演是为了融资，而最终融资目标会是一个确定的数目，但它讲出来往往让投资人因为没有回旋余地而为难。借用过往案例来表达项目人的这一诉求显得委婉而又有理有据。

第四，避免出现投机取巧等和政策法规相违的迹象。

当投资人或机构代表问道：“你有什么优势，能够保证在和其他餐饮企业的竞争中异军突起？”某项目人如是回答：“我有安插‘线人’的经验，可以快速探听到竞品的动向。”这种情况下往往会得到投资人呵呵一笑，再加上“我们下次再合作”的答复。

做项目就像是混江湖，刀光剑影自然难免，但使用暗器终为其他人所不齿。另外还要不露一丝违背政策法规的迹象。一个人再强大也强不过国家，任何投资人都不会和一个企图只手遮天的人合作。

路演案例要始终保持以正能量、正面思想为主，可以适当引入对社会和行业行规的反思与建议，但不可颠覆。

性感工具：更时尚更诚意的演示

佛靠金装，人靠衣装。装修房子时，设计师也会将客厅设计得最堂皇。这个社会不管做什么事，都要讲究门面。同样，做项目路演，除了要对自己的项目如亲生孩子一样知根知底之外，怎么做才能让投资者也喜欢你的孩子，达到找人找钱做大事的目的？运用好以下几个性感工具很重要（见图 7-7）。

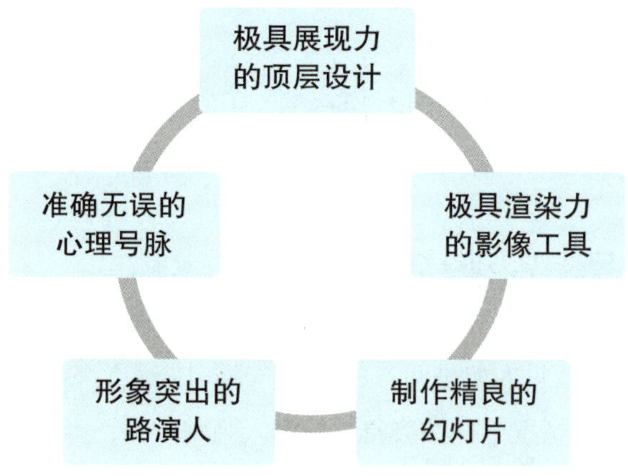

图7-7 性感工具

一、极具展现力的顶层设计

顶层设计是作为一种皇冠存在的，它是整个路演项目的总体思想引导和细节处理的总规划。顶层设计必须能够清晰、准确地展现出来，以使得投资者能够准确地抓住整个项目的前进方向和总体规划。

好的顶层设计应当系统性强，逻辑清晰。一个项目必须有自己的顶层设计，并且在项目路演时以更加清晰的方式展示出企业的发展纬度、发展高度，如何快速提升市场竞争力和对消费群体的吸引力等，最终增加投资人或机构代表对项目的兴趣和信心。

顶层设计中应当摒弃同行业普遍存在的思想观念。餐饮领域，现在普遍存在的理念如分销、直供、电商等，已经发展成熟，投资人对其已经有了足够了解。这些可以稍稍带过，表明自己有这些东西，但如果再去长篇大论地介绍这些基础信息就显得过于累赘。

二、极具渲染力的影像工具

一个故事、一个产品甚至是一个企业，被市场所接受、所铭记，很多时候不在于故事、产品、企业的本身，而在于受众感受到的印象和价值。

所谓“影像工具”就是价值与信息的综合体，通过多媒体影像介绍项目，往往能更加生动形象地演示自己的项目。比如店面的装修效果图、店面的发展规划、人流量统计等。例如很多常见的项目众筹，其网站页面都会有视频介绍。

通过影像工具重点突出异于同行的优点。哪些经营方式尚处于蓬勃发展状态，有相对较大的上升空间，这是投资人希望了解的。例如某餐饮企业以 24 小时营业为卖点，那就要多在影像工具中突出 24 小时营业的优势之处。

影像工具虽然具有感染力强的优点，但也有一些雷区需要注意，不能随便使用。

（1）重点突出项目核心资源，不要面面俱到。

（2）时间分寸把握好，并非越长越好，一般 5~8 分钟。

（3）展示方式不要太随意，尊重才有价值。

（4）符合一般美学标准，影视拍摄画面干净。

（5）不要把文案做得过于风雅，或太有内涵。大排档里卖钻石，买来能烧烤吗？

那么影像工具在路演中的运用到底有多普及呢？据谷歌统计和发布的一组数据显示：世界上九成的第三产业资本财富由“眼球经济”创造；八成的消费者受到产品的宣传所传递出来的信息产生感性认知而购买产品；九成的投资人对项目信息的获取来自于广告或企业视频路演；而互联网路演平台上八成的项目都附带有视频，世界 500 强企业每年路演视频的花费平均占其广告投入的 80%。

三、制作精良的幻灯片

“幻灯片”其实就是观念与故事的平面化展示。关于项目路演的幻灯片，路演人一定要思考这个幻灯片能不能讲出项目的精彩之处、讲好项目的性感所在。好的项目路演幻灯片，外华内实，有血有肉，不仅能带给投资者耳目一新的感觉，还能够触及听众灵魂深处最柔软的位置，引起听众的情感共鸣。

幻灯片是路演项目的一个门面，唇枪舌剑之余投资人往往希望能看到令人愉悦和舒适的PPT（幻灯片）。基于这一点，在项目幻灯片的制作上，一定要逻辑清晰，善用色彩和构架辅助展现路演人口述的主题思想。

2016年7月在北京举行的国际体验设计大会上，百度的演讲一度遭人诟病，甚至引起现场多位设计师不满，被网友和设计师指出“PPT太随意”“强行插入广告”“毫无设计美感”。PPT中甚至出现字体不居中、字号差距大等“业余”错误。在这一方面，如果企业没有专业人士，可以选择其他专门的文案公司代工。

路演PPT应当包括以下基本内容：项目基本情况、发起人（现有股东）结构、近三年经营状况、财务状况、目前行业状况及预测、核心产品与服务、团队管理情况、商业模式、未来经营计划与营收预测、融资的用途。

幻灯片里的文字要做到字字珠玑，每个字都应当反复雕琢，避免“被过度使用”的词语。类似于“市场领先”“至关重要”这样的词语会让项目落入俗套，餐饮企业应当简明扼要谈论自己的理念和价值主张，以及如何推广价值主张。还有类似于“巨大的市场规模”这样的词，餐饮业市场规模的确够大，是每个项目人甚至是普通人都能看得到的。但是餐饮业竞争也比其他任何行业都激烈，投资人更希望听到项目人自下而上的销售预测。

四、形象突出的路演人

一对剑桥毕业的硕士夫妇，创业项目含金量和技术含量都很高，信心满满参加了一场路演。但由于穿着过于随意，坐在台上还不时抖抖腿，最终项目很好而融资失败。试想投资人作何感想？比起投资帮他们做事业，倒不如把他们拉到自己公司让他俩做技术员。

路演就是展现个人和企业魅力最直观的方式。外在就是你的门面，差的外在形象会让投资人或机构代表还没开始了解企业内涵就已经丧失兴趣。相反，好的外在形象却能增加投资者对项目人的好感，迅速拉近距离，营造良好谈话氛围。那好的衣着应当遵从哪些要素呢？

第一，清洁和得体的着装。

保持个人穿着干净整洁和得体是对投资人最基本的尊重，这也直接影响他们的心情。一般要在正式中带一点随意，优雅里带一点性感，商务休闲最好不过。当项目人不确定应当如何穿着的时候，可以保持和投资人穿着类似的衣服，形成画风上的统一。也要避免过于正式，太过规整的服饰会给人造成压迫感，影响整个路演过程的氛围。

第二，简单而规整的妆容。

整个路演过程，相信投资人看得最多的就是你的脸。因此不化妆是万万不行的。部分项目人，每天辛苦的工作和前期紧张的备战会导致面容憔悴，皱纹丛生是很普遍的现象。人都喜欢看美的东西，简单而规整的妆容，能让投资人有被尊重的感受。尤其是餐饮企业，干净是企业最基本的底线，干净的妆容能够代表项目的管理能力、员工层次和档次定位，不可忽视。

第三，避免浓烈味道的香水。

很多项目人认为喷一点香水更能引起投资人注意，增大成功砝码。清新淡雅的香味的确能够增加个人魅力，不宜气味过于浓烈，否则会适得其反。

五、准确无误的心理号脉

包装好了门面，企业家还要学会像卖自家菜品那样“卖”企业。常常能听到企业家这样抱怨：“我有这么好的企业和项目，怎么就找不到合适的投资人呢？”其实这个问题的答案有两点：一是企业家的心态不对，把投资者当作企业的员工来看待；二是企业家对投资市场的供求关系不清楚。一方面不知己：不清楚自己需要什么样的投资者；另一方面也不知彼：不了解投资者的投资偏好和投资原则。

项目人要用以往在自家餐厅卖菜品时的态度卖项目。首先，要清楚自己需要什么样的投资者才能满足企业发展的要求，投资者除了能够解决自己的金融资本以外，如能帮助克服管理上的瓶颈以及人力资本方面的不足则更锦上添花。其次，就算对你感兴趣的不是你最中意的投资者，态度也必须和蔼。投资人之间大多是相互认识的，他们也会对你的项目进行讨论，一旦有一个投资人表示愿意出资，其他投资人很可能加码靠拢你。把投资者当成企业的员工，像传达企业行政命令那样与投资者打交道是万万行不通的。

如果投资人对项目感兴趣，可能会主动回问。这时候应当因势利导，趁热打铁。其关键程度不亚于路演展示过程，你的某一句话的失误就可能让他否定整桌菜。餐饮业的资金市场长时间以来一直是一个短缺市场，多数时段处于供给不足的情况。要学会换位思考，把投资者当成客户，以合作、共赢的态度来对待投资者。另外，涉及融资数目这样的敏感问题，如果对答过程中出现短路情况，整个融资过程可能也会因此“跳闸”。

最后要明确知道投资人或机构代表早期决策往往只是个人决策。他们在路演时所给的“很感兴趣”并不构成一个承诺，而只是真的仅仅是感兴趣。后续希望加速融资还需要保持从容心态，试着和路演现场多个表示感兴趣的投资人主动联系。项目路演的变数很多，只要没看到真金白银，据统计就算是签署了 TS（投资条款清单）也有 30% 的项目人拿不到投资。路演结束后应当保持自己的联系方式畅通无阻，以备投资人私下联系的情况。

兵强者，攻其将；将智者，伐其情。面对强大而聪明的投资人，要时刻注意巧用工具。

一流平台：在哪里讲比讲什么更重要

同样是一条大鲤鱼，以煎、炒、烹、炸、煮不同方法烹饪出来的味道完全不同。同样的一个项目，在不同的平台路演，也会有不同的结果。在哪里讲比讲什么更重要。尤其现在是“资本寒冬”，如果路演平台选择不当是很难获得资金或其他方面的支持的。

选择路演平台，首先要看重平台资质。它的主导者是政府还是企业，是纯网络还是线上线下。一般来说，越是高层次的政府机构主持的路演活动，其可信度和投资人参与热情越高；线上线下同时进行的路演平台比纯网络平台更具可信度，但网络路演平台更具方便快捷等优势。

其次要注重该平台能够带来多少真正寻求项目的投资人。我们选择路演，就是为了找人找钱做大事，如果台下的投资人自己都只是抱着看一场演出的心情来参与，项目人的演讲再精彩也只能是对牛弹琴。一般来说，好的路演平台并不是一次路演结束就甩手拜拜。当企业家在平台上路演时，平台对面坐着的各个投资者或相关利益方就能看到这个项目是否有潜力，是否值得加盟、合作或投资。平台就是尽量把这些有需要的人和有能力的人快速准确地配对在一起。

中国目前做平台的特别多，大致可以分为两种：一种是无形的，就是互联网、电视形式的；一种是有形的，包括各种商会、协会、社团、培训行业等。但有很多平台是营利性质的，或者是企图通过平台让其他的企业为自己服务。平台需要维护保养，盈利是理所应当，但如果平台对待企业总是以盈利为目的，那就丧失了服务的基本功能。

一个路演平台必须具备这三个功能：第一是服务，要有商业服务能力；第二是辅导，真正地辅导企业走上生产过程，并伴随它成长；第三是孵化，孵化到走上一个资本出口，让企业能顺利毕业。

路演平台的甄选就有学问了，好的平台应该有以下特点（见图 7-8）：

图7-8 好的平台具有的特点

第一，平台要有足够的权威性。

在各类平台百花齐放的时代，政府主导的平台一直备受青睐。主要是因为该平台具有可靠性高，投资人资质受政府认可的优点。比如说中关村科技园区丰台园的一些农博会、餐饮商会、国际创意产业联盟等，其客户背后的资源、圈子都非常有影响力，对餐饮企业的路演都十分有助益，足够权威且能够直击重点。

第二，在平台上能够互利互惠共赢。

平台和企业是双向选择的，平台也有它的竞争环境。一般选择平台之后，我们都带着先付出的心态与人交往。比如在电视平台上做路演，要考虑能不能给电视台带来收视率，收视率高的项目节目组才更愿意剪切进正式播放成片中。对于餐饮企业来说，如何制造话题，如何吸引眼球也是项目人应当考虑的问题。为别人创造价值的同时别人也会回馈给我们价值。

第三，建立良好的关系。

平台上各个企业并非仅仅是竞争对手的关系，好的平台不仅是一个战场，也是一个交朋友的交际场。它能够让各个企业成为很好的朋友，彼此尊重欣赏、分享成长的快乐、分享重要信息等。例如捧优就是一个餐饮企业平台，平台内的企业家可以互相交流管理经验，互相借鉴学习。

资本愿意向有项目的地方靠拢，项目愿意向有资本的地方寻求投资。一个好的平台应该能聚拢优质项目资源，是一个投资洼地，能够吸引到资本的青睐。

石中剑虽然锋芒无限，可是不懂如何使用也只能是摆设。那么，对于餐饮企业而言，如何更好地利用平台的资源、服务和政策为自己的企业创造价值呢?

资源变为资本的本质在于互动。高品质的互动可以让资源迅速转变为资本而且保证资源可再生。一个不被挖掘和利用的煤矿，拥有丰厚的资源却只能埋藏在地底下，没有办法变成热能、光能。所以要想平台的资源不变成花瓶摆设就要互动起来，将平台上各个企业的积极性调动起来，企业才能创造价值，平台才能更显活力。而有资源有能力的企业，就更有机会路演自己的价值，并能更好地利用彼此的资源，最终招兵买马获得投资。

一个企业的小成功可以靠团队，大成功一定要靠资本和平台。只有在平台上发展，企业才能对接到更多的资源资本，做到协同发展壮大。要持续获得资源注入，企业要做好与平台之间的互动，与平台内企业之间的互动，以及与投资者的互动。

企业获得平台认可，一定要找到企业价值并放大它，这样才能在平台上出类拔萃。进而有源源不断的资源注入，再和更多资源一起成长。最终将资源向资本的转变形成一个趋势，形成一股类似于“磁场共建，合力为势”的潮流。唯有如此，企业所参加的这个平台才被企业真正利用，而平台也化作企业的一个孵化器，一个能让企业变成品牌的孵化器。而在一流的平台上，才能最终实现资本的供给，让企业源源不断地上升。

第八章

资本运营

——如何打通资本通路

中国遍地的投资机会吸引了蜂拥而至的资本。在资本市场上，利用资本运作完成跨越式发展的企业不胜枚举，但更多的企业遍体鳞伤铩羽而归。这主要是因为企业治理结构出现问题，如没有明确的制度、清晰的产权等，导致资本运作失败。餐饮企业的各位企业家尤其应当注重精神塑造和领导力培养，搜罗并掌握资本运作的新理念、新手段，从而有效提升企业治理与资本运作水平。

准入门槛：餐饮企业联盟要高标准

2013年湘鄂情巨亏5.64亿元，2013年小南国净利同比下滑99.4%，2015年俏江南易主……近年来，受政策主导与大众消费观念改变的影响，不少高端餐饮业坏消息频频传出。整个餐饮业尤以高端餐饮损失惨重，北上广等一线城市业绩下滑普遍超过20%，二三线城市市场平均降幅更是触目惊心地超过30%。全国餐饮企业月倒闭率甚至超过15%，餐饮行业陷入自2003年“非典”时期以来的又一次最低谷。

面对此情此景，全国各地餐饮企业越来越多地从各自为政转向抱团取暖，共同摸索创新、自强的发展新路径。2014年5月14日，合肥20家著名餐饮企业负责人以会议的形式通过了“筹建合肥餐饮联盟”的决定。时至2016年，联盟餐饮企业终于在艰难中站稳脚跟，或转型或升级，实现营业额再次攀升。

创立餐饮企业联盟，一是可以规避大市场风险，二是可以获得政府关注，三是可以避免恶性竞争，最后还可以除去第三方平台上的花费。而最重要的，是可以取长补短。假如你有好的项目，可以拿到我店里卖，我有好项目也可以拿到你那儿，我们一块儿卖。这样做一是相互间可以免去好多的成本，二是可以轻松提高技术含量，如果自己做，根本做不来，所以联盟也就是伙伴。

“合肥餐饮联盟”发起人之一的小南国餐饮公司董事长王慧敏如是评价：“就像携程之于酒店业一样，让所有酒店为一个第三方平台打工，我最不愿意看到餐饮行业面临这种情况。”餐饮企业设立联盟，自己整合资源，还可获得一定的控制权。

然而餐饮企业联盟也不能说是任谁想进就进，没有资本和愿望去给联盟做出贡献的企业，应当果断拒绝其加入请求。按照平台（一群志同道合的人）、规则（一件不甘平庸的事）、胸怀（一颗和平喜悦的心）、格局（一起自由自在地活）四个关键，从以下方面，可以建立一个健康向上的餐饮企业联盟（见图 8-1）。

图8-1 建立餐饮企业联盟

一是要筛选创始餐饮企业家。第一个发起的人享有最初始的启动权利，相当于联盟的缔造人，其在联盟发展初期必然需要付出比其他联盟成员更多的努力。随着联盟不断壮大，可以通过股份制的方式，分配裁定权。

餐饮联盟的初始企业家，必须要和联盟主旨相吻合，具有相对雄厚的资金和相对较高的社会地位，必须是那些想把餐饮行业做大做好的企业家。

图 8-2 是捧优的企业联盟准入门槛。其第一条就是要有入门企业家的推荐，而且是致力于把餐饮事业做大做好的酒店餐饮企业家。其中明显规定了酒店餐饮，那么快餐、商场餐厅就不可加入。但同时，捧优对中小型餐饮企业、连锁快餐企业也设置了企业联盟平台。所以，对联盟来说找准企业家至关重要，而对企业家

餐饮企业联盟准入门槛
已经入门企业家推荐的想把餐饮事业做好做大的酒店餐饮企业家
每个城市规划联盟企业不超过十家
引荐企业家必须参加过联盟课程
所推荐的企业超过5家的引荐企业享受免费上门梳理一次（差旅费由引荐企业承担）
引荐超过3家餐饮企业的高管免费参加联盟的梳理课程（场地费除外，每次300元每人）
每次论坛推选组长和班长
明确班长权益和责任

图8-2 餐饮企业联盟准入门槛

来说，找准联盟才是找到真正可以合作的伙伴。

二是要设立分区联盟企业规模限制。虽然武侠小说中一统江湖的门派能在武林呼风唤雨，但是一统整个餐饮行业的联盟是不会真正存在的。设立企业准入门槛是为了筛选合适和符合资质的企业共同开创餐饮企业新天地，同时也要设定加盟数量。比如一个城市的加盟数不超过十家，而对这些企业，联盟尽可能给予帮助扶持，这样既能显示联盟的优越感，让其他未加入的企业有想加入的冲动，又能让已经加入的企业居安思危，更愿意为联盟出力。

同样以捧优为例，其设立了每个城市不超过十家企业的限制。一方面保证了企业联盟对外的良好声誉，另一方面也造就了企业联盟内部的高水准。但是一贯而终的项目标准也不利于联盟的健康发展，可以通过设立联盟子平台，对其进行弥补。例如捧优就于 2016 年与 ICIA（国际创意产业联盟）开启了另一个“中国餐饮好项目”的活动，将每个城市的联盟企业数目扩展至 18 家中餐品牌。弥补了酒店类之外餐饮企业的联盟需求。

全球最大的连锁快餐巨头麦当劳三成收入来自直营店，其余七成则全来自加盟店。时至今日，麦当劳已经在全球 119 个国家与地区开设超过 35000 家餐厅，而其中约 2800 家都是特许经营。虽然麦当劳已拥有超过半个多世纪的特许经营历史，但对中国个人的传统式特许经营却到 2008 年才迟迟开放，而当时的加盟费高达人民币八百万元。通过高标准的加盟费筛选加盟人，这是麦当劳最简单粗暴的筛选方式。也因此控制了每个城市的麦当劳数量。

三是整合资源，摆平各方利益。某餐饮企业先在维京群岛注册一个传媒公司 X，利用往年积累的人脉和关系网络以 X 名义与多家电视台签了一揽子协议：X 公司将免费为它们提供一定时段的节目，报酬是每天几分钟的广告时间。接着以 X 的名义找到某节目制作公司，承诺向该公司进行投资，报酬则是每年提供若干小时节目。而其真正的目的就是推广自己的餐饮业，依靠手中掌握着大量的广告时段经营权，该企业每年节省几亿元的广告投入。加上外卖部分广告时段，企业以极少现金支出投资给制作公司以兑现诺言。

从这个案例可以看出，只要善于整合资源，把各方利益摆平，资本是可以开花结果的。对案例进行剖析后发现，电视台有广告时段却缺乏节目制作能力；制作方有节目制作能力，没有节目制作资金，上市公司有资金却又没有项目。X 却把它们整合在一起，从而突显了资本运营的价值，最终通过运作，使这种价值以具体数字体现出来。

四是要统一规划培训课程。作为统一的联盟，内部成员应当具有共同的见解，应当在维持企业特色的同时对行业运营理念达成共识。要想得到思想上的高度统一，就要在培训课程上下功夫，做到统一规划，统一授课。

同样是麦当劳，在培训加盟者上，它也十分慎重。每个加盟者都要认同麦当劳价值观。加盟者在店面开设前必须要经过 9~12 个月的专业系统培训，期间会在近乎仿真的餐厅环境下，学习源于美国总部的一系列课程，并必须完成结合最新管理理念和成人学习特点的专业高针对性课程。

由中国饭店协会倡导的本土餐饮企业联盟“众美联餐饮饭店产业联盟”，也充分整合产业链，为加盟的餐饮企业提供包括人才培训、供应服务、金融资本运作、互联网电子商务等在内的课程学习和培训。

而捧优所提供的“CTI 酒店餐饮管理逻辑梳理游学”体系，则更是免去了企业家日理万机无法抽身参与培训的困窘，直接将课程搬到城市中。

五是引入资本运营体系。多企业联盟则必将积累大量的资本，如果将这些资本闲置或各自运营，实则是对资本的一种浪费。引入资本运营，是对联盟内部各成员的资本升值，也是一种资金保障体系。它涉及各个企业管理的多个层面，是一个系统工程。所以联盟内企业家要进行系统规划，而“居安思危，未雨绸缪”应该是联盟内财务管理的基本原则。

六是设立推荐引荐和各级负责人制度。引荐推荐制度是一个联盟扩展规模、传道授业时所常用的手段。例如“合肥餐饮联盟”中同庆楼、蜀王就是由小南国引荐进入并成为核心成员的。随着联盟的不断壮大，核心成员不再具备那么大的精力去顾及每一个成员的方方面面，及时设置各级负责人就显得尤为重要。捧优在每个城市设一个组长，组织十家餐饮企业联盟进行捧优管理培训等，企业享受“红点密训”的同时也要每季度按照捧优规定进行菜品研发和交流。更高一级的班长权益也会提高，例如企业可优先获得平台单独辅导和投资融资机会、与更先进企业互动参观交流、参与捧优新品牌孵化器的参股等，但必须负责制订服务本班学员的计划。

金融路线：做好资本运营的顶层设计

顶层设计指的是自高端开始的总体构想，对于资本运营来说，就是最总体的资金路线规划。所谓“不谋万世者，不足谋一时；不谋全局者，不足谋一域”，没有长远的打算和规划，事情的实施过程中将会面临诸多方向性和细节性的难题。但顶层设计也不是闭门造车，关门画图，更不是“拍脑袋”拍出来的。

餐饮业有餐饮业的顶层设计，那就是品牌与商业模式。其实像大获成功的外婆家、西贝莜面村、海底捞等餐饮品牌，其在商业模式上的顶层设计都是立足于自身优势和资源，做足了功课。而大部分成功的顶层设计都具有不可复制性，以至于那些只看到表象的跟风模仿者，没有搞清楚商业模式的精髓，多以失败告终。例如外婆家基于其在杭州残酷的竞争环境所制定的低价格、低毛利、高翻台模式。在其低价背后，提供超出同业和消费者心理预期的服务品质与装修环境，低价高档使得消费者蜂拥而至，这对任何一个商场都是极有利的。所以商场愿意给它高额装修补贴，减免租金等优惠政策。外婆家则再将压缩的成本用于档位提升，最终达到对同一商圈同行的价格侵略。这便是外婆家的顶层商业模式设计，如果没有学习到其精髓所在，很难有哪个商场也愿意给你同样的优惠。

把产品做好吃，街边摊贩都可以，甚至能成为“舌尖上的中国”的味道代表。但是把品牌做出光环，把商业模式顶层设计出来，不是每一个餐饮企业都可以做到的。

无论是企业顶层设计还是资本运营的顶层设计，都具有以下特性（见图 8-3）：

一是顶层决定性。顶层设计是自高端向低端展开的设计方法，底层所接受到的理念与方向都源自顶层，也就是说顶层决定底层，高端决定低端。

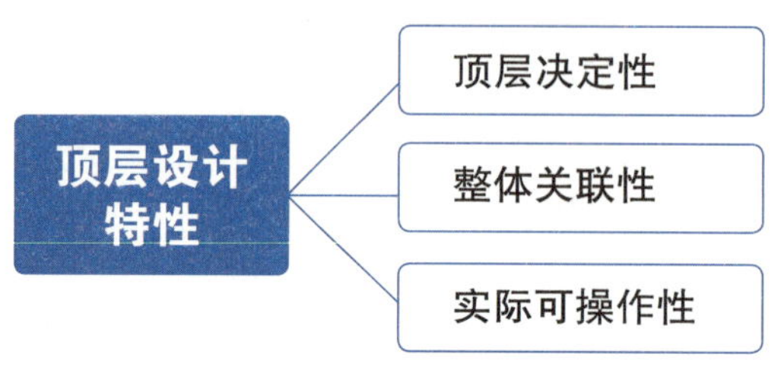

图8-3 顶层设计特性

二是整体关联性。顶层设计强调的是设计对象内部要素之间的关系，要求所有其他要素围绕核心理念和顶层目标运动，由此也形成相互之间的关联、匹配与有机衔接。

三是实际可操作性。任何设计的基本要求都是具有可操作性，这要求表述简洁明确，设计成果实践可行，因此顶层设计成果应是可实施、可操作的。

那么金融路线上，资金运营的顶层设计又如何做到精准呢？

顶层设计最怕跟风、模仿、抄袭，一般可以按照以下步骤来勾画（见图 8-4）。

第一步：前期准备
弄清楚企业的实际情况

↓

第二步：初步设想
设置未来企业达到的市值期望值

↓

第三步：主干铺设
规划清晰的年度总体完成指标

↓

第四步：疏通毛细
分化指标，精细化各子指标任务

图8-4 勾画顶层设计的步骤

第一步：前期准备——弄清楚企业的实际情况。

整体性是顶层设计的着眼点，就像国家设立“十三五”规划，资本运营的顶层设计也需要清楚底层的情况，清楚企业当前的情况，包括月均营业额、明星产品单价、利润率、行业市盈率等能够反映企业段位体量的指标，对此要做出详细统计。

每个餐饮企业积累的品牌含金量、市值、理念、配方产品（或明星产品）数量都不一样，所以其顶层设计时所拥有的底层基础也不同。打个比方，如果全球的可口可乐工厂都被烧毁，所有的车间停转一天，可口可乐股票下跌幅度也不会超过 20%。究其原因是可口可乐的核心价值在于它的配方、品牌、经营，而非单一的饮料生产线。所以可口可乐有资本大量收购同行，涉足时尚、传媒、地产等行业，其资本运营的顶层设计自然就会更加宽广。但以上情况如若发生在另外一家企业，厂房、车间都被烧毁，恐怕股价会跌到连 20% 都不剩，究其根本，很多餐饮企业的商业模式相对单一，基础薄弱，自然没有面临突发事件的资本能力，所以它们在做资本运营的时候更应当清楚自身的底层基础，避免舍本求末。

第二步：初步设想——设置未来企业达到的市值期望值。

餐饮企业在创立之初，会给自己设置企业愿景和企业使命。那么在资本运营模块，需不需要走这一套程序呢？答案是肯定的，但对此应当更加慎重，资本运营的风险甚至远远高于创业。

企业的资本运营顶层设计，应当更加注重保底和风险控制，所以市值预期值要更贴近实际，稍微扩张。按照这个准则，计算过往市盈率等指标，通过逐年膨胀，纳入新增资本运营项目计划，从而得到一个实实在在的数字，这就是将企业资本运营的愿景数字化。

这个愿景数字可以设定得匪夷所思，那么在具体完成指标的分设上就需要同样拔高，不可以出现分项分数及格、总体分数优异这样的设计方案。

而这需要一个强有力的决策层为后盾，即董事会。董事会的建设核心效用不能仍然停留在监督违规等传统意义上，现时代其首要职责应该是战略决策，是全面管理，而战略性董事会则是企业发展之趋势，所以董事会的构架合理并发挥效能可以在很大程度上给资本运营指明方向。战略性董事会应当遵从以下准则。

（1）专业化职业化团队。当代最杰出的新管理大师之一，学习型组织之父彼得·圣吉说过："每个成员智商超过 120 的董事会团队，为什么它的集体智慧为 60 分呢？因为只有结构化的、拥有互补性的、拥有共同价值观的团队成员才能构成战略型董事会，这本身和智商没有必然的关系。"这要求董事会要有专业化、职业化的分工和互补。

（2）企业股权多元化、分散化。建设战略型董事会首先要优化公司的股权结构，股权多元化、分散化、降低股权集中度，以稳固股东基础。通常情况下股权集中度越高，董事会对资本运营战略制定参与程度就会越低。

（3）战略型董事会的本质是其独立性。减少内部人在董事会中的比例，一到两个人就够了。由于人的“利己”性，内部人或多或少会更关注职业前途而不是股东价值。

（4）设立独立第三方进入董事会。董事会内部各种现实和潜在的利益冲突是与生俱来的，但它不利于董事会战略职责的发挥。所以企业的 CEO 最好进董事会，同时引入独立的第三方进董事会，尽量地保障董事会的平衡。

第三步：主干铺设——规划清晰的年度总体完成指标。

俗话说“一口吃不成胖子”，要想实现资本运营宏观上的大目标，还需要设定可行且科学的分期目标。这就类似于购房人还房贷，如果他能一次还完就不需要贷款，必须设立与其经济实力相当的月供体制，才能达到不影响生活又还完全部贷款的目标。

那么资本运营计划又应当包括哪些内容呢？一是资本分析，包括资产负债和利润；二是资本风险分析，包括系统风险预测和非系统风险预测；三是具体资本计划措施，包括资本筹措计划、收购计划、项目转让计划、组织战略联盟计划等。

其中应当着重注意资本风险的预测。系统风险包括政策法规影响（例如青岛啤酒在其 2016 年资本运营年度计划中就着重将《中央军委加强自身作风建设十项规定》中对接待工作的硬性规定纳入风险考虑范畴）、社会风险，以及购买力风险等。非系统风险则包括技术风险、管理风险、资源配置风险等。

第四步：疏通毛细——分化指标，精细化各子指标任务。

既然要达到宏观意义上的资本运营愿景，就必然不能安于现状，按部就班地固守一亩三分地。如何迅速完成年度指标？这需要将指标细化，从企业下发到分店，从分店下发到各部门，甚至从各部门下发到各人。

无论是通过复制分公司、提高月均营业额等运营手段，还是通过拓展新产品、提高产品单价、提高产品数量等销售手段，总而言之，需要所有在业人员为达到总体年度指标想方设法，这就是指标分化的意义所在。

红点理论：锁定企业最核心的资源

“红点”即企业的决策者，红点理论由新加坡国家商联总裁黄哲贤博士提出。红点理论在餐饮企业同样适用，其理论认为，企业的决策者在企业整个大团队中充当决定企业发展方向的角色。红点理论实质内涵则包含三个方面：一是以决策者为核心的管理水平；二是以决策者为顶层的组织构架；三是以决策者为桥梁的核心资源。

在资本扩张时，常常有人问：“项目与团队相比，哪个更重要？”红点理论正好回答了这个问题。站在投资者角度，如果一定要在这两个因素里选哪个重要，那必然是团队更重要。一流的团队能做好二流的项目，二流的团队会做坏一流的项目。投资者看重的是团队，而团队以决策者为核心。企业团队的管理水准与企业的决策者息息相关，决策者的意志往往影响着企业的管理能力。所以“红点”在企业的发展初期，乃至各个阶段都具有重大作用，是企业发展的“风向标”。

企业发展初期，做品牌、做标准，其目的就是巩固企业在餐饮行业内产生的影响力和推动力。“红点”的作用就是带动整个团队向着一处使劲，而不是打乱仗。通常，企业会围绕以决策者为核心的管理团队考虑如何获得影响力和推动力，此时“红点”就必须发挥一系列重要指示作用，“红点”往往可以通过两种方式发挥作用。

（1）通过对实体餐厅的大量铺设，使企业在行业内产生影响力和推动力。通过营销手段，加大广告宣传方面的投入及对企业品牌的系统策划，在消费者心目中逐步树立起企业的品牌形象；通过加大技术研发的投入，引领整个行业技术的发展。

（2）通过对竞争对手的兼并、收购和重组改变餐饮行业格局。变竞争者为同盟者，一是可以降低竞争强度，二是可以增强自身竞争能力。这种方式在餐饮业屡见不鲜，例如轰动一时的美团和大众点评合并。这样做一方面为餐饮行业的资源整合直接注入资本，另一方面也迅速降低了企业在竞争上的消耗。

“成长速度决定企业生死”，所以后者更直接的方式更符合新金融时代企业竞争特点。但不管是哪种方式，企业还必须始终守住企业“红点”这一最核心的资源。避免犯下初期“红点”容易犯的错误：徒有激情，缺乏创意，凭感觉，学皮毛，思路紊乱，盲目投资。上海知名川菜店厚味香辣馆，由于公司决策失误，将饭店大量的营业款用于不断扩张的餐饮项目支出，同时大量投资餐饮业以外的土地、原油等，盲目扩张，没有守住企业的核心，结果投资全部失利，导致资金链断裂。企业欠下员工工资超过500万元，欠下供应商货款、房租超过2000万元，昔日餐饮业地标，最终轰然倒塌。“红点”移向混乱，没有设定好路径，导致整个围绕在“红点”周围的团队也跟着走向灭亡。

能够正确制定方向并发展起来的企业，其“红点”必然正确地发挥着重要的指示灯作用。那么如何持续发挥“红点”的正能量，保持企业的核心资源并快速地做大企业的规模呢？

目前中国的餐饮业正处在生命周期的成熟期，但行业的平均利润率和资产收益率都有所下降，决策者在制定决策，发挥“红点”作用的时候，需要考虑以下三种可能。

（1）始终坚持传统的核心资源，依靠自身积累慢慢做大。但是在现如今竞争比较激烈的大形势下，餐饮企业“跑得慢”就等于面临死亡。因此这种做法不被提倡。核心资源需要与时俱进，不断创新提纯，争取做到行业标准。

2016年，肯德基、麦当劳在华相继出卖部分业务。中式快餐巨头和合谷也于9月传出消息，理文手袋以1.17亿元人民币转让北京和合谷餐饮管理有限公司60%股权。这说明什么呢？企业的核心资源如果不创新，就很难持续生存，更别说资本运营了。美国经济学家熊彼特认为：“创新就是把生产要素和生产条件的新组合引入生产体系，即‘建立一种新的生产函数’，它包括以下五个方面：引进新产品、引进新生产方式、开辟新市场、控制原材料的新供应来源、实现企业的新组。”这无疑对餐饮行业也有一定的借鉴意义。

（2）充分利用外部资本进行收购兼并，快速扩张。成功的收购兼并，使得企业迅速壮大，例如百胜集团合并小肥羊，通过兼并直接涉足进入火锅领域，免去很多步骤。这样可以避免和前辈企业硬碰硬，减少了竞争的同时保留了自己的核心竞争力。

（3）保持企业的管理阶层核心理念。资本运营过程中，要考虑很多因素，假如要考虑涉足餐饮业以外的领域就需要知晓如企业所处的行业、企业的商业模式、成长性等明细，这一切的一切能顺利达成，高效的团队无疑是第一要素。

2006 年，宣传口号为“专为女性设计的美食”的“代官山”第一家旗舰店在上海正式开业，以其时尚唯美的唐风陈设以及无微不至的专为女性的服务给食客们留下风雅印象，迅速在街头巷尾许多饕客们口中美名远扬，成为在沪小聚小酌的必选场所之一，并在苏州、南京等地陆续开张连锁店。但其决策管理层的核心竞争力逐渐缺失，开始追求排场和档次，动辄花费百万元投资一家新门店，让处在成长期的“代官山”捉襟见肘。从 2015 年 5 月开始到 7 月，短短两个月内，上海、南京、无锡等地各个门店便相继关门，供应商千万元账款成空头支票，顾客预付卡补偿无门。这是典型的核心理念的丢失造成的。

“红点”若能发挥出重要作用，就会有越来越庞大的业务，企业也会越做越有实力，此时事务必然也越来越多。当企业组织构架完整，企业的运作不再单纯依赖于决策者这一“红点”，而是依靠于完整高效的“智囊团”，这样的企业才是健康的企业，否则决策者的一个失误就会影响整个企业，甚至造成企业毁灭。企业如若能健康蓬勃地发展到这个地步，作为初期“红点”的企业决策者，就应该想办法设立二期“红点”。初期“红点”则可以抽身出来，进行总体布局，给每个二期“红点”进行工作设定、规划或制定方向，但不直接参与到二期“红点”的团队运营中。二期“红点”则努力传承初期“红点”的核心理念，这样“红点”就会发生裂变，团队数量也会不断扩充，资本也会跟着发生裂变。

而初期的“红点”应该做些什么呢？应该考虑适当创新理念，保持独特的商业模式这一核心逻辑。发展过程中独特的商业模式无疑是“红点”的正面向导产物，也是创新的产物。按照既定路线发展成熟的企业中，“红点”若能抽身，可以通过成立子品牌、跨行业投资、建造生态体系等方式创新原始商业模式。

几十年前人们的就餐需求是吃饱，21 世纪以来人们不仅要吃好还要环境好。但如今消费升级，餐饮业面临的市场格外复杂，消费者不仅要求菜品好，环境好，还要求有趣好玩有新意。餐饮业处于不得不转型升级的时期，但是无论何时，“红点”都是企业最核心的资源，那才是餐饮企业资本扩张的指路人。

资本奇迹：财富裂变，步步为“赢”

2006年12月，中国加入WTO（世界贸易组织）过渡期结束，各行业包括餐饮市场全面开放，餐饮企业竞争已经发展到了争夺行业游戏规则制定者地位的时期。而餐饮企业的资本运作与纯金融企业不同，具有明显的线下重于线上的特点。

资本裂变就是一场以小博大，运用资本市场杠杆，撬动资本天平而获利的盛景。餐饮企业在资本运用中如何做到财富裂变，步步为“赢”，其实也就是上一节所讲，初期“红点”裂变出二期“红点”的过程，可以参考以下九个步骤（见图8-5）。

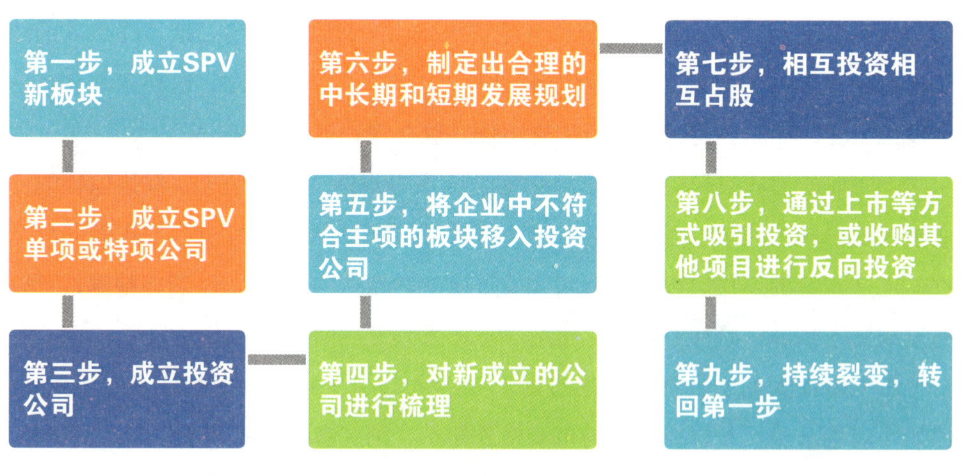

图8-5 资本裂变步骤

第一步，餐饮企业独立出一部分资本，成立 SPV（特殊目的机构）新板块。

第二步，成立 SPV 单项或特项公司。对原企业下子品牌、具体项目或者具体业务进行收购，使 SPV 有实业基础。

第三步，成立投资公司，分配好股比，SPV 单项公司可占比 51%，初期“红点”占比 49%。这样原企业的子项目就变成了子公司，子公司又可以独立发展品牌。

第四步，对新成立的公司进行梳理，保持良好的运作。确保其运营理念、价值主张、商业模式都不与企业相斥。

第五步，将企业中不符合主项的板块移入投资公司。等待投资，或者转让出去。

第六步，制定出合理的中长期和短期发展规划。短期要做出“摇钱树”的效果，维持企业的正常运转以及股息费用的支出。中期长期则需要注重持续性发展，确保企业现金流的长流不息。

第七步，在投资公司里，要相互投资相互占股，通过股份置换的方法相互支持，使得各个子公司之间能够相互支撑，不至于一足缺失而整体倾倒。

第八步，通过上市等方式吸引投资，或收购其他项目进行反向投资。从而扩大各个子公司的资金流，形成各个独立而互补的整体企业态势。

第九步，持续裂变，转回第一步。

以万达为例，万达在地产发展到成熟阶段后，分别对电影、餐饮、超市、旅游、电商、母婴等项目成立 SPV，先后成立万达影业、万达金街、万达旅游、飞凡电商等公司或项目。这些公司或项目持续吸引投资，相互之间看似各自为政，却始终围绕在万达这一核心周围。就此，万达实现了资本的裂变，一分为五、为六、为十、为百……

那么在企业快速扩张、资本一步步裂变过程中，企业以什么为思想向导呢？在确保准确敏感的“红点”为核心竞争力不动摇的前提下，企业还需要具备正确的资本运营观念。总体来说有以下五点。

第一，股东价值最大化作为资本运作的最终目标。

关于进行资本运作的企业，其经营目标一般分为“利润最大化”和“股东价值最大化”。二者的基本区别在于是否将股东的投入资本纳入考虑范围。

如果从财务角度来衡量资本的效益，最直接的衡量指标就是“投资资本收益率”。投资资本收益率是对企业所处的行业、核心竞争力，以及企业自身营运管控能力的高低的直接反映。比如，两个不同的餐饮企业通过一个财务年的经营都产生了500万元的税后净利润，此时如果只考虑谁的利润大，那就是两个企业同样大，如果不考虑股东的投入资本，就难以衡量两个企业经营绩效谁优谁劣。那么可以这样说，企业的高利润率并不等于高投资资本收益率，就像同样是吃饱，有的餐厅就餐需要人均100元，有的却只需要10元，结果一样过程却不尽相同。

企业的资本并非是某一个人的，它是全体股东的，股东承担了企业最大的风险，所以理应把“股东价值最大化”作为基本的尺度。以此可以在财富裂变的过程中不断吸取新鲜资金的注入。

第二，资本运营不是权宜之计，而应视作长久之策。

某餐厅经营不善，资金突然出了问题，面临着交不上租金的窘境。企业老板急得像热锅上的蚂蚁，不惜一切代价四处借钱，满地拉资金。结果要么是找不到钱，要么以高资金成本融到了钱。这就是典型的由于企业没有长期的资本运营规划造成的困境。2014年以来的第三次餐饮业倒闭狂潮中，八成以上倒闭的企业都有这样的问题。

仅仅将资金运营当作应急周转，从企业的资源配置的角度来看，似乎是“头痛医头，脚痛医脚”，并会出现两种后果：其一企业将随时面临较高的财务成本，其二企业将丧失有利的投资机会。餐饮业如果保证资金不出现断裂，并持续裂变，就要注重“日常养生”，将资金运营视为企业财务管理的基本原则。

第三，企业应慎重选择合适的融资投资途径。

资本裂变九个步骤中的第八步讲到了企业融资或投资以获得财富的方式。一般而言，企业的资本运营之路依次是风险投资、私募股权基金、IPO(initial public offering：首次公开募股）融资、后续股权融资、可转换债券，最后通过兼并、收购对行业资源进行整合。这一路上也不可以掉以轻心，有三个因素至关重要：（1）自身或意向投资的其他企业所处的发展阶段。（2）自身企业或意向投资的其他企业融资项目的资产特性。（3）融资或投资的成本。

第四，不可过度依赖资本运营，还要注重实业。

既然资本运营是通过各种方式使资本增值的财务管理过程，那么就会有“能否科学地保证资本增值”的问题。

不管是餐饮业还是其他行业，很多企业家做资本运营时，片面地把上市作为企业成功的标志，并不清楚要使项目成功需要什么样的资源、市场开发计划、团队等，就盲目上市，结果总是头破血流。上市没有成为企业发展的助推器，反而成了绊脚石。

有的上市公司缺乏清晰的战略规划和相应的实业资源配置，从投资者那里融得资金后，不是发展现有实体餐饮，而是拿去炒股票。不管是私募或上市融资，都必须预先做好实业规划，融资的确是为了使财富裂变，也能带来资金的迅速扩充，但是实业才是餐饮业最终的方向，这就要求餐饮企业人把资本运营当成财富增值的必要条件，而不是充分条件。试想有多少为做资本运营而做资本运营的企业，最后搞得做不下去的。

第五，规范的治理结构是财富裂变的前提。

一个成熟的企业必然有一套规范的治理结构，它的存在主要是为了构建三种机制并解决三个问题：一是构建强有力的决策机制，解决决策的科学性问题；二是构建严格苛刻的监管约束机制，解决监督约束的有效性问题；三是构建可行度高的激励机制，解决激励机制的高效性问题。

最后，企业在资本裂变过程中，一定要注意现金流的最大化。

准确的资本运作可以确保现金流的持续最大化，而错误的资本运作则可能造成资金链断裂。一个亏损状态的企业，有了现金流，就有待得云开见日出的机会，而一个盈利的企业，现金流断裂，就会很快死掉。

以曾经火遍大江南北的唐都大酒店来说明这点吧。唐都成立于 1988 年，通过多年经营，声名鹊起，成为山西最大的餐饮集团之一，并一度扩张到了北京、哈尔滨、辽宁、海南等地，经营范围包括五星级酒店、生态园、会议中心等。可以说是相当成功的餐饮企业。

但如今，与昔日的辉煌形成鲜明对比的是唐都 400 多名员工离职，欠薪 180 万元，200 名员工跪地讨薪。其原因就是公司决策层错估形势，逆势而行，固执以为只要有钱投资大型餐饮就能挣钱，其实这早已经成为历史。因受经济政策影响，唐都 4 亿元资金所投资的 2 个高端餐饮项目三年无回音。曾经的餐饮巨舰，如今挣扎在破产边缘。

唐都和前面提到的厚味香辣馆的资金链紧张和断裂，均是投资战略的失败，是企业决策的失误，也是资金盲目膨胀、不做好充足的资金运作设计所导致的。

资本变革：互联网重构资本市场格局

随着“互联网 +”的国家层面政策布设，越来越多的生活方式逐步被互联网改变，休闲娱乐、衣食住行等各个领域都随着互联网的发展悄然进行着服务升级。滴滴出行、大众点评、饿了么、黄太吉等一切 O2O（线上到线下）公司，本质上都是在用移动互联网思维、技术来重构和提升服务业。而互联网和金融的联姻，促使资本格局发生了革命式的洗礼。耳熟能详的 P2P 网贷（互联网借贷平台）、第三方支付（如支付宝、微信支付）、互联网众筹、互联网路演平台、互联网征信服务等，无一不为金融业点上一把又一把火。

时至今日，如果说移动互联网比 PC（个人电脑）互联网更加具有摧枯拉朽之力，恐怕无人会否认，移动终端正残酷地颠覆和改造着传统服务业。因此，企业选择在餐饮业这个传统行业发展，必须搭上互联网的快车。中国有海量的移动互联网用户和超高密度的年轻人口，这既是固有优势也是不利因素，因此餐饮行业无论是餐饮运营还是资本运营都必须要考虑到互联网冲击或者互联网设计，不可固守老时代的思维逻辑、生意模式去进行当下的企业模式设计、资本运营等工作，否则网络的快速更迭会将企业在瞬息之间淹没，企业的结局会很惨。

那么互联网到底对资本市场有着何等的影响呢？互联网对资本市场的影响如图 8-6 所示。

第一，颠覆部分传统资本学说和理论。例如资本运作中常见的“证券”，正随着互联网大潮走向无纸化的电子时代。而证券的转让、出质等一系列操作都可以转移到线上进行。

第二，互联网拉近资本市场各个角色间的距离。互联网最大的特点就是无限

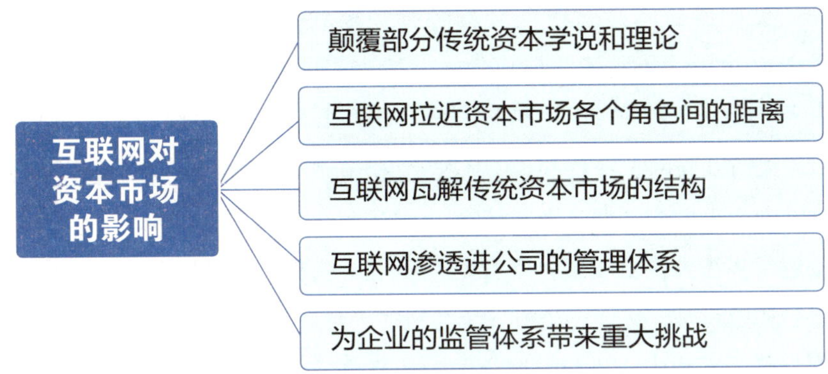

图8-6　互联网对资本市场的影响

制拉近人与人之间的距离，信息的快速、对等流通为企业提供能够和投资者一对一的谈判环境，避开了承销商、证券交易所等庞大的中介体系。

第三，互联网瓦解传统资本市场的结构。货币和资金的电子化，其直接后果就是绕开了券商等中介机构，投资者可以直接入市。原有的券商则不得不转型，从单纯的提成营利性质转变为更注重管理的平台类企业。

第四，互联网渗透进公司的管理体系。以往，企业的各个股东交流手段有限，很多信息不能及时传达，意见互通的不够及时都可能导致管理体系决策失衡。而互联网时代，快速高效面对面的网络距离终结了这一缺陷，互联网迅速渗透进公司的管理体系。

第五，为企业的监管体系带来重大挑战。互联网虽有快速高效的特性，但同时也有隐身模糊的缺陷。在互联网上的资本市场中，信息的真实性大打折扣。征信体系应运而生，中国人民银行征信、阿里巴巴的蚂蚁信用等均随着资本市场的需要逐渐被广泛运用。

黄太吉算得上是移动互联网时代下，成功利用互联网进行品牌塑造的典范。作为一个卖煎饼的企业，黄太吉成立以来一直处于风口浪尖，争议声不断，也有很多人模仿。大部分人第一次了解到黄太吉，是在微博上、网站上、微信上等。这一网络营销手段就大大提升了产品推广力度，同时对资本的吸引也呈现出多渠道、线上、年轻化特征。基于此，黄太吉通过网络平台获得了大量融资，包括电商、众筹、网络融资平台等互联网金融方式。网络融资平台让黄太吉绕过了一系列中介体系，实现了资金快速高比例汇入。众筹实则是用户直接变成股东的形式。

当然，做网络资本运营可能会牺牲掉短期利益，如果黄太吉不是资本介入，这个打法也没法行得通。但巧的是，投资人也越来越倾向于投资具有网络特征和属性的企业。比如 2014 年 Falcon Edge Lapital（猎鹰资本）和 Rocket Internet（火箭互联网）注资 6000 万美元给 FoodPanDa（美食熊猫订餐送餐平台）、2014 年百度收购“糯米网”等。

资本运营多注重线上发展。不管是投资还是融资，目前网络上各类营利、非营利的平台俯拾皆是，选择一个或多个合适的平台进行资本运作，可以绕开券商、证券交易所等一系列中介机构。这样做一是节约了融资或投资的资金成本；二是可以快速实现资金运转，节约了时间成本。

互联网时代，由于信息高效互通，越来越多的资本和优秀人才进入餐饮业这个传统行业，原先一些与餐饮相关的上下游产业链也进入餐饮终端服务。为什么一个发展进入成熟期的行业会涌入如此之多的新鲜人才和资金流呢？原因在于这个行业可以说没有衰退期。尤其是在互联网时代的大背景下，越来越多的人看到的是传统行业的新型发展模式，资本市场看到的是依附于传统行业上资本的新增长方式。

2015 年“两会”（中华人民共和国全国人民代表大会和中国人民政治协商会议）期间，政府工作报告明确提出将实施股票发行注册制改革。“互联网 +”概念被正式提出，随后一批又一批的互联网金融创业公司不断上市，这正昭示着资本市场正大刀阔斧迈进互联网时代。

第九章

逻辑梳理

——如何进行人、权、钱的“大圈定”

餐饮业和其他行业一样，良好的经营状态就是人（合作伙伴、客户等）、权（有利的形势、活动、主张等）、钱（资源、渠道、收益等）的组织和管理。没有好的合作伙伴和团队，就没有管理思维和程序；没有好的价值主张，就没有好的品质需求；没有好的个性产品，就凸显不出企业在行业内的特色；没有好的收益来源，就没有良性发展。所以说餐饮的逻辑最终还是人、权、钱等的“圈定”。

网络伙伴：招商引资，寻找资源资金合作

餐饮业的市场到底有多大？可以说有人的地方就有餐饮业。面对如此巨大的市场、如此多的竞争者，企业如何出类拔萃，如何做成餐饮企业而不是路边饭馆呢？首先应该确定的是，这场战争不能是一个人的出征，你需要伙伴。

招商引资就是为了找钱找人做事业。企业每隔一段时间就应当通过描绘与其他公司的合作协议关系网络，对现有关系网络进行梳理，以确定各个伙伴为自己节约的成本以及维持关系的消耗，方便下一步的合作方向。企业可以从以下几个渠道入手（见图 9-1）。

图9-1 招商引资渠道

一是异业联盟。

联盟成员之间一定不会是上下游的垂直关系，而是一种具有共同互惠目的的水平式合作关系。异业联盟是不同行业、不同层次的商业主体的联合，也可以是

同行业各层次不同商业主体间的联合。双方凭借着彼此的品牌形象与名气，相互引流，从而拉拢更多面向消费群体的客源，借此来创造出双赢的市场利益。合作共赢，是异业联盟各商业主体的共同目标。

站在消费者的角度，异业联盟给人们的感觉就像走进一个大型超市，同时还有各种导购员，你需要的产品或者服务都可以找到。异业联盟发展壮大非常迅速，很多基本的资源平台已经建立起来并投入运行。比如在一个商圈里，有二十几家餐厅，但是只有一个 KTV（卡拉 OK）会所，如果你的企业与这个 KTV 会所达成了伙伴关系。KTV 会所在他的顾客消费结束后推荐你的餐厅，那么他的消费群体就极有可能变成你的顾客，从而节约了招揽顾客的成本。而作为回报，你的企业将在你的餐厅就餐的顾客通过各种方式引流到 KTV 会所。像这样互相引流，共同发展的模式就是异业联盟，也叫跨行业联盟。

基于异业联盟模式主体差异性，联盟合作者不存在竞争性或没有直接化非硬性利益冲突，各参与者才能够竭尽全力，互利共赢。异业联盟也因此才能够成为协调运行的一个系统。然而异业联盟也有其弊端。在异业联盟中，任何一个网格点都不是固定不动的，一个点发生脱离，其他的点就会受影响。所以当企业发现某些联盟成员不那么尽心尽力推广、引流时，企业所投入到联盟中的资金如果亏损，就应当选择其他盟友。

二是行业比赛。

与异业联盟不同的是，行业比赛则是同行业之间的竞争关系。通过行业比赛，消费者眼球被吸引，市场热度被炒火，以此同样可以达到推广目的。而行业比赛又如何成为招商引资的手段呢?

举个简单的例子，如若企业在大型餐饮行业比赛中获得名次或者引起了市场关注，那么投资者同样也会被吸引，知名度和资金就是这样转变的。

例如由中国烹饪协会主办的“中国餐饮业十大品牌”评选活动，每年都会举办一次。包括肯德基、俏江南、必胜客、真功夫等国内外知名餐饮企业都会参加，某些区域性餐饮企业比如河北千喜鹤集团等也会参加，一旦取得名次，其活动举办单位和协会都会对其进行宣传报道。

同时行业竞争也能转化为内部动力，内部动力在打造品牌、产品创新方面又会有实实在在的助益，这也是行业比赛转化为资本的一种途径。

三是饭店协会。

饭店协会一般是通过政府审批的半政府性质协会。协会成员相互合作，也相互监督，共同促进发展。饭店协会可大可小，大的有中国饭店协会，隶属于国务院，小的有某乡镇农家乐饭店协会等。

例如，成立于1998年的湖南省旅游饭店协会，其主管单位为湖南省旅游局。其经湖南省民政厅登记注册，具有独立法人资格，目前，湖南省旅游饭店业协会共有会员640家。湖南省旅游饭店协会的宗旨是：遵守国家法律法规，遵守社会道德规范，代表旅游饭店行业的共同利益，维护会员的合法权益，宣导诚信经营，引导行业自律，为会员服务，为行业服务，在政府与企业之间发挥桥梁和纽带作用。其下又有长沙市、常德市、张家界市、怀化市、衡阳市、株洲市、岳阳市旅游饭店协会等子协会。

也就是说，协会代表的是协会成员的利益，是餐饮业与其他行业之间竞争的产物。同时，抵制行业内部恶性竞争、宣传好的价值导向以及实现与政府企业之间的有效桥接都是加入协会的好处。通过饭店协会，餐饮企业可能无法获得直接投资，但是餐饮企业加入协会则与政府产生更加亲密的关系。通过这层关系，企业在政策上、各类扶持上都能够获得信息便利。这对投资者来说也是极为看重的一点。

以上三种渠道，作为网络伙伴和招商引资的重要手段，在企业成长之时尤为重要。但是企业在初期也应当量力而行，就像举重比赛会分级别一样，餐饮行业要招商引资，也要先找准自身段位再投入人力物力和时间。比如异业联盟要求联盟成员之间的实力相当，过于悬殊的话则难以达成联盟；行业比赛需要耗费大量时间和精力，企业初期开辟市场，时间和精力却是极为宝贵的；饭店协会一般在准入门槛上有着明确的限制条件，这里不做过多叙述。

餐饮企业通过定期对网络伙伴进行逻辑梳理，可以扩展渠道，拓宽资源，最终宣扬自身的价值主张。

关键活动：有诱惑力才有吸引力

在日常生活中，我们大多通过电视、广播传统媒介以及微信、微博、App 等来知晓餐饮企业的新产品和品牌文化。这样的活动其实就是企业的一种较为有效的活动营销方式，当然，这种活动必须是有效的，有诱惑力和吸引力的，这样才能够产生市场效应，才能对扩大企业知名度和新近产品营销传播产生重要影响。

类似于上述活动还有项目平台、行业人才交流会、店庆、业内培训、会议承办等，这些活动共同构成了企业的不同营销手段和方式，企业也会因战略和定位不同采取倾向于适合自己的关键营销活动以达成某一阶段的目标或长期目标。

活动营销是指企业通过介入重大的社会活动或整合有效的资源策划大型活动而迅速提高企业及其品牌知名度、美誉度和影响力，促进产品销售的一种营销方式。简单地说，就是企业围绕各种活动而展开的营销，以活动为载体和工具，使企业获得品牌的提升或销量的增长。

一个好的活动营销必须通过吸引消费者的注意力传递出品牌的核心价值，进而提升品牌的影响力，只有这样的活动才是有效的。那么，如何让品牌的核心价值为消费者所认同呢？关键就是要将品牌核心价值融入活动营销的主题中，让消费者在接触活动营销时，自然而然地受到品牌核心价值的感染，引起情感共鸣，从而认知品牌，增强购买力，使品牌影响力得到提升。

众所周知，随着企业营销意识的不断增强，大家都在积极地举办和参与相关各类的营销活动，进行广告宣传、线上线下合作，外卖、打折、抽奖和送礼品等，越来越多的营销活动信息充斥着整个餐饮市场，营销活动举办期间可能还有人会冲着这些“优惠”去“捧场”，但是营销活动一结束，餐厅又恢复到之前的样子，有的餐饮营销活动会直接出现“冷场”的尴尬局面。要想突破局限，摆在餐饮企业面前的最主要出路之一就是——创新！因为只有通过不断创新，我们才能获得餐饮营销活动的先机，走在餐饮营销乃至整个餐饮行业市场的前沿。

被称为美国饭店业标准化之父的埃尔斯沃思·斯塔特勒，早年在建造布法罗斯塔特勒旅馆时，在美国历史上首次推出“一间客房一浴室”的设计，此外他还采取了冰水管进客房、每间客房都安装电话等创新措施，取得了辉煌的成就，开业头一年就赢利 3 万美元（在当时是一笔不小的数字），营销创新举措带来了丰厚的营销创新利润。

我国云南省昆明锦华大酒店，在山茶歌舞餐厅的经营中，先后尝试了海鲜—自助火锅—韩国烧烤—东方快餐等品种，但都因竞争者的效仿很快走了下坡路，最后，其创新改造为目前的歌舞伴餐厅。客人一边用餐，一边欣赏具有云南地方特色的歌舞，使其沉浸在淳朴、热烈的文化气氛中。鲜明的文化特色使其在创新经营中脱颖而出。

从事例中我们不难看出，不断摸索和创新，为餐饮企业在经营过程中求得生存和发展的空间，企业甚至有可能通过创新一举成为行业内的佼佼者。

因此在关键的营销活动运营上，要做到以下两点：

第一，拥有正确的营销创新观念。

餐饮企业要想使营销创新真正发挥作用，最基本的是要有正确的营销创新观念。创新观念包括产品、市场、经营、营销体制、服务细节等。比如海底捞火锅店的创新项目——等位服务，就是创新营销的一种灵活方式，为其带来了可观的销售业绩。

此外，许多人把营销创新当作管理层的特权和专利，普通员工就是按服务标准做好自己的本职工作，营销创新与己无关。实际上，营销创新是每个餐饮人的职责和义务，大家都该在营销创新中找到自己的位置和应该发挥的作用，而不是“等闲靠”。

第二，进一步建立健全餐饮企业内部的营销创新体制。

体制的建立健全使营销的创新活动有组织和制度上的系统保障，这样出来的营销创新活动才不是随机的、灵光乍现的、不确定的、偶尔的。这就要求餐饮企业内部必须组织专门的人员，成立专门的营销创新团队，为创新营销掀起头脑风暴提供必要的人力资源条件，这样才能确保餐饮企业随着市场变动和消费者的需求变化实时创新，才能使营销创新活动是系统化的、专业化的，是一种职业化餐饮营销理念和品牌文化的体现。

以四川锦江宾馆为例，它把餐饮菜肴的研制创新作为关键营销活动中的重要一环，不仅成立了由餐饮总监和中、西餐厨房部技术骨干组成的菜肴研制创新小组，而且在不断实践摸索中形成了一套实在管用的创新小组工作制度。其中包含：宗旨与原则、人员组成规定、时间安排、计划工作、品种选择与要求、形成子菜系体系、研制程序及内容、销售质量反馈、质量仲裁、公正评估、激励保障措施等，这不失为一个内容丰富全面、有针对性和各项例行指标、具有示范意义的餐饮营销创新制度。不必多说，我们也可以想象出，一个餐饮企业如果有这样的团队和制度做后盾，其营销活动必定是极具诱惑力，且能保持持久吸引力的，其营销业绩一定是可人的，品牌也一定是“响当当”的。

由此可见，创新、创意是餐饮营销活动的灵魂，要把握住这个灵魂，餐饮企业创新营销活动才能真正进入到一个良性、可持续循环的过程中，餐饮营销才能真正发挥它的巨大作用。

关键资源：企业发展的生命源泉

企业关键资源是指企业从资源与价值主张的关系上看，拥有的那些对价值主张有独特助益，以及对其具体业务运行能够保持持续性支持的竞争优势，是企业的基础资源，但不等同于一般资源，它包含公司执行其商业模式所需的资源与能力。企业若能科学有效地运用这些资源，其市场份额就能出类拔萃，在市场中获得超出其他餐饮行业竞争对手的收益；反之，如果企业缺乏这种资源，便无法支撑起企业的价值主张，在残酷的市场竞争中就会频频失利，甚至难以维持正常运行。

例如著名海产品供应企业獐子岛，其企业愿景为“打造受人尊敬的、卓越的世界海洋食品企业”；价值主张是“与世界，享健康”。“世界”“健康”是其价值主张的重点，也就是说獐子岛的产品与服务是面向全球，而且健康无公害的。那么企业就必须有关键资源能够支撑其这一价值主张，这要求企业有极强的物流能力和健康的食材。而獐子岛的关键资源是什么呢？亚洲最大的海洋生态牧场、国家级产学研一体化创新平台，这些关键资源可以为獐子岛提供新鲜无污染的海产，并且能够做到产地直供，以此支撑起“健康”和“世界”的价值主张。

企业的关键资源既可以是物质性的，比如上面提到的亚洲最大的海洋生态牧场，也可以是非物质性的，比如企业的人力资源以及科学的管理制度。但是不管是物质性的还是非物质性资源，这些关键资源只有在与企业价值主张相适应，与某种扩张后的能力相匹配时，才能扩大企业价值主张的传播与认可，才能实现资源向收益的转化。

首先，企业关键资源要与一般资源区别开来。关键资源的使用，通常是在企业某些重要业务方向上的一些关键业务流程中，而一般资源则是在企业普遍使用的。例如对獐子岛来说，充足的人力资源就是一般资源，在企业的价值主张中不必过多展现。

那么企业关键资源如何打造呢？一种是企业具有得天独厚的优势，例如享受特殊政策庇护，又或者是拥有其他企业不可获得的上游供应。例如华中地区每年夏季的小龙虾餐饮市场都十分火爆，但其中“巴厘龙虾”和“靓靓蒸虾”的业绩却尤为突出，这与其掌握的关键资源密不可分——通常这两家餐饮企业有着独有的供应链，能够从养殖户那里优先收购到个头大的优质龙虾。而市场上其他企业所获得的原材料要么提高收购价格以打破垄断，要么自己养殖，而这些对于中小企业来说都是很困难的。

而另一些餐饮企业就需要在一般资源和关键资源上做转化。这就是我们所说的将某一件事做到极致，也就是工匠精神。例如企业大力发展提高服务水准，其服务就可以成为餐饮企业的关键资源；良好的福利政策使员工永远有活力，这些福利政策就是关键资源；抑或将就餐环境做到极致，其环境就是关键资源。好比兰州的马子禄牛肉面馆，其关键资源除了独特的手艺和汤底配方以外，在运营过程中还得到不断扩展。店内装修设置了名人墙，突出展示一系列名人合照、名人题词，原本作为食客的名人，在包装宣传后就变成了关键资源。

由于关键资源比起一般资源而言更加难以获得，同时企业的关键资源必然要通过企业的运作，转化成产品或服务才能投入市场，进而与消费者发生联系。因而企业的关键资源，尤其是一些核心技术和能力，在获取上往往耗费企业大量精力。但关键资源的打造并不是一劳永逸的，某些企业在其打造关键资源时通常耗资巨大而后获得市场青睐，而这势必又会引起竞争对手的学习、研究和模仿，或者是在你的资源模式上进一步创新。企业的关键资源如若想始终处于优势或垄断地位，要么是企业初期投入巨大，使得其他企业难以模仿；要么就必须不断进行创新改良，进而拉开外界学习和模仿的距离。可惜的是大部分中小企业的关键资源获取难度低，模仿简单，很容易被竞争对手“窃取”。所以企业必须不断改良，真正做到那句话：不断被模仿，从未被超越。例如獐子岛在既有的关键资源基础上，不断拓展电商直供模式，从而进一步完善物流水准，服务于其“全球”这一价值主张。

关键资源和一般资源的位置也是会随着时间和市场的改变不断调整的，某些关键资源在市场竞争中会慢慢丧失竞争力，或失去垄断地位，或无法继续支撑企业扩展业务后的价值主张，可能被弱化为一般资源，甚至被舍弃。比如很多政府机构定点接待的酒店，由于享有政府的关系网络，其收益来源即便是对大众开放甚少也能够保持不断流。但在近些年一系列紧缩政策的实施下，餐饮企业依靠政府网络这一关键资源就难以继续获得收益，企业必须做出转型，舍弃原有关键资源。

最后，关键资源的使用价值往往随着企业的组织能力的变化而变化，也就是说，关键资源的价值受到关键活动的影响，而关键资源对于企业的成本结构形成制约或辅助。企业在制定成本结构的时候，需要着重考虑到关键资源的使用和消耗。而企业的关键资源为企业价值主张提供支持，价值主张为关键资源带来利用价值，两者相辅相成，不可独存。

成本结构：合作就是你不吃亏我不占便宜

餐饮企业的运营过程是先投入再回报的过程，投入就必然有成本。每个企业按照自己的商业模式运作时，都有不同的投资、收入比。这时企业应当常态化梳理前期运营某一商业模式的经济和结果，对其进行分析判断，以不断调整完善现有商业模式，最终达到和员工的互利共赢，和投资人的互利共赢，彼此之间做到你不吃亏我不占便宜的平衡状态，也为企业的价值主张提供模式的保障。

首先，成本结构，可分为直接成本和间接成本两大类。

直接成本是指餐饮成品中具体的材料费，比如菜、佐料、饮料本钱，也是餐饮企业中最主要的支出。间接成本是指商业模式进程中所引发的其他开销，包括人事用度和一些固定的开销。员工的薪资、食宿、奖金、培训费用和福利等，这些是人事用度；而店面租金、水电费、装修、税金、消防设施、保险等，这些是固定开销。

那么餐饮业成本结构的控制如何进行呢？菜单的设计、原料的采购、制作的进程和服务的方法，每个阶段都与成本直接息息相关，在商业模式确立之初应当尽量想周全，并且在运作过程中严加督导。而人事用度的管理应全面纳入量化控制的系统，以期达到预定的控制目标。

直接成本的控制是指以科学的方法来分析支出用度的公道性，并不是企业一味地采购低价的原料，以期达到节省支出用度的目的。企业应当在模式展开之前，列出具体规划，以年或月为单位进行开销预算；再在运行过程中定期做逻辑梳理，监视整个进程的花费是不是合乎既定的预算，和自身的价值主张有没有冲突，或者能否支撑价值主张的成本运行；最后评估、修正预算，改善商业模式。

间接成本的控制更需要企业人在商业模式中重点考量。我们知道每道菜的定价除了原材料成本以外，还要能反映人力、时间、原料、数目及其供给情形等因素。企业的间接成本远大于直接成本，其中尤以人工用度和房租为主要考量因素。

那么成本结构如何在商业模式中进行设计呢？

可以有这么一个很简单的原则，就是尽可能和行业水平持平。例如同样是面馆，别家的厨师工资是五千元，你给开一万元的话就显得离谱。如果你的厨师手艺好，名声在外，给六千元或者七千元都可以。同一个步行街，隔壁的房租 20 元 / 平方米 / 天，你的模式设计里房租是 40 元 / 平方米 / 天就有问题，如果地段比隔壁稍微好那么一点点倒也无妨。初期商业模式中的成本结构，按照这个原则来分析和制定就差不多，再深入探究其精细程度也不会对结果产生太大影响。

另外在制定餐饮成本结构时要有这么一个信条：一味地节约成本，损失会很惨重。

房租是固定开销，该多少就是多少。因此要看你做什么形态的餐饮：中餐、西餐、轻餐饮、面馆、汤馆或点心。对于房租，只要地段好，房租贵点，根本不是问题。店面地段差，看起来省了一大笔房租，但是原材料、工资等其他费用不会因为地段差而减少。

例如一年 50000 元的房租，那么 50000 元 /365 天≈ 137 元 / 天，也就是说每天多卖点产品，多 137 元利润，房租成本就回来了。比如都是奶茶，7 元一杯，利润 65%，那么一天多卖 30 杯就可以将房租成本扳回来，再多卖的在房租这块就是赚的。但是如果一味节约成本，为了省房租把店面选到偏远郊区，区政府每年补贴 3 万元以鼓励店铺增加了就业，你干不干？你干，你的投资者们也不会干。餐饮业成本结构一定要分析人流量，看这个地方人流量如何，是哪种人流量。

如果人流量不低，对餐饮企业来说有这么几种人流量。

一种是纯属路过的人流量：有些地方看起来一天人来人往，人流穿梭，但是行人就是不停下来就餐，比如临近万达广场的某条步道。因为商圈有着巨大的消费吸引力，致使周围一排街店面没有消费的氛围，好多沿街店铺就属于这种类型。

另一种是专门来逛街购物的人流量：这就是上面说的万达商场这种类型的人流，顾客到这里来就是为了消费的，就算不是为了来吃饭，逛累了也会顺理成章找个就近的地方吃饭。街边小店就是干不过这种企业，获得不了这样的人流量。

除此以外，成本结构还要考虑到某些特殊情况，例如厨师的一时疏忽导致温度、时间控制不当，造成食品或者原材料的浪费，这样也会增加成本。因此，一般而言，管理者应当先设定服务质量的标准，制定严密的监督体制，仔细考量员工的能力、态度及专业知识。假如实际的生产率没法达到预估的水准，管理者就要系统性地去分析，并采取行动，或调整成本结构，或提升人员标准。

而节约人力成本的方法会比较复杂。餐饮业种类不同，对员工水准的要求也会有天壤之别，成本结构中薪资的结构自然也不一致。假如管理者评估发现薪资支出太高，不符合营运效益时，除要重新探讨服务标准的定位外，也可采取以下手段：

一是机器代替人力。例如用洗菜机代替人工洗菜，用自动洗碗机代替人工洗碗。

二是重新安排餐厅内外场的设施和动线流程，以减少时间的浪费。

三是工作简单化。降低员工出现差错的概率。

厨师和服务员作为餐饮企业的重头员工，直接面向消费群体，连接着企业和市场，其薪资的制定必然要更加用心。以厨师为例，如果给他定死工资，他每天的工作也是固定的，超出的工作在他看来对自身创造不出任何价值，他也就丧失了动力。如果根据任务量定工资，这就涉及如何进行考核的问题，他的任务量到底有多少，如何记录。工资是多少，每天多少，都要有完善的监管手段。

换一个角度，若完全靠提成，每一道菜从采购到成品，厨师和服务员的工资制定如何走呢？假如一道菜，厨师做一道 A 菜提成 3 个点，而另一道 B 菜，由于制作麻烦，厨师做一道提成 5 个点。通常，制作越麻烦，菜品定价也会越高。假若两菜的原材料成本相同，A 菜 100 元，那 B 菜价钱上浮 20% 为 120 元，厨师拿去 5 个点，B 菜与 A 菜相比就为企业多创造 18% 的利润（假如其他如服务员提成成本相同）。这样厨师也愿意做这道菜，企业也愿意卖这道菜，那服务员就要多推销这道菜。推销这道菜有额外提成，服务员的积极性也会提高。例如 A 菜服务员提成 2 个点，B 菜服务员提成 4 个点。那么除去厨师和服务员，B 菜比 A 菜还能为企业多创造 17% 的利润。

企业可以定固定工资，但员工需要每天创造一定价值才能跟工资相抵，超出的话才能算为企业创造利润。同样也可以不定基本工资，员工收益直接来自于为企业创造的价值。当然更多企业选择基本工资和提成共存的薪资模式。但无论如何，厨师和服务员，乃至于企业每个岗位的薪资结构都应当依据其特点考量，配套以完善的管理和考评制度，才能实现企业产品利润的最大化。

那么综合以上内容，如何做成本结构的逻辑梳理呢？以人员简单，涉及面较单一的奶茶店为例。不考虑人工误差的前提下，一年房租 15 万元，人员工资 13 万元，水电、装修折旧等其他费用 8 万元。那么这一年奶茶店的成本就是 36 万元，然后分配到每天，成本约为 986 元，也就是说奶茶店每天至少要产生 986 元的毛利润，而后多销售的产品才能为该店带来利润。

如果一杯奶茶的售价按平均 7 元一杯来计算，毛利润 65% 就是 4.55 元。986/4.55=216，也就是说每天卖出去 216 杯即可保本，然后多卖出一杯，就是净利润 4.55 元。考虑产能，奶茶的产能大概一分钟生产 2 杯，一小时就可以制作 120 杯，一天营业时间按 10:00~21:00（一般商场营业时间）计算就是 11 个小时，一天的最大产能是 1320 杯。

那么在商业模式的成本结构中，企业就要考虑在这个地点铺设店面，一天会有多少人来买奶茶，会不会超过 216 位顾客。

假设这个地段的人流量超级大，而奶茶店就此一家，那么就会出现一天都有消费者排队买奶茶的情况。这时，房租再贵 10 万元店主都不害怕。100000/365/4.55=60，每天多卖 60 杯，即每天只用 30 分钟，就可以收回多交的 10 万元房租。这也是万达内部商铺的租金比万达金街的商铺高的原因所在。

如果你的奶茶店人流量达到了，但是最终仍然与预期目标相左，那么就要考虑成本结构是否出现了问题，人工误差是否太多。

最后，为了减少人工误差，企业应当鼓励员工养成勤俭、节约能源的习惯，否则会造成很多物品与能源的浪费，如水、电、纸巾、笔、纸张等用品。还要多培训以让他们熟悉机器装备的使用方式，否则会增加修理的次数，造成不必要的损耗。

总之，餐饮企业的成本结构是否合理是投资人十分看重的一项内容，也是网络伙伴的保障。要想企业的价值主张得以实现，成本结构的控制必须做得慎重，为其提供数据支撑。成本计算粗糙，企业的商业模式就会出现编制臃肿的情况，必然会造成浪费，甚至会导致企业亏损等情况发生。

价值主张：我有自己的主张，我更有价值

价值主张是指企业对客户真实需求的深入描述。这要求企业所制定的战略能够达到市场消费诉求的兴奋点，同时企业还能够获利。市场、企业、个人三方面同时获得价值，即是企业的主张。

品牌价值主张包括提供给消费者的利益，但不仅限于此，它还包括品牌对行业、对社会的态度和观点。消费者的利益可以通过调查得到。品牌对行业、对社会的态度和观点则主要从对社会行业潮流的把握中获得，是对公司产品和服务给出一个总的看法。

以蒙牛、伊利为例，伊利的广告语是“为梦想创造可能”，品牌价值主张是圆梦、成功。而蒙牛的广告语是“自然给你更多”，所以广告大多是以茫茫草原为背景，其价值主张则是自然。价值主张正确的餐饮企业更能够深入人心，让你和你的目标受众通过价值主张这一联系点，清晰地找到彼此，无论何时消费者只要需要这一价值就联系到你的企业。所以市场上常常有这样一种现象：经济光景好的时候，市面上的品牌店与街边无名氏餐饮店都人满为患，都能赚得盆满钵满；然而到了经济萧条的时候，无名氏小餐饮店就会关张，而强大的品牌店依旧坚挺。这就是因为无名氏餐饮店没有明确的价值主张，它过去的存活和发达靠的是市场红利。但在市场变革中，没有价值主张的餐饮企业就像是没有忠诚粉丝的明星，它们的抗震荡能力极差，会很快失去热度，品牌则由于有固定受众而能够存活甚至不受影响。

那么餐饮企业如何在餐饮逻辑梳理中，找准企业的价值主张呢？有这么几种方法（见图 9-2）。

图9-2 找准企业价值主张的办法

一是突出主要优点。

餐饮企业制定价值主张时，首先应将企业的产品与服务可能给目标客户带来的种种益处全部罗列出来，多多益善。然后选择目标客户需要的，市场上尚未普及的优点进行突出加工。使用这种方法，需要企业对客户及竞争对手的了解足够深入。然而有些企业只做了开头却不做结尾，使得企业的价值主张出现重大缺陷：自己声称自己的产品和服务具有一系列优点，实际上它们对目标客户却是毫无益处的。

二是宣扬有利差异点。

餐饮这种行业，没有哪一家企业能够做到面面俱到，包揽所有人的口味。这一行业明确承认客户可以有除了某一企业之外的其他选择。所以餐饮企业应重点宣传对自己有利的差异点，突出自己与竞争对手的不同之处，以获得价值主张的宣传目的。例如，食说江南的价值主张“食健康味道，说饮食文化”就突出两个差异点，一是健康，二是文化。

但是企业的某一产品或服务可能存在多个差异点，也就是说会有多个能获得市场回馈的优势。如果不细分客户，对客户需求和偏好缺乏深入了解，企业就可能会将价值主张的重点放在那些对目标客户价值较低的差异点上。

三是突出共鸣点。

价值主张应当有明确的客户群体、分销渠道，这样才足以保障收益来源不断流，所以企业对目标客户最看重的几个要素，应当着重展示自己产品和服务的优势，以使客户对这种卓越产品和服务的价值产生共鸣。这种价值主张与宣传有利差异点存在明显差异：它不主张多多益善，只在客户最看重的因素上竞争。

捧优的价值主张是“传承饮食文化，共创餐饮品牌”，其价值主张重点就放在“传承”“共创”上，这样突出共鸣点，可以帮助企业找准并稳固目标客户。

价值主张确立之后，企业应当从产品的核心利益上做文章，持续宣传，以稳固目标客户的忠诚度，避免客户流失。例如，“欢乐”是麦当劳的品牌主张，其精髓是永远年轻，它要求麦当劳的食品从口味到包装到宣传手段，再到推广策略，都必须在这“欢乐”的主张下进行。所以麦当劳的广告语是“我就喜欢”，麦当劳餐厅还有配套的儿童乐园、玩具和各种年轻元素。价值主张以这种方式呈现出来，简单明白而又有说服力，并最终形成顾客的黏性思维，才真正成了品牌与顾客之间的固定纽带。

另外，在价值主张的逻辑梳理中，企业不能忘掉那些给其提供基础和支撑的因素，包括网络伙伴、关键活动、关键资源、成本结构，以及收益来源。也就是说，价值主张不能违背自己联盟者、投资人的意愿，比如投资者看重快餐，企业价值主张就不应当是“说饮食文化”；也不能和关键资源、活动相违背，比如主要资源来自于大众推广，就不能将价值主张设定为“奢华饮食，尊贵享受”；而成本结构为价值主张提供成本运行支撑，价值主张也应与之相适应，例如企业推广成本结构简单的快餐，其价值主张就应当避免让人产生在店面过多停留的冲动。

客户关系：谁是我最主要的菜

大家都知道，在早前营销的模式中“客户”是关键因素，而现代市场营销的核心则是产品或者品牌。在产品同质化日益严重的形势下，“经营产品”和“经营品牌”的环境越来越狭窄，企业发展又开始朝着客户关系营销的方向发展，“经营客户”的作用又凸显出来了，“返璞归真”的营销手法和策略实施又掀起一种“复古的流行趋势”和必然选择。我们可以想象，在大家推出的餐饮产品差不多的情况下，客户为什么一定要选择你呢？为什么要和你建立合作关系呢？这就是本节要梳理的问题——客户关系。

如今，把产品这个环节把控好之后，确定自己的客户关系管理已成为餐饮企业生存和发展的一种不可或缺的手段。在管理概念上，客户关系是指企业为达到其经营目标，主动与客户建立起的某种联系。这种联系可能是单纯的交易关系，可能是通信联系，也可能是为客户提供一种特殊的接触机会，还可能是为双方利益而形成某种买卖合同或联盟关系。

当下市场复杂的形势衍生出多种多样的客户关系，呈现出多样性、差异性、持续性、竞争性、双赢性等特征。它不仅仅可以为交易提供方便，节约成本，也可以为餐饮企业深入理解客户的需求和交流双方信息提供机会。无论是餐饮企业的哪个部分，凡是有生意来往的都离不开客户这一核心概念，离不开“交流”以及客户关系的维护。

客户关系管理是指企业在实施客户关系管理价值观的指导下，利用各种手段建立起来的连接企业与客户，能够促进双方及时、有效沟通的管理机制。客户关系管理的基本思想是把客户看成企业最有价值的资产，与客户的每次互动都至关重要，而且必须能够增加价值。如果在合作中，不见价值，只是亏损，不管有多少客观理由，这样的客户关系都要极力摒弃。餐饮企业通过自己的精准定位，寻找和确定与自己匹配的客户，在日后的经营和发展中，建立和维护客户关系，获得想要的价值。主要有以下几类客户关系（见图9-3）。

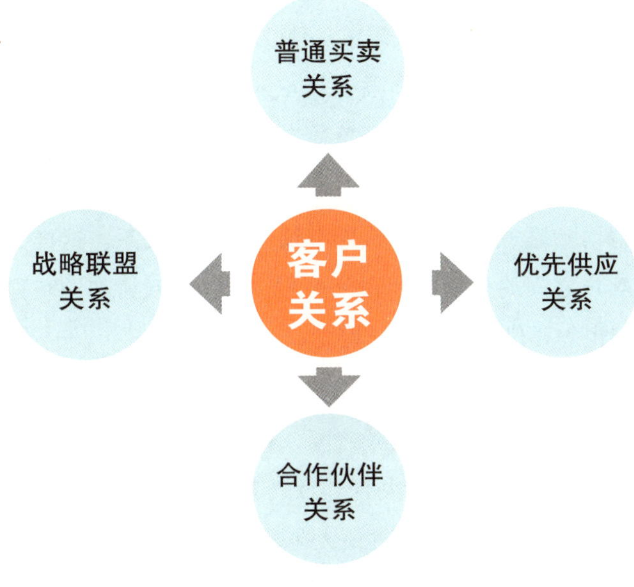

图9-3　客户关系

一是普通买卖关系。

一些餐饮企业与客户之间的关系维持在买卖关系水平和层面，对于双方而言，销售和合作的达成只是一次公平交易，交易目的简单，不存在更高层次的交流。餐饮企业与客户之间只有低层次的人员接触，餐饮企业或因业务或是产品知名度在客户企业中不高，双方进行的交易合作处于表层，企业对关键客户信息知之甚少。

这种客户关系，只是企业按其自身标准达成的你买我卖，维护关系的成本与关系创造的价值均极低，但它也是餐饮企业和客户之间在经营前期获取所需的一种常见模式。无论是企业损失客户还是客户丧失这一餐饮企业，对双方并无太大影响，价值的获取仅维持在合作的表层和数量中。

二是优先供应关系。

企业与客户的关系在合作中可以朝着优先选择关系和长期合作的方向发展。

处于此种关系水平的双方，许多关键人物都保持着相对良好的关系和频繁的信息交流，餐饮企业可以获得许多优先的甚至独有的机会，与客户之间信息的共享处于可以扩大并继续维持的关系，在同等条件下，企业比竞争对手存在更多的优势，客户对企业有偏爱、“另眼相看”。

在此关系中，企业需要投入较多的资源维护客户关系，包括对重点客户给予优惠政策、优先考虑重点客户供应需求、建立团队加强双方人员交流等。

此阶段关系价值的创造主要局限于双方接触障碍的消除、交易成本的下降等方面。餐饮企业通过对客户让渡部分价值来达到合作和实现价值的目的，也可以说是价值倾斜换来的价值模式，也可以理解为一种“不平等”关系。客户也由于优惠、关系友好而不愿意失去合作伙伴继续保持合作关系。这样关系的核心是价值在供应商与客户之间的分配比例和分配方式，通过双方契约获得预期价值，可以实现预期，但也需要付出一定代价和成本。

三是合作伙伴关系。

当双方的关系存在于最高管理者之间，餐饮企业与客户交易长期化，达成某种认知上的高度一致时，双方进入合作伙伴阶段。这一阶段的客户关系是彼此“最主要的菜”，双方从中获取价值的最大化。

餐饮企业通过以往的接触和合作，深刻地了解客户的需求并进行客户导向投资，双方人员可以为未来某项目谋合作“共商大计”，与此同时，餐饮企业对业内的竞争对手形成了很高的进入壁垒。双方企业里的成员承认双方的特殊关系，彼此有着很强的忠诚度和信赖度。在此关系水平上，价值由双方共同创造，共同分享，餐饮企业对客户来说，成功地区别于其竞争对手、赢得竞争优势，彼此都能在合作中实现利益。当然，双方对关系的背弃均要付出巨大代价。

四是战略联盟关系。

战略联盟是指双方有着正式或非正式的联盟关系，以合同合约的形式出现，双方的目标和愿景高度一致，双方可能有相互的股权关系或成立合资企业。两个企业通过共同利益打造更多的联盟项目和合作平台，争取更大的市场份额与利润，竞争对手在此存在极大的挑战难度。企业的竞争也不再是企业与企业之间的竞争，而是一个供应链体系与另一个供应链体系之间的竞争，是双方内部坚实合作关系外化的体现。至此，企业与客户之间的关系迈向新高度，在维持保有原有价值的基础上，双方又开始为创造新的价值携手共进，这时的合作企业和客户关系是获取更新、价值更大的对象。

现代市场中，并不是所有企业和客户都要建立合作伙伴和联盟关系，只有那些彼此具有重要意义且双方的谈判能力都不足以完全操控对方，互相需要，又具有较高转移成本的企业，建立合作伙伴以上的关系才是适宜的。而对大部分企业与客户之间的关系来说，优先供应商级的关系就足够了，企业就可以获取预期想要的价值。客户关系的建立与维护需要资源，付出大于所得，那么这种关系就是极其奢侈的，也是长期合作不可取的。

目前，很多餐饮企业都已经采用了客户关系管理战略，它不仅能提高收益，而且能最大限度地提高客户关系带来的价值。在与客户关系的维护上，餐饮企业必须明确目标、责任和期望，建立专门团队进行良好沟通，并在设置项目阶段，按照计划实施、灵活调整和保持执行力，从而实现双方价值观保持一致。同时，企业还要在客户关系的长期维护中，积极主动反馈，保持跟进，维护良好和成功的长期客户关系，实现共赢，获取价值。

客户细分：谁可以为我带来价值

北京前门全聚德烤鸭店是北京全聚德烤鸭集团的起源店，创建于1864年，是京城著名的老字号。1993年，全聚德成立股份公司，当年的营业收入是4500万元。2001年12月16日，前门店的年营业收入已达到9000万元。企业用了8年时间在硬件没有什么大改变的条件下，让营业收入翻了一番。全聚德烤鸭的成功秘诀之一——细分顾客。

北京前门全聚德烤鸭店以顾客细分为切入点，将顾客细分为活泼型、安静型、兴奋型、敏感型四种不同类型，并根据各自特点提供针对性的服务对策，大获成功。

顾客天生就存在差异，大量营销策略在顾客忠诚的世界里根本就不适用，因为并不是每一位顾客都适于成为某品牌的忠诚者。如果企业要最大化地实现可持续发展和长期利润，就要明智地关注正确的顾客群体。企业要想获得每一位顾客并从中获得最大价值，就要付出一定的投入，这种投入只有在你能赢得顾客的忠诚后才能得到补偿。因此，要通过价值营销获得品牌忠诚顾客的重要一步就是对客户进行细分，确定哪些顾客是能为企业带来赢利合计价值的，哪些不能，并在今后的营销活动中锁定那些为企业带来高价值的顾客。只有这样，企业才能确保在培育顾客忠诚的过程中所投入的资源得到回报，企业的长期利润和持续发展才能得到保证。

客户细分是20世纪50年代中期由美国学者温德尔·史密斯提出的，其理论依据在于顾客需求的异质性和企业在有限资源的基础上展开有效的市场竞争。它是指企业在明确的战略业务模式和特定的市场中，根据客户的属性、行为、需求、偏好以及价值等因素对客户进行分类，并提供有针对性的产品、服务和销售模式。

客户细分是指根据客户属性划分的客户集合。它既是客户关系管理的重要理论组成部分，又是其重要管理工具。它是分门别类研究客户、进行有效客户评估、合理分配服务资源、成功实施客户策略的基本原则之一，为企业充分获取客户价值提供理论和方法指导，进而使企业所拥有的高价值的客户资源显性化，并能够就相应的客户对企业未来盈利的影响进行量化分析，为企业决策提供依据。

所以，从企业的资源和能力的角度来看，如何对不同的客户进行有限资源的优化应用是每个企业必须考虑的，必须明确知道不同的客户为企业提供的价值是不同的，明确哪些是企业最有价值的客户，哪些是企业的忠诚客户，哪些是企业的潜在客户，哪些客户的成长性最好，哪些客户最容易流失。在餐饮企业的服务类型中，高端商务客户、中产阶级、同学聚会、老人寿宴、商务宴请、生日宴、散客等都是不同种类的顾客，在日常的经营行为中都会遇到。每个企业可以不拘于某种类型顾客带来的企业受益和价值，但是在纵向和横向比较利益以及长期近期利益的权衡上，根据细致比较分析做出决策和应变策略，才是获得价值的最佳手段，这样做不仅可以满足消费者的不同需求，也可以有效树立企业品牌形象，实现企业的价值追求。

只有这样，企业才能根据客户的不同特点进行有针对性的营销和投入，赢得、扩大和保持高价值的客户群，吸引和培养潜力较大的客户群，将风险降到最低、将利润尽量保持在制高点。

基于此，衡量顾客对企业的价值有很多方法，计算顾客的终身价值是一个切实可行的方法。所谓顾客终身价值是指顾客在企业生命周期内为企业利润贡献的折现总和。在计算顾客终身价值时，我们需要获得以下信息：顾客作为某品牌的顾客的时间周期；企业的贴现率；每个时间周期内顾客购买某种品牌的频数；顾客购买该品牌产品的平均贡献；顾客购买该品牌的概率及其他一些信息。

影响顾客终身价值的最重要的两个因素是计算周期和贴现率。一般而言，在贴现率不变的情况下，顾客成为企业顾客的周期越长，那么纳入计算的顾客价值就越多，顾客的终身价值就越大；在计算周期一定的情况下，贴现率越高，未来的收益就越不值钱，则顾客终身价值就越小。

切记，使用价值计算这一利器，并非等于拥有一个完善完整的数据库。要知道，在客户细分和价值计算帮助企业成长和策略调整之时，它不一定是尽善尽美的。企业只有对这一工具使用越多，对客户的了解越深，才可能增长越快，也才有可能获得更多价值。

分销渠道：门店的艺术

渠道策略是企业运行整个营销系统的重要组成部分，它对降低成本和提高竞争力具有重要意义，是规划中的重中之重。企业营销渠道的选择将直接影响到其他的营销决策，它也是企业是否能够成功开拓市场、实现销售及经营目标的重要手段。

分销渠道是指当产品从生产者向最后消费者或用户移动时，直接或间接转移所有权所经过的途径。实际上，分销渠道就是企业建立与客户联系沟通的渠道和方式。现代市场下，分销渠道的沟通方式表现得更加多元化，线上线下联合营销已经成为绝大多数商家必备的营销手段。企业营销不仅有实体门店的营销，也有各类“网络门店”的推广。其中，团购、网络订购、粉丝团营销等都属于“网络门店”的内容，“网络门店”越来越成为企业分销的重要渠道，扮演着越来越重要的角色。企业无论是实体门店分销还是“网络门店”分销，都要懂得和掌握分销渠道的艺术。

根据有无中间商参与最终产品和服务的转移交换活动，可以将销售渠道模式归纳为两种最基本类型：直接分销渠道和间接分销渠道。

直接分销渠道是指生产者将产品直接供应给消费者或用户，没有中间商介入，降低产品在流通过程中的损耗，有利于卖方和买方沟通信息，使购销双方在营销上相对稳定，并且能够很好地满足目标顾客的需要。直接分销渠道概括起来有三种：订购分销、门店分销和联营分销（见图 9-4）。

图9-4 直接分销渠道

一、订购分销

它是指企业与用户先签订购销合同或协议，在规定时间内按合同条款供应商品，交付款项。一般来说，主动接洽方多数是生产方（如生产厂家派员推销），也有一些走俏产品或紧俏原材料、备件等由用户上门求货。

二、门店分销

它是指生产企业通常将门市部设立在生产区外、用户较集中的地方或商业区，也有一些邻近于用户或商业区的生产企业将门市部设立于工厂前。

门店分销是一种见效比较快，但风险及投资成本相对较高的分销方式。要想通过门店分销获得重大的回报，在投入之前，企业必须要综合考虑各种因素。否则盲目状态下的门店分销会造成资源的浪费、规划的不合理和网点布局的重复建设。门店经营好坏，直接关乎品牌企业的成败。

因此，门店分销也要讲求艺术。具体需要做到以下两点：

1. 门店外部环境

在选址时，企业必须将顾客流量放在第一位，即要有一定的流动性顾客群支持。倘若没有，门店就很难实现理想的销售额。因此企业要临近政府机构、写字楼、影剧院、医院、学校、住宅小区、游览景点等地，且门店附近有便利的交通环境，紧邻地铁站、公共交通车站等。

2. 门店内部经营

首先，门店分销提供的商品结构要具有选择性。商品不仅要满足不同顾客的需求，还要满足不同顾客不同层级的消费需求。因此，商品价格区间要丰富、结构要完整，既有重点商品和价格区间的突出，也对次重点商品进行完善。此外，企业要注重对原有产品的升级和更新换代，不断开发新产品，从而适应市场发展和顾客变化的需求。其次是企业要对周围同行业的商品、质量、价格等方面做到心中有数，把握好供给的目标，这样才有资本在分销竞争中获得优势。

门店分销，还受市场、产品、企业自身能力、中间商、政策环境等各个因素的影响，所以，企业要保持头脑冷静，理智分析市场，然后再做出决策和执行。

三、联营分销

它主要指工商企业之间、生产企业之间联合起来进行销售。

首先，联营分销可以降低成本和资金消耗。超市里琳琅满目的商品不全是超市的，而是供应商的；品牌加盟店开了一家又一家，店铺不全是品牌所有人的，而是加盟商的；淘宝网里几乎涵盖了所有种类的商品，这些商品也不是马云的，而是一家家网店业者的。

其次，联营分销容易形成品牌优势，提高联营产品的档次。联营分销可以同时与几大品牌所有人联合经营，节约资源，省时省力，提高销售竞争力。

间接分销渠道是指生产者利用中间商将商品供应给消费者或用户，中间商介入交换活动。其典型形式是：生产者—批发商—零售商—个人消费者。现阶段，我国消费品需求总量和市场潜力很大，且多数商品的市场正逐渐由卖方市场向买方市场转化，市场调节的比重显著增加，工商企业之间的协作日趋广泛、密切。因此，如何利用间接渠道使自己的产品广泛分销，已成为现代企业进行市场营销所研究的重要课题之一。

随着市场的开放和流通领域的不断放活，我国间接分销的商品比重增大。企业在市场中通过中间商销售的方式很多，如厂店挂钩、特约经销、零售商或批发商直接从工厂进货、中间商为工厂举办各种展销会等。当前，由于网络的兴起和发达，企业通过网络平台与各种网店建立合作关系，并通过这样的渠道搭建起与消费者沟通的桥梁，既增强时效性，又为消费者提供了方便快捷的途径，因此，网络分销越来越“吃香”。

现在，团购、论坛、社区、微信、微博等网络平台、各类手机 App 软件的开发运用，已经成为当下一种流行的分销渠道，是很多消费者满足购物需求和欲望的首选渠道，大众逐渐形成了新的消费习惯。

很多传统企业的线下品牌都有着很好的业绩和经营头脑，在关键时刻进入电商平台也是明智之举，发展网络分销渠道就是拓展之法。企业通过网上分销、加盟、代理，全方位开展网络布局，可在短时间扩充销售渠道，增加销售规模，同时也可摆脱传统经营的束缚，不管是资金、人力、库存还是管理，都可通过网络独到的优势进行整合与利用，节约精力，减少压力与困难。特别是对很多中小传统企业来说，网上分销更是它们摆脱传统经营束缚的大举。

在某种程度上，尽管“网络门店”的兴起对传统分销方式和实体门店分销产生了不小的冲击，但实际营销中仍然不可小觑实体营销在分销中的地位和作用。所以，企业在分销渠道方式上，需要双管齐下，“两手”都要抓，“两手”都要硬，并根据自身产品特色找准分销重点，这样才能形成线上和线下分销的优势互补，才能取得销售的硕果，才能增强市场竞争力。

收益来源：我靠什么来盈利

收益来源描述公司通过各种收入流来创造财富的途径，虽然在整个企业逻辑梳理中，各个环节都是环环相扣的，但是收益来源在整个过程中还是具有明显的成果特征，即整个逻辑梳理中最能表述逻辑梳理是否成功的一环。

收益来源是企业通过价值主张获得了客户、分销渠道，最终这些客户和渠道对企业价值主张的回馈。在企业严格遵照价值主张提供产品和服务的前提下，如果客户和渠道认可餐饮企业的价值主张，就会愿意为企业提供消费和支持，并使企业获得收益。客户和渠道对企业价值主张的认同感越强，企业的收益来源就越有活力。反之则会衰弱。

餐饮企业的收益来源一般有这么几种（见图 9-5）。

（1）来自饭店的正常收入。这是餐饮企业最初也是最基础的收益来源，即通过餐饮企业各个门面的日常营业获取收益。而门面作为餐饮企业直接面向市场和

图9-5 餐饮企业收益来源

消费者的窗口，直接为顾客提供产品和服务，需要能够很好地阐释自己企业的价值主张。饭店营业收入的提高可以从几个方面着手：一是加大产品研发力度。也就是推出新菜色，提供新的就餐服务，包括装潢、背景音乐、改善就餐环境等。二是提高服务员推荐菜品技能。对服务员进行培训，使其能够学会推荐利润高的菜品，同时提高服务水平。三是加大财务管理，正确地开源节流。

总体来说，店面的管理是企业管理的缩影，而日常营业收入又见证了企业管理的成绩。

（2）推出各种促销手段。包括与信用卡合作、与团购网站合作，或者借助节日推出套餐等。这是一种极其有效的吸收或维持客户的手段，要知道无论是在多么繁荣的市场中，“优惠”永远对竞争对手都有着无穷的杀伤力。消费者在对企业价值主张并未产生印象时，通过各种各样“优惠”的吸引，而后对企业的价值主张有了更全面的认识，这是吸收客户的方法。而对于既有客户，企业更应当主动推送优惠信息，让其尽可能多地享受优惠，以提高用户黏度。但是，如果不是有意为之，企业也不能频繁地做出优惠促销手段，避免造成在顾客印象里，你的企业价值主张就是“低价”。

（3）开发各种周边商品。包括企业主题活动、品牌玩偶、跨界合作商品等。很多企业做强做大之后，会选择利用各类周边产品扩大品牌知名度，或者利用既有知名度扩大品牌价值以增进收益来源。例如星巴克推出的各种水杯，其价格往往高于价值，就是因为星巴克的形象具有强大的群众认可度。而其价值主张“为每位顾客创造灵感启发的一瞬间”，定位于“灵感”和“启发”，就允许并支持其推出各种新鲜前卫的周边商品，消费者在认可这一价值主张之后便具有了消费力，企业收益来源便得以疏通。

（4）靠资本运作收益。餐饮企业越来越不仅仅局限于做餐饮了，例如“别吃胖”从餐饮跨界到服装投资，跨界到投资公司，甚至跨界到视频网站。这些资本运作对企业来讲，就是将单打独斗做成生态。万达做得到，它将商场做成生态这一概念铺向全国，营造一站式生活场景，以形成生态型的商业体系。也有很多其他企业跨界来做餐饮，市场就像咸汤圆和甜饺子一样，例如华润超市 2014 年开始涉足餐饮便利店，7-11 甚至将便利店打造成 24 小时营业的食堂。市场越来越注重混搭，资本运作的方式也越来越多样。企业的收益来源也越来越宽广。

餐饮企业做资本运作时并不应当急于去拍电影、搞风投，要切合自身的体量，无论走什么样的道路都不能违背自身的品牌价值主张。企业如果发现资本运作之路越走越宽，原本的企业价值主张已经不足以为收益来源提供纽带作用，就需要试着推出子品牌，例如捧优专做平台，其收益来源也主要来自于培训和品牌孵化，其价值主张“传承饮食文化，共创餐饮品牌”就主要服务于“平台”的建设。而子品牌食说江南作为它的直营餐饮模式品牌，主要收益来源则是“餐饮”，所以其价值主张是“食健康味道，说饮食文化”，主要服务于“餐饮”和“服务”这两点。

收益来源是对企业价值主张的反馈，企业的投入与市场的回馈是否与预期比例相当，主要看收益来源的量。企业定期逻辑梳理时，应当将收益来源与价值主张进行比对，观察收益来源和价值主张是否有较好的因果对应关系。如前文讲到蒙牛的价值主张“自然给你更多”，其着眼点是“自然”，那么如果它的企业收益主要源自于各种加工类乳品或者含乳饮料，那就和“自然”稍有违背，企业的收益来源并不支撑其价值主张，也就是说企业对价值主张的投入未能获得预期的回馈。此时，就应调整企业的逻辑关系，或改善宣传手段，或修正价值主张，或扶持子品牌等。